KB211872

묘
법
연
화
경

한글 독송본

妙
法
蓮
華
經

묘법연화경

광우 옮김 — 정목 정리

차례

**묘법연화경
제1권**

1   서품 序品 • **9**

2   방편품 方便品 • **39**

**묘법연화경
제2권**

3   비유품 譬喩品 • **75**

4   신해품 信解品 • **125**

**묘법연화경
제3권**

5   약초유품 藥草喩品 • **151**

6   수기품 授記品 • **165**

7   화성유품 化城喩品 • **179**

**묘법연화경
제4권**

8   오백제자수기품 五百弟子授記品 • **223**

9   수학무학인기품 授學無學人記品 • **241**

10   법사품 法師品 • **251**

11   견보탑품 見寶塔品 • **267**

12   제바달다품 提婆達多品 • **287**

13   권지품 勸持品 • **301**

**묘법연화경
제5권**

14   안락행품 安樂行品 • **311**

15   종지용출품 從地涌出品 • **335**

16   여래수량품 如來壽量品 • **355**

17   분별공덕품 分別功德品 • **371**

**묘법연화경
제6권**

18 수희공덕품 隨喜功德品 • **389**

19 법사공덕품 法師功德品 • **401**

20 상불경보살품 常不輕菩薩品 • **423**

21 여래신력품 如來神力品 • **435**

22 촉루품 囑累品 • **443**

23 약왕보살본사품 藥王菩薩本事品 • **447**

**묘법연화경
제7권**

24 묘음보살품 妙音菩薩品 • **467**

25 관세음보살보문품 觀世音菩薩普門品 • **481**

26 다라니품 陀羅尼品 • **497**

27 묘장엄왕본사품 妙莊嚴王本事品 • **507**

28 보현보살권발품 普賢菩薩勸發品 • **521**

옮긴이의 말 – 광우 • **535**
재출간에 부쳐 – 정목 • **539**

묘법연화경

妙法蓮華經

1

서품
序　品

이와 같이 내가 들었다.

　한때, 부처님께서 왕사성 기사굴산에 머무르시어 일만이천의 큰 비구들과 함께 계셨으니, 이들은 다 아라한으로서 모든 번뇌가 이미 다하여 다시는 번뇌가 없으며 깊은 진리를 얻어 온갖 존재의 결박에서 벗어나 마음의 자재를 얻은 이들이었다. 그들의 이름은 아야교진여·마하가섭·우루빈나가섭·가야가섭·나제가섭·사리불·대목건련·마하가전연·아누루타·겁빈나·교범바제·이바다·필릉가바차·박구라·마하구치라·난타·손타라난타·부루나미다라니자·수보리·아난·라후라 등으로 이들은 널리 알려져 있는 큰 아라한들이었다.

또 아직 배울 것이 있는 사람과 더 배울 것이 없는 사람 이천 명이 있었으며 마하파사파제 비구니는 육천 명의 권속과 함께 있었고 라후라의 어머니 야수다라 비구니도 그의 권속들과 함께 있었다.

또 보살마하살 팔만 인이 있었으니 다 아뇩다라삼막삼보리에서 물러서지 아니하고, 다라니와 요설변재(樂設辯才)를 얻어 불퇴전의 법륜을 굴리며, 한량없는 백천 부처님께 공양하여 그 모든 부처님 처소에서 온갖 덕의 근본을 심어 항상 모든 부처님의 칭찬받는 바가 되며, 자비로 몸을 닦아 불지혜에 잘 들며, 큰 지혜를 통달하여 피안에 이르러 그 이름이 한량없는 세계에 널리 퍼져 무수한 백천 중생을 능히 제도하는 이들이었다. 그들의 이름은 문수사리보살·관세음보살·대세지보살·상정진보살·불휴식보살·보장보살·약왕보살·용시보살·보월보살·월광보살·만월보살·대력보살·무량력보살·월삼계보살·발타바라보살·미륵보살·보적보살·도사보살 등 이와 같은 보살마하살 팔만 인이 함께 있었다.

그때, 석제환인은 그의 권속 이만 천자와 함께 있었고, 또 월천자·보향천자·보광천자와 사대천왕도 그의 권속 일만 천자와 함께 있었으며, 자재천자와 대자재천자는 그의 권속 삼만 천자와 함께 있었고, 사바세계의 주인인 범천왕·시기대범·광명대범 등은 그의 권속 일만이천 천자와 함께 있었다.

여덟 용왕이 있었으니 난타용왕·발난타용왕·사가라용왕·화수길용왕·덕차가용왕·아나바달다용왕·마나사용왕·우발라용왕 등이 각각 여러 백천 권속과 함께 있었다.

네 긴나라왕이 있었으니, 법긴나라왕·묘법긴나라왕·대법긴나라왕·지법긴나라왕이 각각 여러 백천 권속들과 함께 있었다.

네 건달바왕이 있었으니, 악건달바왕·악음건달바왕·미건달바왕·미음건달바왕이 각각 여러 백천 권속들과 함께 있었다.

네 아수라왕이 있었으니, 바치아수라왕·거라건타아수라왕·비마질다라아수라왕·라후아수라왕이 각각 여러 백천 권속과 함께 있었다.

네 가루라왕이 있었으니, 대위덕가루라왕·대신가루라왕·대만가루라왕·여의가루라왕이 각각 여러 백천 권속들과 함께 있었고, 위제희의 아들 아사세왕도 여러 백천 권속과 함께 있어 이들은 각각 부처님 발에 정례하고 물러가 한쪽에 앉았다.

이때, 세존께서는 사부대중에게 에워싸여 공양·공경과 존중·찬탄을 받으시며 여러 보살을 위하여 대승경을 설하시니, 이름이 무량의경이라 보살을 가르치는 법이며 부처님이 호념(護念)하시는 바였다.

부처님께서는 이 경을 설해 마치시고는 가부좌를 하시고 무량의처삼매에 드시어 몸과 마음을 움직이지 않으시니 이때, 하늘에서는 만다라꽃·마하만다라꽃·만수사꽃·마하만수사꽃을 부처님과 여러 대중에게 비 내리듯이 뿌렸으며 널리 불세계는 육종(六種)으로 진동하였다.

이때, 회중에 있던 비구·비구니·우바새·우바이와 천·용·야차·건달바·아수라·가루라·

긴나라·마후라가·인(人)·비인(非人)과 모든 소왕과 전륜성왕 등 이 모든 대중들은 미증유를 얻어 환희하여 합장하고 일심으로 부처님을 우러러보았다.

이때, 부처님께서는 미간 백호상의 광명을 놓으사 동방 일만팔천 세계를 비추시니 아래로는 아비지옥에 이르고 위로는 아가니타천에 이르기까지 두루 비추지 않은 데가 없었다.

그 빛으로 하여 이 세계에서 저 국토까지의 육취 중생을 다 보며, 또 저 국토에 현재 계신 모든 부처님을 뵙고 그 모든 부처님께서 설하시는 경전의 법문을 들으며, 아울러 저 국토의 비구·비구니·우바새·우바이들이 수행하여 도를 얻는 것을 보며, 보살마하살들이 갖가지 인연으로 온갖 신해와 온갖 모습으로 보살도를 행함을 보며, 또 모든 부처님이 열반에 드심을 보며, 부처님이 열반에 드신 뒤에 불사리를 받들어 칠보로 탑을 세우는 것을 보았다.

이때, 미륵보살은 이렇게 생각하였다.

'지금 세존께서 신통변화를 나타내시니 무슨 인연으로 이런 상서가 있는 것일까. 지금 부처님께서는 삼매에 드셨으니, 이 불가사의하고 희유한 일 나투심을 누구에게 물어야 하며, 누가 능히 대답할 수 있을까.'

다시 이렇게 생각하였다.

'저 문수사리 법왕자는 과거에 한량없는 부처님을 가까이 모시며 공양해왔으니, 반드시 이렇게 희유한 모양을 보았으리니 내가 이제 그에게 물어보리라.'

이때, 비구·비구니·우바새·우바이와 여러 천·용·귀신 등도 이런 생각을 하였다.

'이 부처님의 광명 신통의 모습을 지금 누구

에게 물어야 할 것인가.'

이때, 미륵보살이 자기의 의심도 해결하고자 하며 또 사부대중인 비구·비구니·우바새·우바이와 모든 천·용·귀신 등 대중의 마음도 헤아려서 문수사리에게 물었다.

"무슨 인연으로 이렇게 상서롭고 신통한 상이 나타나 큰 광명을 놓아 동방 일만팔천 국토를 비추어 그 부처님 나라의 장엄을 다 보게 되나이까."

이에 미륵보살은 이 뜻을 거듭 펴려고 게송으로 물었다.

"문수사리여, 도사께서는 무슨 일로 미간 백호 큰 광명을 두루두루 비추시나이까. 만다라꽃·만수사꽃이 비 오듯이 내리며 전단향 바람 불어 중생 마음 즐겁게 하나이다. 이로 인해 땅은 모두 깨끗해지고 이 세계 육종으로 진동하니 이를 본 사부대중은 모두 다 기뻐하고 몸과 마음 쾌락하여 미증유를 얻었나이다.

미간의 백호 광명이 동쪽으로 일만팔천 국토 비추니 다 금빛처럼 찬란하고, 아래로는 아비지옥에서 위로는 유정천까지 그 모든 세계 중의 여섯 갈래 중생들이 생사윤회와 선악의 업연으로 좋고 나쁜 과보 받음을 여기서 모두 보나이다.

또 모든 부처님 성주사자(聖主師子)께서 경전을 설하시되 미묘하기 제일이라. 그 음성 청정하고 그 말씀 부드러워 모든 보살 가르치시니 그 수가 억만이며 범음(梵音)이 깊고 묘해 사람들로 하여금 즐겨 듣게 하시며,

각기 그 세계에서 바른 법 설하시되 갖가지 인연과 한량없는 비유로써 불법을 환히 밝혀 중생을 깨우치시니, 어떤 이가 늙고 병들고 죽는

고통 싫어하면 열반을 설하셔서 영원히 그 괴로움을 건너게 해주시고, 어떤 사람 복이 있어 일찍이 부처님께 공양하며 수승한 법 구할 뜻이 있으면 연각을 설해주시며, 만일 어떤 불자가 여러 가지 행을 닦아 위없는 지혜 구하면 정도(淨道)를 설하시니,

문수사리여, 내가 여기 있으면서 보고 들음이 이러하여 천억 가지에 이르지만, 이와 같이 많은 것을 이제 대강 말하리다. 내가 보니 저 국토에 모래같이 많은 보살 갖가지 인연으로 불도를 구하되, 어떤 이는 보시할 때 금·은·산호·진주·마니·자거·마노 등과 금강석과 값진 보배와 노비와 수레들과 보배로 꾸민 가마를 기꺼이 보시하여 불도로 회향하고, 모든 부처님께서 삼계 제일이라고 찬탄하시는 일불승을 얻고자 원하며,

어떤 보살은 네 마리 말이 끄는 보배수레 난

순화개(欄楯華蓋)로 장식하여 보시하며, 어떤 보살은 육신과 수족과 아내와 자식까지 보시하여 위없는 도를 구하며, 어떤 보살은 눈과 머리와 몸까지 기꺼이 보시하여 불지혜를 구하나이다.

문수사리여, 내가 보니 모든 왕이 부처님께 나아가서 위없는 도를 묻고 갑자기 좋은 땅과 궁전, 신첩 다 버리고 머리와 수염 깎고 법복을 입으며, 어떤 보살은 비구의 몸이 되어 고요한 데 홀로 앉아 경전을 즐겨 읽고,

어떤 보살은 용맹하게 정진하여 깊은 산에 들어가서 불도를 사유하며, 어떤 보살은 욕심 떠나 고요한 곳에 머물러 선정을 깊이 닦아 오신통을 얻으며,

어떤 보살은 선정에 들어 합장하고 천만 가지 게송으로 모든 법왕 찬탄하며, 어떤 보살은 지혜 깊고 뜻이 견고하여 부처님께 법을 물어 듣는 대

로 다 지니며,

어떤 불자는 선정 지혜 구족하여 한량없는 비유로써 대중 위해 설법하며 기꺼이 법을 설해 모든 보살 교화하고 마(魔)의 군사 격파하여 법고를 크게 치며,

어떤 보살은 안정되고 고요하여 천룡이 공경해도 기뻐하지 아니하며, 어떤 보살은 숲속에서 빛을 놓아 지옥 고통 제도하여 불도에 들게 하고,

어떤 불자는 잠도 자지 아니하고 숲속을 거닐면서 부지런히 불도를 구하며, 어떤 이는 계행을 구족하여 위의에 흠이 없기 구슬같이 깨끗하게 불도를 구하며,

어떤 불자는 참는 힘이 훌륭하여 오만한 사람들이 욕을 하고 때려도 모두 다 능히 참고 불도를 구하며,

어떤 보살은 희롱하고 웃는 일과 어리석은 권속 떠나 지혜인을 친근하여 일심으로 숲속에서 산란한 마음 가다듬고 억천만 년 지내면서 불도를 구하며,

어떤 보살은 좋은 반찬 좋은 음식 백 가지 탕약으로 부처님과 승보께 보시하며, 천만 냥 값나가는 훌륭한 의복이나 값도 모를 좋은 옷을 부처님과 승보께 보시하며, 천만억 가지가지 전단의 보배집과 여러 가지 좋은 침구를 부처님과 승보께 보시하며 깨끗한 동산 숲과 무성한 꽃과 열매, 흐르는 물, 맑은 연못을 부처님과 승보께 보시하며, 이와 같이 보시하되 갖가지로 미묘한 것을 환희한 마음으로 싫증 내지 않고 위없는 도구하며,

어떤 보살은 적멸한 법 설하여 갖가지로 무수 중생 깨우치며, 어떤 보살은 모든 법의 성품이 두

모양 없음이 허공과 같다고 관하며, 어떤 불자는 마음에 집착을 없이 하여 이러한 묘한 지혜로 위없는 도 구하나이다.

문수사리여, 또 어떤 보살은 부처님이 멸도하신 후에 사리에 공양하고, 어떤 불자는 항하의 모래같이 무수한 탑을 쌓아 국토를 장엄하니 높고 묘한 보배탑이 오천 유순 솟아 있고 가로세로 다 같이 이천 유순이요, 각각의 탑묘에는 천 개씩의 당번이 휘날리고 구슬로 짠 교로(交露) 휘장에는 보배방울이 서로 울리니, 천·용·귀신·인·비인이 향과 꽃과 기악으로 끊임없이 공양하나이다. 문수사리여, 모든 불자들이 사리에 공양하고자 탑묘를 장엄하니 국토는 저절로 매우 아름다워 천상의 수왕화가 꽃 핀 듯하더이다.

부처님이 한 줄기 광명을 놓으시니 나와 여기 모인 대중들이 이 국토의 갖가지 뛰어나게 미묘함을 보나이다. 모든 부처님의 신력과 지혜가 희유하여 한 줄기 빛을 놓아 무량 국토 비추시니 우리는 전에 없는 일(미증유)을 보았나이다.

불자 문수여, 원컨대 대중 의심 풀어주소서. 사부중이 당신과 나를 우러러보옵니다. 세존께서 무슨 일로 이 광명을 비추나이까. 문수사리여, 대답하사 의문 풀어 기쁘게 하소서. 무엇을 이롭게 하시려고 이 광명을 놓으십니까. 부처님은 도량에 앉으사 얻으신 묘한 법을 설하려 하시나이까, 수기하려 하시나이까. 모든 불국토가 온갖 보배로 장엄됨을 보고 모든 부처님을 뵙게 됨은 작은 인연 아니옵니다. 문수여, 마땅히 아소서. 사부중과 용·신 등이 당신을 바라보니 그 까닭을 설해주소서."

이때, 문수사리는 미륵 보살마하살과 모든 대

사(大士)에게 말씀하셨다.

"선남자들이여, 내가 생각하기로는 지금 부처님께서 큰 법을 설하시며 큰 법비를 내리시며 큰 법라를 부시며 큰 법고를 치시며 그리고 큰 법의 뜻을 연설하시려는 것 같습니다.

선남자들이여, 나는 과거의 모든 부처님 계신 곳에서 이러한 상서를 보았으니, 이 광명을 놓으시고는 큰 법을 설하셨습니다. 그러므로 지금 부처님 광명 놓으심도 또한 그와 같아 중생들로 하여금 일체 세간에서 믿기 어려운 법을 듣고 알게 하시려고 이 상서를 나타내신 줄로 압니다.

선남자들이여, 과거에 한량없고 가없는 불가사의한 아승지겁에 부처님이 계셨으니, 명호를 일월등명여래 · 응공 · 정변지 · 명행족 · 선서 · 세간해 · 무상사 · 조어장부 · 천인사 · 불세존이라 했습니다.

정법을 설하시니, 처음도 좋고 중간도 좋고 끝도 좋으며, 그 뜻이 심원하고 그 말씀은 교묘하며, 순일하여 섞임이 없어 맑고 깨끗한 범행의 모습을 갖추었습니다. 성문을 구하는 이에게는 사제법(四諦法)을 설하시어 생로병사를 건너 마침내 열반에 이르게 하시고, 벽지불을 구하는 이에게는 십이인연법을 설하시고, 보살들에게는 육바라밀을 설하시어 아뇩다라삼먁삼보리를 얻어 일체종지를 이루게 하셨습니다.

그다음에 다시 부처님이 계셨으니 이름은 역시 일월등명이시고 또 그다음에 부처님이 계셨으니 역시 명호를 일월등명이라 했습니다. 이와 같이 이만 부처님이 계셨으니 다 같이 명호는 일월등명이셨고 또 성씨도 같으시어 '파라타'라 했습니다. 미륵이여, 마땅히 알지니, 처음 부처님이나 나중 부처님의 명호가 다 같으니 일월등명이시며, 십호를 구족하고 설하신 바 법은 처음과 중간과 끝이 다 훌륭했습니다.

그 맨 마지막 부처님께서 출가하시기 전에 여덟 왕자가 있었으니, 첫째는 이름이 유의요, 둘째는 이름이 선의요, 셋째는 이름이 무량의요, 넷째는 이름이 보의요, 다섯째는 이름이 증의요, 여섯째는 이름이 제의의요, 일곱째는 이름이 향의요, 여덟째는 이름을 법의라고 했으니, 이 여덟 왕자는 위덕이 자재하여 각각 사천하를 다스렸습니다.

이 왕자들은 아버님께서 출가하여 아뇩다라삼먁삼보리를 얻으셨다는 말을 듣고는, 모두 왕위를 버리고 또한 따라 출가하여 대승의 뜻을 일으켜 항상 범행을 닦아 모두 법사가 되어 이미 천만의 부처님 처소에서 온갖 선본을 심었습니다.

이때, 일월등명불께서 대승경을 설하시니 이름은 무량의경이라. 보살을 가르치는 법이며 부처님께서 호념하시는 바입니다.

이 경을 설하시고 곧 대중 가운데서 가부좌를 하시고 무량의처삼매에 드시니 몸과 마음이 움직이지 않으셨습니다.

이때, 하늘에서는 만다라꽃·마하만다라꽃·만수사꽃·마하만수사꽃을 비 내리듯 하여 부처님과 대중 위에 뿌리며 온 부처님 세계는 육종으로 진동하였습니다.

이때, 회중의 비구·비구니·우바새·우바이·천·용·야차·건달바·아수라·가루라·긴나라·마후라가·인·비인과 여러 소왕과 전륜성왕 등의 모든 대중들은 미증유를 얻어 환희에 넘쳐 합장하고 일심으로 부처님을 우러러보았습니다.

이때, 여래께서는 미간 백호상의 광명을 놓으

사 동방의 일만팔천 불국토를 비추시니 두루 미치지 않은 곳이 없어서 지금 보는 이 모든 불국토와 같았습니다.

미륵이여, 이때 회중에 이십억 보살이 있어 즐겨 법을 듣고자 하더니 이 모든 보살은 그 광명이 널리 불국토에 비침을 보고 미증유를 얻어 이 광명이 비치게 된 까닭을 알고자 했습니다.

그때, 한 보살이 있었으니, 이름은 묘광이라. 팔백 제자를 거느리고 있었습니다. 이때, 일월등명불은 삼매에서 일어나사 묘광보살로 인하여 대승경을 설하시니 이름은 묘법연화경이라 보살을 가르치는 법이며 부처님께서 호념하시는 바였습니다.

육십 소겁 동안을 자리에서 일어나지 않으셨고 그때, 청중도 한곳에 앉아 육십 소겁 동안 몸과 마음을 움직이지 않고 부처님의 설법 듣기를 밥 먹는 순간처럼 짧게 여겨 대중 가운데 한 사람도 몸이나 마음에 지루한 생각을 내는 이가 없었습니다.

일월등명불께서는 육십 소겁에 이 경을 설해 마치시고는 범천·마왕·사문·바라문과 천·인·아수라 등에게 이렇게 말씀하셨습니다.

'여래는 오늘 밤중에 무여열반에 들리라.'

그때, 한 보살이 있었으니, 이름이 덕장이라. 일월등명불께서 그에게 수기를 주시고 비구들에게 말씀하셨습니다.

'이 덕장보살은 다음에 마땅히 성불하리니, 명호를 정신 다타아가도·아라하·삼먁삼불타라 하리라.'

부처님께서 수기를 주신 뒤 곧 밤중에 무여열반에 드셨습니다.

부처님께서 멸도하신 후 묘광보살은 묘법연

화경을 가지고 팔십 소겁이 차도록 사람들에게 연설하였으며 일월등명불의 여덟 왕자는 모두 묘광보살을 스승으로 섬기니, 묘광보살은 그들을 잘 교화하여 아뇩다라삼먁삼보리에 견고케 하였습니다. 이 모든 왕자는 한량없는 백천만억 부처님께 공양하고 다 불도를 이루었으니 최후에 성불한 부처님의 명호는 연등이었습니다.

팔백 제자 중에 한 사람이 있었으니 이름은 구명이라, 이양(利養)을 탐착하므로 비록 여러 경전을 독송했으나 뜻을 통하지 못하고 잊어버림이 많으므로 구명이라 한 것입니다. 이 사람 또한 모든 선근을 심은 인연으로 한량없는 백천만억 부처님을 만나게 되어 공양·공경하고 존중·찬탄하였습니다. 미륵이여, 마땅히 알지니, 그때 묘광보살이 어찌 다른 사람이리요. 내가 바로 그 사람이며, 구명보살은 바로 그대였습니다.

이제 이 상서를 보니 예전과 다름이 없는지라. 그러므로 추측하건대, 오늘 여래께서 마땅히 대승경을 설하시리니, 이름이 묘법연화경이요, 보살을 가르치는 법이며 부처님께서 호념하시는 바일 것입니다."

이때, 문수사리보살은 대중 가운데서 거듭 이 뜻을 펴려고 게송으로 말씀하셨다.

"내가 생각하니 지난 세상 한없이 오랜 겁에 부처님이 계셨으니 일월등명불이시라. 세존께서 법을 설해 많은 중생 건지시고 무수억 보살들을 불지혜에 들게 하셨으며 그 부처님이 출가 전에 여덟 왕자 두었더니 대성(大聖)의 출가하심 보고 따라 범행 닦았네.

그때, 부처님께서 대승경을 설하시니 이름이 무량의라. 여러 대중 가운데서 널리 분별하여 설하시었네. 부처님께서 이 경을 설해 마치시고 법좌에서 가부좌로 깊은 삼매 드시니 이름은 무량의처삼매라. 하늘에서는 만다라 꽃비 내리고 하늘북은 절로 울고 모든 천·용·귀신들은 인중존(人中尊)께 공양하네. 일체 모든 불국토가 즉시 크게 진동하고 부처님께서 미간의 광명 놓으사 희유한 일 나투시니,

동방으로 일만팔천 불국토를 비추시어 중생들의 나고 죽는 업보를 보였으며, 모든 불국토는 보배로 장엄되니 유리·파리 빛깔이라. 이는 부처님의 광명 때문이네. 모든 천·인·용·신·야차들과 건달바와 긴나라가 부처님께 공양하며, 모든 여래 자연히 성불하시니 몸빛이 금산 같고, 단엄하고 미묘하기 맑은 유리 속에 진금 상호 나투신 듯, 세존께서 대중에게 깊은 법의 뜻을 베푸시니 모든 불국토마다 무수한 성문 대중 부처

님의 광명으로 모두 보게 되었네.

어떤 비구들은 산림 속에 있으면서 정진하고 청정한 계율 지키기를 맑은 구슬 보호하듯 하며, 또 보시 인욕 닦는 보살들의 수가 항하 모래 같음을 보게 되니, 이는 부처님께서 광명을 비추셨기 때문이라네. 또 보니 모든 보살, 선정에 깊이 들어 몸과 마음 부동하여 위없는 도 구하고, 또 보니 모든 보살, 법의 적멸상을 알고 각각 그 국토에서 법을 설해 불도를 구하네.

이때, 사부대중은 일월등명불의 큰 신통력을 보고 마음으로 환희하며, 각각 서로 묻기를 '무슨 인연 때문일까'. 천·인이 받드는 세존께서 때마침 삼매에서 일어나시어 묘광보살을 찬탄하시네. '그대는 세간의 눈, 모두 귀의하여 믿으리니 법장을 받들어 지니어라. 내가 설한 법문은 오직 그대만이 알리라.' 세존께서 찬탄하여 묘광을 기쁘게 하고 법화경을 설하시되, 육십 소겁이 차도록 자리에서 일어나지 않으시고 설하신 바 묘법을 이 묘광법사가 모두 받아 지니었네.

부처님께서 이 법화경을 설하시고 대중을 기쁘게 하신 뒤 그날 곧 천상과 인간 대중에게 이르시었네. '제법실상의 뜻을 이미 그대들 위해 설해 마쳤으니, 나는 오늘 밤중에 열반에 들리라. 그대들은 일심으로 정진하여 방일하지 말지어다. 모든 부처님 만나기가 어려워서 억겁에나 한 번 만날 수 있느니라.' 세존의 제자들이 부처님이 열반에 드신다는 말씀을 듣고 저마다 슬픔에 잠겨 '부처님 열반이 왜 이리 빠르신가' 하였네.

거룩하신 법왕께서 무량 중생 위로하사 '내가 만약 멸도할지라도 근심하지 말지니라. 이 덕장 보살이 무루실상(無漏實相)에 마음 이미 통달하여, 이다음에 성불하리니 명호는 정신이요, 무량 중생 건지리라'.

부처님 그 밤에 멸도하시니 섶이 다해 불 꺼지듯 하였네. 모든 사리 나누어서 무량한 탑 세우고 항하의 모래같이 많은 비구·비구니들 다시 더욱 정진하여 위없는 도 구하였네.

이 묘광법사도 불법장을 봉지하여 팔십 소겁 동안 법화경을 널리 펴니, 여덟 왕자들은 묘광법사 교화받고 위없는 도 견고히 하여 많은 부처님 뵙게 되어, 모든 부처님을 공양하고 큰 도를 따라 닦아 서로 이어 성불하고 차례로 수기하시니 최후의 천중천(天中天)은 연등불이시라. 여러 성자의 도사로서 무량 중생 건지셨네.

그때, 묘광법사에게 한 제자 있었는데 마음 항상 게으르고 명리에 탐착하여, 명리만을 구하여 귀족 집에 드나들며 익히던 것을 등한히 하여 다 잊어버려 깨닫지 못한지라, 이로 인해 이름을 구명이라 하였네. 그래도 갖가지 선업을 닦아 무수한 부처님 만나 뵈옵고 모든 부처님께 공양하고 큰 도를 따라 닦아 육바라밀 구족하여 석가세존을 친견하였네. 그 후에 성불하여 미륵이라 이름하고 많은 중생 건지리니 그 수가 끝없으리. 등명불 멸도 후에 게으른 자는 그대요, 묘광법사는 곧 나라.

내가 그때 등명불의 서광을 봄이 이와 같았으니 이로써 지금의 부처님께서도 법화경을 설하고자 하심을 알겠네. 지금의 이 상이 그때의 상서와 같음은 모든 부처님의 방편이라, 이제 부처님께서 광명을 놓으심은 실상의 뜻을 밝히려 하심이네. 모든 사람들은 이제 마땅히 알지니 합장하고 일심으로 기다릴지라. 부처님께서 법비를 내리사 구도자를 충족케 하시리니 삼승을 구하

는 사람들이 만약 의심이 있다면 부처님께서 마
땅히 남김없이 다 끊어주시리라."

2

방편품
方　便　品

그때, 세존께서 조용히 삼매에서 일어나시어 사
리불에게 이르시었다.

"모든 부처님의 지혜는 매우 깊고 한량없으
며, 그 지혜의 문은 이해하기도 어렵고 들어가기
도 어려워 성문이나 벽지불이 능히 알지 못할 바
이니라. 왜냐하면 부처님은 일찍이 백천만억 무
수한 부처님을 친근하여 모든 부처님의 한량없
는 도법을 다 수행하였고, 용맹 정진하여 이름이

널리 알려졌으며, 매우 깊은 미증유의 법을 성취하사 근기 따라 설하는 바 그 뜻을 알기 어려우니라.

사리불이여, 내가 성불한 이래로 갖가지 인연과 갖가지 비유로 널리 교법을 펴고 무수한 방편으로 중생을 인도하여 모든 집착을 여의게 하였느니라. 왜냐하면 여래는 방편바라밀과 지견바라밀을 이미 구족한 까닭이니라. 사리불이여, 여래의 지견은 광대하고 심원하여 무량·무애·역(力)·무소외·선정·해탈·삼매에 깊이 들어감이 가없어 일체 미증유의 법을 성취하였느니라.

사리불이여, 여래는 능히 갖가지로 분별하여 모든 법을 훌륭하게 설하되 말씀이 부드러워 중생들의 마음을 기쁘게 하느니라. 사리불이여, 요약하여 말하면 한량없고 가없는 미증유한 법을 부처님이 다 성취하였느니라.

그만두자, 사리불이여. 더 말하지 않겠노라. 왜냐하면 부처님이 성취한 바는 제일 희유하여 알기 어려운 법으로서 오직 부처님들만이 모든 법의 실상을 능히 다 깨달아 알기 때문이니라. 이른바 모든 법의 이러한 모양과 이러한 성품과 이러한 본체와 이러한 힘과 이러한 작용과 이러한 원인과 이러한 연과 이러한 결과와 이러한 과보와 이러한 본말구경(本末究竟) 등이니라."

　그때, 세존께서 이 뜻을 거듭 펴시려고 게송으로 말씀하시었다.

　"부처님은 가히 헤아리지 못하나니 천상이나 인간이나 일체 모든 중생 중에 부처님을 능히 알 자 아무도 없느니라. 부처님의 힘과 무소외와 해탈과 모든 삼매와 그 밖의 부처님의 모든 법을 능히 측량할 자 없느니라.

본래 무수한 부처님 따라 온갖 도를 구족하게 닦았으니 심오하고 미묘한 법은 보기도 어렵고 알기도 어렵건만, 한량없는 억겁에 이 모든 도를 닦아 마치고 도량에서 정각을 이루어, 내 이미 그 모두를 다 알고 보았노라.

이와 같은 큰 과보와 갖가지 성·상의 뜻을 나와 시방의 부처님은 능히 이 일을 아느니라. 이 법은 가히 보일 수도 없으며 말로써 형용할 수도 없나니, 믿음이 견고한 보살들을 제외하고는 다른 모든 중생들은 능히 알 수 없느니라. 모든 부처님의 제자로서 일찍이 많은 부처님께 공양하고 온갖 번뇌 다하여 최후신에 머무른 이러한 사람들도 감당할 힘없으며,

가령 이 세상에 슬기롭기 사리불과 같은 이들이 가득하여 마음 다해 다 함께 생각할지라도 부처님의 지혜는 측량 못 하고, 사리불과 같은 이

가 시방에 가득하고 그 밖의 제자들이 또한 시방에 가득차서 마음 다해 다 함께 생각하여도 부처님 지혜를 알지 못하리라.

벽지불의 투철한 지혜로써 번뇌가 없는 최후신 얻은 이가 시방세계 가득하여 그 수가 대숲 같아, 이러한 사람들이 한마음으로 한량없는 억겁 동안 부처님 참지혜 생각할지라도 조금도 알아낼 수 없으며,

새로 발심한 보살들이 무수한 부처님께 공양드리고 모든 의취 요달(了達)하여 설법 또한 잘하는 이 삼밭과 대숲처럼 시방세계 가득차서, 뛰어난 지혜로써 항하사겁을 두고 일심으로 다 함께 생각할지라도 능히 부처님의 지혜는 알 수 없으며,

항하의 모래 수 같은 불퇴전 보살들이 일심으로 다 함께 생각해 찾을지라도 또한 알 수 없느

니라.

또 사리불에게 이르노니 번뇌가 없고 부사의 (不思議)한 심오하고 묘한 법을 내 이제 구족하게 얻었으므로 나만이 이 모양을 알며 시방의 부처님도 그러하니라.

사리불이여, 마땅히 알라. 모든 부처님 말씀은 다름이 없나니 부처님 설한 법에 큰 믿음 낼지어다. 세존은 법 설한 후 오랜 뒤에 반드시 진실한 법 설하느니라.

모든 성문과 연각승을 구하는 이들에게 이르노니, 내가 괴로운 속박에서 벗어나게 하고 열반을 얻게 한 것은 부처님의 방편력에 의해서 삼승의 교를 보였기 때문이니 중생이 처처에 집착하므로 인도하여 해탈을 얻게 하기 위함이니라."

이때, 대중 가운데 성문과 번뇌가 다한 아라

한과 아야교진여 등 일천이백 인과 성문·벽지
불의 마음을 일으킨 비구·비구니·우바새·우바
이가 있어 제각기 이런 생각을 하였다.

'지금 세존께서는 무슨 까닭으로 은근히 방편
을 찬탄하시며, 부처님이 얻으신 법은 매우 깊
어 이해하기 어렵고 말씀하시는 뜻도 알기 어려
워 모든 성문이나 벽지불이 미칠 수 없는 바라고
하시는가. 부처님께서 한 해탈의 뜻을 설하사 우
리도 이 법을 얻어 열반에 이르렀거늘, 지금 말
씀하시는 뜻을 알 수 없도다.'

이때, 사리불은 사부대중이 의심할뿐더러 자
기도 또한 알지 못하므로 부처님께 사뢰었다.

"세존이시여, 무슨 인연으로 모든 부처님의
제일 방편과 깊고 묘하여 알기 어려운 법을 은근
히 찬탄하시나이까. 저는 예로부터 일찍이 부처
님께서 이렇게 말씀하시는 것을 듣지 못하였나

이다. 지금 사부대중은 다 의심하고 있사오니, 바라옵건대 세존께서는 이 일을 알기 쉽도록 설해 주소서. 세존께서는 무슨 까닭으로 깊고 미묘하여 알기 어려운 법을 은근히 찬탄하시나이까."

이때, 사리불은 이 뜻을 거듭 펴려고 게송으로 사뢰었다.

"지혜의 태양이신 거룩한 세존 오랜 세월 흐른 후에 이 법을 설하시되, '이와 같은 힘과 무외 삼매와 선정·해탈 등의 부사의한 법을 얻었노라'고 스스로 말씀하셨나이다. 도량에서 얻은 법은 능히 물을 사람 없었고, 저의 뜻으로도 헤아리기 어려우며 또한 능히 물어볼 수도 없었나이다. 묻는 이 없으나 스스로 말씀하시되 닦으신 도에 대해 찬탄하시고, '심히 미묘한 지혜는 모든 부처님이 얻으신 바라' 하시니 번뇌가 없는 아라한과 열반을 구하는 이들 이제 모두 의심에 빠졌나이다.

무슨 까닭으로 이와 같이 말씀하시나이까. 연각을 구하는 비구·비구니와 천·용·귀신·건달바 등이 서로 보고 의심하며 양족존을 우러러보나이다. 이 무슨 까닭인지 원컨대 설해주소서. 여러 성문 중에 저를 으뜸이라 하시지만 제가 얻은 지혜로는 의심에 걸려 이해할 수 없나이다. 이것이 궁극의 법입니까, 행할 바 도입니까.

부처님의 가르침 받은 불자들 합장하고 우러러 기다리오니, 원컨대 미묘한 음성으로 저희 위해 여실히 설해주소서. 모든 천·용·귀신 등 그 수가 항하의 모래 같고 성불하려는 모든 보살의 수는 팔만이나 되오며, 또 여러 만억 국토의 전륜성왕이 와서 합장하고 공경하는 마음으로 구족한 도를 듣고자 하나이다."

이때, 부처님께서 사리불에게 이르시었다.

"그만두라, 그만두라, 다시 말하지 말라. 만일 이 일을 말하면 일체 세간의 모든 천·인이 다 마땅히 놀라고 의심하리라."

사리불이 거듭 부처님께 사뢰었다.

"세존이시여, 오직 원컨대 설해주소서. 오직 원컨대 설해주소서. 왜냐하면 이 모임의 무수한 백천만억 아승지 중생들은 일찍이 모든 부처님을 친견하여 모든 근(根)이 예리하고 지혜가 명료하여 부처님의 설하심을 들으면 능히 공경하고 믿으리다."

이때, 사리불은 이 뜻을 거듭 펴려고 게송으로 사뢰었다.

"위없이 높은 법왕이시여, 오직 설하소서. 원컨대 염려하지 마소서. 이 모임의 많은 대중은 공경하고 믿는 이만 있나이다."

부처님께는 다시 이르시었다.

"그만두라, 사리불이여. 만약 이 일을 말하면 모든 세간의 천·인·아수라들은 다 놀라고 의심할 것이며, 오만한 비구는 깊은 구렁에 떨어지리라."

이때, 부처님은 거듭 게송으로 말씀하시었다.

"그만두라, 그만두라. 말하지 말라. 나의 법은 미묘하여 생각하기 어려워 오만한 사람들이 들으면 공경하지도 믿지도 아니하리라."

이때, 사리불은 거듭 부처님께 사뢰었다.

"세존이시여, 오직 원컨대 설해주소서. 오직 원컨대 설해주소서. 이 모임 가운데 저희와 같은 백천만억 사람들은 세세에 이미 부처님의 교화를 받았으니 이러한 사람들은 반드시 공경하여 믿고 길이 안온할 것이며 이익이 많으오리다."

이때, 사리불은 이 뜻을 거듭 펴려고 게송으로 여쭈었다.

"위없는 양족존이시어, 원컨대 제일의 법을 설해주소서. 제가 부처님의 장자이오니 분별하여 설해주소서. 여기 모인 많은 대중이 법을 공경하여 믿으리다. 부처님이 일찍이 세세에 이러한 무리들을 교화하셨으니, 모두 일심으로 합장하고 부처님 말씀을 듣고자 하나이다. 저희 천이백 인과 그 밖의 불도를 구하는 이들 원컨대 이들을 위해 분별하여 설해주소서. 이들이 이 법을 듣는다면 크게 환희심 내오리다."

이때, 세존은 사리불에게 이르시었다.

"그대가 이미 간곡하게 세 번이나 청하였으니, 어찌 설하지 않을 수 있겠는가. 그대는 이제 자세히 듣고 잘 생각하라. 내 이제 그대를 위해 분별하여 해설하리라."

이 말씀을 하실 때, 회중에 비구·비구니·우바새·우바이 오천 인이 있다가 자리에서 일어나 부처님께 절하고 물러갔다. 왜냐하면 이 무리는 죄근이 깊고 무거우며 오만하여, 얻지 못하고도 얻었다 하고, 깨치지 못하고도 깨쳤다고 하는 이런 허물이 있는 까닭에 머물러 있지 아니하거니, 세존은 잠자코 제지하지 아니하시었다.

이때, 부처님께서 사리불에게 이르시었다.

"나의 이 대중은 곁가지는 없고 순수한 곧은 열매만 있도다. 사리불이여, 이와 같이 오만한 사람들은 물러감이 또한 좋으니라. 그대는 이제 잘 들으라. 마땅히 그대를 위해 설하리라."

사리불이 여쭈었다.

"그러하옵니다, 세존이시여. 기꺼이 듣고자 하나이다."

부처님께서 사리불에게 이르시었다.

"이와 같은 묘법은 모든 부처님께서 때가 되어야 설하는 것이니, 우담발화가 때가 되어야 한 번 피는 것과 같으니라. 사리불이여, 그대는 마땅히 믿을지니라. 부처님의 설하는 바 그 말씀이 허망하지 않느니라. 사리불이여, 모든 부처님이 때에 따라 설하는 법은 의취를 알기 어려우니라. 왜냐하면 나는 무수한 방편과 갖가지 인연과 비유와 언사로써 모든 법을 설하므로 이 법은 생각이나 분별로써 이해할 수 없나니, 오직 모든 부처님만이 능히 아시느니라.

왜냐하면 모든 부처님은 오직 일대사인연으로 하여 세상에 출현하시기 때문이니라. 사리불이여, 무엇을 일러 모든 부처님이 오직 일대사인연으로 하여 세상에 출현한다고 하는고. 모든 부처님은 중생으로 하여금 불지견을 열어주어 청정함을 얻게 하려고 세상에 출현하시며, 중생에게 불지견을 보이시려고 세상에 출현하시며, 중생으로 하여금 불지견을 깨닫게 하시려고 세상에 출현하시며, 중생으로 하여금 불지견도에 들어가게 하시려고 세상에 출현하시느니라. 사리불이여, 이것이 모든 부처님께서 오직 일대사인연으로 하여 이 세상에 출현하는 것이라 하느니라."

부처님이 사리불에게 이르시었다.

"모든 부처님은 다만 보살만을 교화하시느니라. 여러 가지 하시는 바는 항상 일대사를 위하심이니, 오직 부처님 지견을 중생에게 보여 깨닫게 하려 하심이니라. 사리불이여, 여래는 다만 일불승으로써 중생을 위해 설법함이요, 다른 법은 없거늘 어찌 이승이 있고 삼승이 있겠느냐.

사리불이여, 일체 시방의 모든 부처님의 법도 또한 이와 같으니라. 사리불이여, 과거의 모든 부처님이 한량없는 방편과 갖가지 인연과 비유·언사로써 중생을 위하여 여러 가지 법을 연설하셨으니, 이 법이 모두 일불승을 위한 것이었으므로, 이 중생들이 모든 부처님으로부터 법을 듣고는 마침내 다 일체종지를 얻었느니라.

사리불이여, 미래에 모든 부처님이 세상에 출현하시더라도 또한 무량무수한 방편과 갖가지 인연과 비유·언사로써 중생들을 위하여 여러 가지 법을 연설하시리니, 이 법도 모두 일불승을 위한 것이므로 이 중생들이 부처님으로부터 법을 듣고, 마침내는 일체종지를 얻게 되리라.

사리불이여, 현재 시방의 한량없는 백천만억 불국토 중의 모든 부처님은 이익 되게 하는 바가 많아 중생을 안락하게 하시느니라. 이 모든 부처님도 무량무수한 방편과 갖가지 인연과 비유·언사로써 중생을 위해 여러 가지 법을 연설하시니, 이 법이 모두 일불승을 위하는 것이므로, 이 모든 중생이 부처님으로부터 법을 듣고, 마침내 모두 일체종지를 얻느니라.

사리불이여, 이 모든 부처님은 다만 보살을 교화하시니, 부처님의 지견을 중생에게 보이고자 하심이며, 부처님의 지견으로 중생을 깨닫게 하고자 하심이며, 중생으로 하여금 부처님의 지견도에 들게 하고자 하심이니라.

사리불이여, 나도 이제 또한 이와 같아서, 모든 중생이 갖가지 욕심과 마음 깊숙한 곳에 집착이 있음을 알고 그 본성에 따라 갖가지 인연과 비유·언사와 방편의 힘으로 법을 설하느니라. 사리불이여, 이렇게 함은 모두 일불승의 일체종지를 얻게 하려는 것이니라.

사리불이여, 시방세계에는 오히려 이승도 없
거늘 어찌 하물며 삼승이 있겠는가. 사리불이
여, 모든 부처님께서는 오탁악세에 출현하시나
니, 이른바 겁탁·번뇌탁·중생탁·견탁·명탁이
니라. 이와 같이 사리불이여, 겁탁으로 어지러울
때에는 중생이 번뇌가 많고 간탐하고 질투하여
모든 좋지 못한 근성을 이룬 까닭에 모든 부처님
은 방편의 힘으로 일불승을 분별하여 삼승으로
설하시느니라.

사리불이여, 만일 나의 제자가 스스로 아라한
·벽지불이라 일컫더라도 모든 부처님께서 다
만 보살을 교화시키는 일을 듣지도 못하고 알지
도 못한다면 이는 불제자가 아니요, 아라한이 아
니며, 벽지불도 아니니라. 그리고 사리불이여, 이
모든 비구·비구니가 스스로 말하기를 아라한을

얻었다 하고, 이것이 최후신이며 구경열반이라 하여 다시 아뇩다라삼먁삼보리를 구할 뜻이 없다면 마땅히 알라. 이러한 무리는 다 교만한 자이니라. 왜냐하면 만일 어떤 비구가 실로 아라한을 얻고도 이 법을 믿지 않는다면 옳지 아니하기 때문이니라.

단 부처님이 멸도하신 후 부처님이 현존해 계시지 않을 때에는 제외되느니라. 왜냐하면 부처님이 멸도하신 후에 이러한 경전을 수지독송하고 뜻을 잘 아는, 그런 사람을 만나기 어렵기 때문이니라. 만일 다른 부처님을 만나면, 이 법 가운데에서 곧 분명하게 깨달음을 얻으리라.

사리불이여, 그대들은 마땅히 일심으로 믿고 이해하여 부처님 말씀을 받아 지닐지니, 모든 부처님 말씀은 허망하지 않느니라. 다른 승은 없고 오직 일불승이니라."

그때, 세존께서 거듭 이 뜻을 펴시려고 게송으로 말씀하시었다.

"교만한 마음 품은 비구와 비구니들 아만에 찬 우바새와 믿음 없는 우바이들, 이와 같은 사부대중 그 수가 오천이라. 제 허물 제 스스로 보지 못하고 계행에도 결함이 있어 그 허물 감추려는 소지자(小智者)는 이미 나갔으니, 대중 가운데 지게미와 쌀겨와 같아 부처님 위덕으로 물러 갔느니라. 이들은 복과 덕이 적어 이 법을 받아 감당하지 못하느니라. 이제 이 대중에는 곁가지는 없고 오직 모든 곧은 열매만이 있음이로다.

사리불이여, 잘 들으라. 모든 부처님이 얻으신 법을 한량없는 방편력으로 중생 위해 설하느니라. 중생들 마음에 생각하는 바와 갖가지 행하는 바의 도와 모든 욕망과 본성과 지난 세상의 선·악업을 부처님이 이미 다 아시고, 모든 인연과 비유와 언사와 방편력으로써 일체를 다 기쁘게 하시느니라. 혹 수다라와 가타와 본사(本事)와 본생과 미증유를 설하시며, 또는 인연과 비유와 기야와 우바제사경을 설하시느니라.

우둔한 근기는 작은 법을 좋아하며 생사에 탐착하여 한량없는 부처님의 심묘한 도 행하지 아니하고 온갖 괴로움에 시달리므로 이들 위해 열반을 설하시느니라. 나도 이런 방편 베풀어 부처님 지혜에 들게 하되, 일찍이 그대들에게 불도를 이루리라고 말하지 않았노라. 말하지 않은 까닭은 설할 때가 되지 않았기 때문이니 지금이 바로 그때이기에 결정하고 대승경을 설하노라.

나의 이 구부법은 중생의 근기 따라 설하여 대승에 들게 함을 근본으로 했느니라. 이러한 까닭으로 이 경을 설하노라. 불자의 마음이 청정하고 부드럽고 지혜로워 한량없는 부처님 처소에서 심묘한 도 행하므로 이러한 불자 위해 대승경을 설하노라. 나는 이러한 사람이 내세에 성불한다고 수기하리니, 깊은 마음으로 부처님을 생각하고 청정한 계를 닦아 지녔기 때문이니라. 이들은 성불한다는 말 들으면 기쁨이 넘치리니 부처님은 그들 마음의 행로를 알기에 대승을 설하니라. 성문이나 보살이 내가 설한 법의 한 게송만 들어도 모두 다 성불함에 의심이 없으리라.

시방불토 가운데 오직 일승만 있음이요, 이승도 없고 또한 삼승도 없나니, 단 거짓 이름으로 중생을 제도하는 방편은 예외니라. 부처님 지혜 설하려고 모든 부처님이 세상에 출현하시니 오직 일승만이 진실이요, 이승과 삼승은 진실이 아니기에 마침내 소승으로는 중생을 제도하지 않느니라.

부처님은 스스로 대승에 머무르시어 그 얻은 바 법과 같이 선정과 지혜로 장엄하여 중생을 제도하느니라. 스스로는 위없는 대승 평등법을 깨치고 만일 소승법으로 한 사람이라도 교화한다면 나는 곧 간탐에 떨어지리니 이 같은 일은 옳지 못하니라. 만일 어떤 사람이 부처님을 믿고 귀의하면 여래는 속이지 아니하며 탐하거나 미워함이 없나니, 모든 법 가운데 악업을 끊었기 때문이니라. 이런 까닭에 부처님은 시방에서 홀로 두려울 바가 없느니라. 나는 삼십이상으로써 몸을 장엄하며, 광명이 세간에 비치며 한량없는 중생에게 존경받고 그를 위해 실상인(實相印)을 설하노라.

사리불이어, 마땅히 알라. 내가 본래 세운 서원은 일체중생으로 하여금 나와 같이 평등하여 다름이 없게 하려 함이니라. 내가 옛날 소원같이 이제 이미 만족히 이루었으니 일체중생 교화하여 다 불도에 들게 하겠노라.

만일 내가 중생을 만나면 다 불도로써 가르치지만, 지혜 없는 자는 잘못 알고 미혹하여 가르침을 받지 아니하니 나는 아노라, 이런 중생은 일찍이 착한 근본 닦지 않고 오욕에 굳게 집착하여 어리석은 애착으로 번뇌가 발생하며, 모든 욕심의 인연으로 삼악도에 떨어져서 육취 중에 윤회하여 온갖 고초 고루 받느니라. 모태에서 작은 형상을 받아 세세에 항상 자라며 박덕하고 복이 없는 사람으로 모든 괴로움에 시달리고 삿된 소견의 숲에 들어 혹은 있다, 혹은 없다는 등 이런 견해 의지하여 육십이견 가지며, 헛된 법에 집착하여 굳게 지켜 못 버리고 아만 있어 스스로를 높여 자랑하며, 아첨하여 마음이 진실하지 못해 천만억겁에도 부처님 이름조차 듣지 못하며 바른 법도 듣지 못하나니, 이러한 사람들은 제도하기 어려우니라.

그러므로 사리불이여, 내가 방편을 베풀어서 고통을 멸하는 도를 설하여 열반을 보였느니라. 내가 비록 열반을 설했으나 이는 또한 참된 멸도가 아니니라. 모든 법은 본래부터 항상 스스로 적멸한 상이니 불자가 이 도를 행해 마치면 내세에 부처님이 되리라.

내가 방편력이 있어 삼승법을 열어 보였으나 일체의 모든 부처님은 일승도를 설하시느니라. 이제 이 모든 대중은 다 마땅히 의혹을 버리라. 모든 부처님 말씀은 다르지 아니하여 오직 일승이요, 이승이 없느니라. 과거 무수한 겁에 열반하신 한량없는 부처님들 그 수 백천만억이라 헤아릴 수 없느니라. 이와 같이 모든 세존들도 갖가지 인연과 비유와 수없는 방편력으로 모든 법상을 연설하셨으니, 이 모든 세존들도 다 일승법을 설하시어 무량 중생 교화하사 불도에 들게 하셨느니라. 또 모든 대성인은 일체 세간의 천·인과 많은 중생 마음속의 깊은 욕망 아시고 다시 다른 방편으로 제일의 뜻을 도와 나타나게 하셨느니라.

만일 어떤 중생들이 과거의 여러 부처님을 만나 법문을 듣고 보시하거나 지계·인욕·정진·선정·지혜 등의 갖가지 복혜를 닦았으면 이와 같은 사람들은 이미 불도를 성취한 것이니라.

모든 부처님 멸도하신 후, 만약 사람들이 마음이 착하고 부드러우면 이와 같은 중생들은 다 이미 불도를 성취한 것이니라. 여러 부처님 멸도하신 후 사리에 공양하는 이가 만억 가지 탑을 세우되, 금과 은과 파리와 자거·마노·매괴·유리·진주로 깨끗하게 널리 꾸며서 모든 탑을 장엄하며, 혹은 돌로 탑묘를 세우되 전단향·침수향 나무와 목밀(木樒)이나 그 밖에 다른 재목과 벽돌과 진흙 등으로 하거나, 혹 넓은 들판에 흙을 쌓아 불탑을 세우거나, 심지어 아이들이 놀면서 모래를 모아 불탑을 만들어도 이러한 모든 사람들은 다 이미 불도를 성취한 것이니라.

어떤 사람이 부처님을 위하는 까닭으로 여러 형상을 건립하거나 조각으로 여러 상을 이룩하면 다 이미 불도를 성취한 것이니라. 혹은 칠보로 만들거나 유석·적백동·백납과 아연·주석·쇠붙이·나무·진흙이나 아교로 칠을 한 베로 불상을 조성하면, 이와 같은 사람은 다 이미 불도를 성취한 것이니라. 채색으로 불상을 그리되 백복(百福)으로 장엄한 상을 스스로 그리거나 남을 시켜 그렸을지라도 이미 다 불도를 성취한 것이니라. 심지어 아이들이 장난삼아 풀과 나무와

붓과 손가락이나 손톱으로 부처님의 상을 그려
도 이러한 사람들은 점차로 공덕을 쌓아 대비심
을 구족하여 다 불도를 성취하여 오직 모든 보살
을 교화하여 무량 중생 제도한 것이니라.

　어떤 사람이 탑묘와 불상이나 탱화에 꽃과 향
과 번개(幡蓋)로 경건히 공양하며 악사를 시켜
풍악을 울리고 북 치고 소라 불고, 퉁소·저·거
문고·공후·비파·징·요령 등 이런 여러 묘한
음악소리로 다 고루 공양하며, 혹은 즐거운 마음
으로 노래 불러 부처님 덕 칭송하면 비록 작은
소리였을지라도 다 이미 불도를 성취했느니라.
설사 어떤 사람이 산란한 마음으로라도 꽃 한 송
이 부처님 화상에 공양하면 점차로 수없는 부처
님 친견하게 되며 혹 어떤 사람이 예배하되 합장
만 하거나 한 손만 들거나 머리를 약간 숙이거나
하여, 이로써 공양하더라도 점점 한량없는 부처

님 친견하며 스스로 무상도를 성취하여 많은 중생 건진 뒤에 무여열반에 들되 섶이 다해 불이 꺼짐 같으리라. 또 어떤 사람이 산란한 마음으로라도 탑묘에 들어가서 '나무불'을 한 번만 불러도 다 이미 불도를 성취한 것이니라. 과거의 여러 부처님이 세상에 계실 때나 멸도한 후에라도 만일 이 법문을 듣게 되면 이미 다 불도를 성취한 것이니라.

미래에 모든 세존 그 수가 한량없어 이 모든 여래께서도 방편으로 설법하시리라. 일체 모든 여래는 한량없는 방편으로 모든 중생 제도하사 부처님의 무루지에 들게 하시니라. 만일 이 법을 들은 이는 성불하지 않은 사람 한 사람도 없느니라. 모든 부처님 본래 서원은 친히 수행한 불도를 여러 중생들도 함께 똑같이 이 도를 얻게 하고자 하심이니라.

미래세에 모든 부처님이 백천만억 수없는 법문 설할지라도 사실은 일승을 위함이니라. 모든 부처님께서는 법은 항상 성품이 없고 불종자는 인연으로부터 일어남을 알리려 하시나니 그러므로 일승을 설하시느니라. 이 법이 법위(法位)에 머물러 세간상이 상주하느니라. 도량에서 이미 아시고 도사는 방편으로 설하시느니라.

　　천·인이 공양을 받드는 현재의 시방 부처님이 항하의 모래 수같이 세상에 출현하사, 중생을 안온하게 하려고 이 같은 법 설하시니라. 제일의 적멸을 아시건만 방편을 씀으로 갖가지 도를 보이시나 사실은 불승 위함이니라. 중생의 모든 행과 마음속에 생각하는 바와 과거에 익힌 업과 욕망·성질·정진력과 모든 근기의 둔하고 예리함을 아시고 갖가지 인연과 비유와 말씀으로 근기 따라 방편으로 설하시느니라. 지금 나도 이와 같

이 중생을 안온하게 하려고 갖가지 법문으로 불
도를 펴 보이느니라. 나는 지혜의 힘으로써 중생
의 성품과 욕망 알고 방편으로 여러 가지 법을
설하여 모두를 기쁘게 하느니라.

　사리불이여, 마땅히 알라. 내가 불안(佛眼)으
로 관(觀)하여 육도 중생 살펴보니 빈궁하고 복
과 지혜 없어 생사 험로 들어가서, 고통 계속 끊
이지 않고 오욕에 집착함이 모우(犛牛)가 꼬리
아끼듯 탐욕과 애욕에 스스로 가리어서 눈멀고
어두워 보지 못하며, 큰 힘 지닌 부처 이루기를
구하지 아니하고 고통 끊는 법 구하지 않고 삿된
소견에 깊이 빠져 고(苦)로써 고(苦)를 버리고자
하니, 이러한 중생 위하여 대비심을 일으켰노라.

　내가 처음 도량에 앉아 보리수 아래서 관하고
경행(經行)하며 삼칠일을 지내면서 이런 생각하
였으니, '내가 얻은 지혜는 미묘하기 제일이나

중생 근기 우둔하여 쾌락에 집착하고 어리석고 눈 어두우니 이 같은 무리들을 어떻게 제도할까' 하였더니,

이때 모든 범천왕과 모든 하늘과 제석천왕과 호세 사천왕과 대자재천과 그 밖의 모든 하늘 대중 백천만 권속들이 공경·합장하고 예경하면서 나에게 법륜 굴리기를 청하는지라, 나는 곧 스스로 생각하기를 만일 일불승만 찬탄한다면 괴로움에 빠진 중생이 이 법을 믿지 아니하여 법을 파하고 믿지 않으므로 삼악도에 떨어지리니,

내 차라리 법 설하지 않고 곧 멸도에 들려다가 과거 부처님의 방편의 힘 생각나서 '나도 이제 얻은 도를 또한 삼승으로 설하리라' 생각하였을 때 시방불이 나타나사 범음으로 위로하시되, '장하시어라 석가모니, 제일의 도사여. 위없는 법 얻었건만 모든 부처님 따라 방편의 힘 쓰시도

다. 우리도 또한 모두 가장 묘한 제일의 법 얻었
건만 모든 중생 위해 삼승법을 분별하여 설했으
니, 지혜 적은 자는 소승을 좋아하고 스스로 성
불할 것을 믿지 않는지라, 그러므로 방편으로 분
별하여 여러 과(果)를 설하노니 비록 다시 삼승
을 설하나 다만 보살을 가르치기 위함이니라'.

사리불이여, 마땅히 알라. 나는 그때 거룩한
부처님들의 그 심히 맑고 미묘한 음성을 듣고 기
뻐 '나무불' 하였노라. 그리고 다시 생각하기를
'내가 탁하고 악한 세상에 났으니, 모든 부처님
설하심과 같이 나도 또한 따라 행하리라' 이렇게
생각하고 곧 바라나시로 가서 모든 법의 적멸한
상을 말로써는 표현할 수 없어 방편력으로 다섯
비구 위해 설하니 이것을 이름하여 전법륜이라
하느니라. 그때, 처음으로 열반이라는 말과 아라
한·법보·승보 등 차별의 이름이 있게 되었느니

라. 머나먼 옛 겁부터 열반의 법 찬탄하여 '생사의 고통 영원히 없어진다'고 나는 항상 이렇게 말했노라.

사리불이여, 마땅히 알라. 내가 불자들을 보니, 불도를 구하는 이 무량 천만억이라 모두 공경하는 마음으로 부처님 처소에 와서 일찍이 모든 부처님의 방편의 설법을 들었는지라, 나는 곧 이렇게 생각하였노라. '여래가 출현함은 부처님 지혜 설하기 위함이니 지금이 바로 그때라.'

사리불이여, 마땅히 알라. 우둔한 근기와 지혜가 적은 사람, 상에 집착하는 교만한 자는 이 법을 믿지 않겠지만, 나는 이제 기쁘고 두려움 없이 모든 보살 가운데서 정직하게 방편 버리고 다만 위없는 도를 바로 설하노라. 보살들이 이 법 듣고 의심의 그물 이미 다 제거하게 되고, 천이백 아라한도 다 또한 마땅히 성불하리라. 삼세 모든 부처님의 법 설하신 의식(儀式)같이 나도 이제 이와 같아 분별없는 법 설하노라.

모든 부처님 세상에 출현함은 아득하여 만나 뵙기 어려우며 설사 세상에 출현하셔도 이 법을 설하심은 더욱 어려워 한량없고 수없는 겁에 이 법 듣기 또한 어려우며 능히 이 법을 듣고 믿는 자 이 사람 또한 더욱 찾기 어려우니라. 마치 우담발화를 모든 사람이 사랑하고 좋아하지만 천상이나 인간계에 귀한 것으로 때가 되어야 한 번 피는 것과 같으니라. 법문 듣고 환희하여 단 한마디 말로 찬탄해도 곧 이미 일체 삼세 부처님께 공양함이 되느니라. 이러한 사람 매우 귀해 우담발화보다도 더함이니라.

그대들은 의심을 두지 말지니라. 나는 모든 법의 왕이니라. 널리 모든 대중에게 이르노니 다만 일승의 도로써 모든 보살 교화함이요, 성문 제자는 없느니라. 그대들 사리불과 성문·보살들은 마땅히 알라. 이 묘법은 모든 부처님의 비밀스러운 요지이니라. 오탁의 악세에서는 다만 모든 욕망에 집착하므로 이 같은 중생은 마침내 불도를 구하지 않느니라. 오는 세상에 악인들은 부처님이 설하시는 일승법을 들어도 미혹하여 믿지 않고 법을 파해 악도에 떨어지게 되느니라. 참괴하고 청정하여 불도 구할 뜻 있는 이 있을진대 일승도를 찬탄할지니라.

사리불이여, 마땅히 알라. 모든 부처님 법은 이와 같아 만억 방편으로 알맞게 법을 설하는 것이니 배워 익히지 않는 자는 이 법을 능히 깨닫지 못하느니라. 그대들은 이미 세상의 스승이신 모든 부처님이 근기 따라 방편으로 하신 일 알았으니, 다시 모든 의혹 없이 마음에 환희심 내면 스스로 마땅히 성불할 것을 알지니라."

3

비유품

譬 喩 品

그때, 사리불이 뛸 듯이 기뻐하며 곧 일어나 합
장하고 부처님 존안을 우러르며 부처님께 사뢰
었다.

"이제 세존으로부터 이러한 법을 듣고 마음이
기뻐 미증유를 얻었나이다. 그 까닭은 제가 옛적
에 부처님을 따라 이 같은 법을 들었는데 '모든
보살은 수기를 받아 성불하리라' 하셨으나, 저희
는 그 일에 참여하지 못하고 여래의 한량없는 지

견을 잃었기에 심히 슬퍼하였나이다.

세존이시여, 저는 항상 홀로 숲속이나 나무 아래에 앉기도 하고 거닐기도 하면서 항상 이 같은 생각을 하였나이다. '우리도 법성에 똑같이 들어 있거늘 어찌하여 여래께서는 소승법으로써 제도하시는가' 했나이다. 이것은 우리의 허물이요, 세존 탓이 아니었나이다. 왜냐하면 만약 저희가 아뇩다라삼먁삼보리를 성취하는 인(因)을 설하시는 시기를 기다렸더라면, 반드시 대승으로 제도하사 해탈함을 얻게 하셨을 것인데, 저희가 방편으로 말씀하신 것인 줄을 알지 못하고 처음 부처님의 법문을 듣고는 믿고 받아들여 소승과를 증득했다고 생각하였나이다.

세존이시여, 제가 예전부터 지금까지 밤낮으로 스스로를 책망하였더니, 이제 부처님으로부터 듣지 못했던 미증유의 법문을 듣고 모든 의심과 후회를 끊고 몸과 마음이 태연하여 쾌히 안온함을 얻었사오니, 오늘에야 참으로 부처님 아들이요, 부처님의 입으로 태어났으며 법으로부터 화생하여 불법의 몫을 얻었음을 알았나이다."

이때, 사리불이 거듭 이 뜻을 펴려고 게송으로 사뢰었다.

"저는 이 법음을 듣고 미증유를 얻어 마음에 큰 환희를 품고 의심을 이미 다 끊었나이다. 예전부터 부처님 가르침 받아 대승법 잃지 않았사오며, 부처님 말씀 매우 희유하여 능히 중생의 번뇌 제거하시나니 저는 이미 번뇌가 다함을 얻었지만 이제 듣고는 근심 걱정 또한 덜었나이다.

제가 산골짜기에 있거나 혹은 숲이나 나무 밑에 있어서 앉기도 하고 거닐기도 하면서 항상 이 일을 생각하며 탄식하고 깊이 자책하되 '어찌하여 스스로 속았던가. 우리도 또한 불자로서 함께 무루법에 들었건만 미래에 능히 무상도를 설하지 못하며, 금색신과 삼십이상·십력과 모든 해탈이 같은 한 법 가운데 있거늘, 이 일을 얻지 못하고 팔십 가지 미묘한 상호와 열여덟 가지 불공법, 이 같은 공덕들을 나는 다 잃어버렸구나'.

제가 홀로 경행(經行)할 때, 부처님이 대중 가운데 계시며 명성이 시방에 가득하여 널리 중생 이익 되게 하심을 보고 스스로 미루어 생각하되 '이런 이익을 잃음은 내가 스스로를 속임이라' 하였나이다. 저는 항상 밤낮으로 이 일을 생각하고 '참으로 잃었는가, 잃지 않았는가'를 세존께 묻고자 하였나이다. 저는 항상 세존께서 모든 보살 칭찬하심을 보고 이로써 밤낮으로 이 같은 일 생각했나이다. 이제 부처님 음성 듣자오니 근기 따라 법 설하사 무루의 경지 불가사의한지라 중생으로 하여금 도량에 이르도록 하시나이다.

저는 본래 사견에 집착해서 모든 외도 범지의 스승이 되었더니 세존께서 저의 마음 아시고 사견을 뽑아버리고 열반을 설해주셨나이다. 저는 모든 사견을 없애고 공한 법을 증득하고 그때 마음으로 생각하기를 '멸도를 얻었다' 하였더니 이제 와서 스스로 깨닫고 보니 이것은 참된 멸도가 아니었나이다. 만일 성불함을 얻었을 때는 삼십이상을 갖추며 천·인·야차들과 용·신 등이 공경하리니 이때야 영원히 다 멸하여 남음이 없다고 하겠나이다.

부처님께서 대중 가운데에서 '그대도 마땅히 성불하리라' 하시니 이와 같은 법음 듣고 의혹 모두 없어졌나이다. 처음 부처님 말씀 듣고 마음속으로 크게 놀라 의심하기를 '아마도 마(魔)가 부처님이 되어 내 마음을 어지럽게 하는가' 했사

온데 부처님께서 갖가지 인연과 비유로 잘 말씀
해주시니, 그 마음 편안하기 바다와 같아져 제가
듣고 의심을 끊었나이다.

부처님께서 말씀하시기를 '과거에 멸도하신
한량없는 부처님도 방편 중에 안주하사 또한 모
두 이 법을 설하시고, 현재 미래의 모든 부처님
그 수가 한량이 없으시되 또한 모든 방편으로 이
같은 법 설한다' 하시며 지금의 세존께서도 탄생
하시고 출가하시어, 도를 얻고 법륜을 굴리심에
또한 방편으로 설하시나니 세존께서는 진실한
도 말씀하시나 마왕 파순은 이런 일 못하오리다.
그러므로 저는 정녕코 알았나이다. 이는 마가 부
처님 된 것 아니요, 제가 의심의 그물에 떨어져
이를 마의 소치라 했나이다.

부처님께서 부드러운 음성으로 심원하고 매
우 미묘한 청정한 법 설하심을 듣고 저의 마음

크게 환희하여 의혹 아주 없어지고 실다운 지혜에 안주하리니, 저는 정녕코 성불하여 천·인의 존경받으며 위없는 법륜을 굴리어 모든 보살들을 교화하오리다."

이때, 부처님께서 사리불에게 이르시었다.

"내가 이제 천·인·사문·바라문 등 대중에게 말하겠노라. 내가 옛적에 일찍이 이만억 부처님 처소에서 위없는 도를 위하므로 항상 그대를 교화하였기에, 그대도 또한 오랜 세월 나를 따라 배웠느니라. 내가 방편으로 그대를 인도하여 나의 법 가운데 나도록 하였느니라.

사리불이여, 내가 옛적에 그대를 가르쳐 불도에 뜻을 두라고 하였건마는 그대가 모두 잊어버리고 스스로 생각하기를 '이미 열반을 얻었다'고 했느니라. 내가 이제 그대로 하여금 본래의 원을 세워 행하던 바 도를 기억하게 하려고 모든 성문들에게 이 대승경을 설하노니 이름은 묘법연화요, 보살을 가르치는 법이며 부처님이 호념하시는 바이니라.

사리불이여, 그대는 오는 세상에 한량없고 그지없는 부사의한 겁을 지나면서 수많은 천만억 부처님께 공양하고 바른 법을 받들어 지니며, 보살이 행할 도를 구족하여 마땅히 성불하리니, 명호는 화광여래·응공·정변지·명행족·선서·세간해·무상사·조어장부·천인사·불세존이라 하리라.

나라 이름은 이구요, 그 땅은 평정하고 청정하게 장엄되었으며, 안온하고 풍요해서 천·인이 번성할 것이며, 유리로 땅이 되고, 여덟 갈래 길이 있는데 황금줄로 길가에 경계를 삼고, 그 곁에는 칠보로 된 가로수가 있어 항상 꽃과 열매가 달려 있으리라. 화광여래도 또한 삼승으로써 중생을 교화하리라. 사리불이여, 그 부처님 출현할 때가 비록 악한 세상은 아니지마는 본래의 서원이었으므로 삼승법을 설할 것이니라.

그때, 겁의 이름은 대보장엄이라 하리니, 왜 대보장엄이라고 이름하는가 하면 그 나라에서는 보살로서 큰 보배를 삼는 까닭이니라. 그 모든 보살이 한량없고 그지없고 불가사의하여 산수나 비유로 헤아릴 수 없으며, 부처님의 지혜의 힘이 아니면 능히 알 자가 없으리라. 만일 걷고자 하면 보배꽃이 발을 받들 것이니라. 이 모든 보살은 처음으로 발심한 이가 아니고, 다 오랫동안 덕본을 심어 한량없는 백천만 부처님 처소에서 청정히 범행을 닦아 항상 모든 부처님의 칭찬하시는 바 되며, 오로지 부처님 지혜를 닦아 큰 신통을 갖추고, 일체 모든 법의 문을 잘 알아서 질박하고 정직하며 거짓이 없고 뜻과 생각이 견고한 이 같은 보살들이 그 국토에 충만하리라.

사리불이여, 화광불의 수명은 십이 소겁이니, 왕자로서 성불하기 전의 세월은 제외한 것이니라. 그 나라 백성들의 수명은 팔 소겁이니라. 화광여래가 십이 소겁을 지내고는 견만보살에게 아뇩다라삼먁삼보리의 수기를 주며 여러 비구들에게 이르기를 '이 견만보살이 다음에 마땅히 부처가 되리니, 명호는 화족안행 다타아가도·아라하·삼먁삼불타이며 그 부처님 국토도 또한 이와 같으리라' 하니라.

사리불이여, 이 화광불이 멸도한 후에 정법이 세간에 머무름은 삼십이 소겁이며 상법이 세간에 머무름도 또한 삼십이 소겁이니라."

이때, 세존께서 거듭 이 뜻을 펴시려고 게송으로 말씀하시었다.

"사리불이 내세에는 부처 이루어 그 명호를 화광이라 하며 마땅히 한량없는 중생 제도하리라. 수없는 부처님께 공양하면서 보살행과 십력 등의 공덕 갖추어 위없는 도를 증득하리라. 한량없는 겁을 지나서 겁의 이름은 대보장엄이요, 세계의 이름은 이구라. 청정하고 흠이 없어 유리로 땅 이루고 황금줄로 그 길의 경계 삼으며 칠보로 된 가지각색 가로수에는 항상 꽃 피고 열매 맺으리라.

그 나라의 모든 보살은 뜻과 생각이 항상 견고하며 신통과 바라밀 이미 다 구족하여 무수한 부처님 처소에서 보살도를 잘 배우리니 이 같은 큰 보살은 화광불이 교화하시는 바라.

그 부처님 왕자이던 때, 나라와 세상 영화 모두 버리고 최후신으로 출가하여 성불하리라. 화광불이 세상에 머무는 수명이 십이 소겁이며 그 나라 백성들의 수명은 팔 소겁이라, 이 부처님 멸도하신 후 정법이 세상에 머무름은 삼십이 소겁이니 널리 모든 중생 제도하고 정법이 다한 뒤에 상법도 삼십이 소겁이니, 사리를 널리 유포하여 천상과 인간이 두루 공양하리라. 화광불이 하시는 그 일은 다 이와 같으며 양족성존은 가장 수승하여 비길 바 없느니라. 그는 곧 그대의 몸이니 마땅히 스스로 기뻐하고 경하할지니라."

이때, 사부대중인 비구·비구니·우바새·우바이와 천·용·야차·건달바·아수라·가루라·긴나라·마후라가 등의 대중은 사리불이 부처님 앞에서 아뇩다라삼먁삼보리의 수기받는 것을 보고 마음이 크게 환희하여 한량없이 기뻐 뛰며 제각기 몸에 입었던 웃옷을 벗어 부처님께 공양했으며, 제석천왕·범천왕 등이 수없는 천자와 함께 하늘의 묘한 옷과 하늘의 만다라꽃과 마하 만다라꽃 등으로 부처님께 공양하니 그 뿌려진 하늘옷은 허공에 머물러 스스로 회전했으며, 모든 하늘은 백천만 가지 기악을 허공중에서 한꺼번에 울리고 온갖 하늘꽃이 비처럼 내리며 이렇게 말하였다.

"부처님께서 옛적 바라나시에서 처음 법륜을 굴리시더니 이제 여기서 다시 위없는 가장 큰 법륜을 굴리시네."

이때, 여러 천자들은 거듭 이 뜻을 펴려고 게송으로 말하였다.

"옛적에 바라나시에서 사제의 법륜을 굴리시며, 오온으로 생멸하는 모든 법을 분별하여 설하셨고 이제 다시 가장 묘하고 위없는 큰 법륜을 굴리시니, 이 법은 매우 깊고 오묘하여 믿을 사람 적으오리라. 저희는 예로부터 세존의 말씀 자주 들었으나 일찍이 이같이 깊고 묘한 높은 법문 듣지 못했나니 세존께서 이 법을 설하시므로 저희가 다 따라 기뻐하나이다.

큰 지혜 가진 사리불이 이제 존귀한 수기를 받으니 저희도 또한 이와 같이 반드시 성불하여 모든 세간에서 가장 높아 위가 없이 되오리다. 부처님의 도 불가사의한지라, 방편으로 근기 따라 말씀하시니, 저희가 지은 복업과 이 세상과 지난 세상에서 부처님 뵈어온 공덕을 다 불도에 회향하나이다."

이때, 사리불이 부처님께 사뢰었다.

"세존이시여, 저는 이제 다시 의심이 없으며 친히 부처님 앞에서 아뇩다라삼먁삼보리의 수기를 받았나이다. 그러나 이 모든 천이백 명의 마음 자재한 이들은 옛날에 배우는 처지에 있을 때 부처님께서 항상 교화하사 말씀하시기를 '나의 법은 능히 생·노·병·사를 여의고 마침내 열반하리라' 하셨기에, 이 유학·무학들은 각각 나라는 소견과 있다, 없다 하는 소견을 떠난 것만으로 스스로 열반을 얻었다고 생각하고 있었사온데, 지금에서야 세존 앞에서 예전에 듣지 못했던 말씀을 듣고 모두 의혹에 빠져 있나이다. 거룩하신 세존이시여, 원컨대 사부대중을 위하여 그 인연을 말씀하사 의혹을 여의게 하소서."

이때, 부처님께서 사리불에게 이르시었다.

"내가 먼저 말하지 않았던가. 모든 부처님께서 갖가지 인연과 비유의 말씀으로 방편의 법을 설하심이 다 아뇩다라삼먁삼보리를 위함이라고, 이 모든 설법이 다 보살을 교화하기 위한 것이니라.

사리불이여, 그러나 이제 다시 비유로써 이 이치를 밝히려 하노라. 모든 지혜 있는 이들은 비유로써 알 수 있을 것이니라. 사리불이여, 어떤 나라의 한 마을에 큰 장자가 있었는데, 그는 나이 늙었으나 재물은 한량이 없어 전답과 가옥과 시종들이 많았느니라. 그 집은 넓고 크고 문은 오직 하나뿐이요, 사람들은 많이 있어 일백·이백 내지 오백 인이 그 안에 머물러 있었으며, 집과 누각은 낡고 담과 벽은 퇴락하였으며, 기둥뿌리는 썩고 대들보가 기울어 위태한데, 주위에서 한꺼번에 별안간 불이 나서 집을 태우니, 장자의 아들들이 열·스물 내지 혹은 서른이 그 집속에 있었느니라.

장자는 이 큰불이 사면으로 옮겨 붙는 것을 보고 곧 크게 놀라 두려워하며 생각하되 '나는 비록 능히 이 불타는 집에서 무사히 나왔으나,

아들들은 불붙은 집 안에서 놀이에 정신이 팔려, 이를 깨닫지도 못하고 알지도 못하여 놀라지도 않고 두려워도 아니하며, 불길이 몸에 닿아서 고통이 극심해질 것인데도 싫어하거나 걱정할 줄도 모르고 나오려는 뜻이 없구나' 하였느니라.

사리불이여, 이 장자는 이렇게 생각하되 '내 몸과 손에 힘이 있으니 마땅히 옷상자나 판자에 앉혀 집으로부터 구출하리라' 하더니 다시 생각하되 '이 집은 오직 문이 하나뿐이고 또 협소하며 아들들은 너무 어려서 아직 알지 못하고 놀이에만 정신이 팔려 있으므로, 자칫 떨어지면 불에 타게 될 것이니, 내가 불이 얼마나 두렵고 겁나는가를 일러주어, 이 집이 이미 불에 타고 있으니 이때 빨리 나와서 불의 피해를 받지 않게 하리라' 이같이 생각을 하고 생각한 대로 자세하게 아들들에게 이르기를 '너희는 어서 빨리 나오너라'고 말하니라.

　아버지는 비록 측은히 생각하고 좋은 말로 간절히 달랬으나, 모든 아들들은 놀이에 정신이 팔려 즐기느라고 믿으려 하지 않고, 놀라지도 않고 두려워도 하지 않아 끝내 나올 마음이 없으며, 더구나 어떤 것이 불이며 어떤 것이 집이며 무엇을 잃게 되는지도 알지 못하고, 다만 동서로 달려 놀면서 아버지를 쳐다볼 뿐이었느니라.

　이때, 장자는 또 이런 생각을 하되 '이 집이 이미 큰불에 타고 있으니 나와 모든 아들들이 만약 이 시각에 나가지 아니하면 반드시 불에 타게 되리니, 내가 이제 방편을 써서 모든 아들들로 하여금 피해를 모면하게 하리라' 하고 아버지는 모든 아들들이 전부터 제각기 가지고 싶어 하던 여러 가지 기이한 장난감이라야 반드시 좋아하여 재미 붙일 것을 알고 말하되 '너희가 좋아할 장난감으로, 희유해서 얻기 어려운 것이 있으니 너희가 만약 이때 갖지 아니하면 뒤에 반드시 후회하리라. 양이 끄는 수레, 사슴이 끄는 수레, 소가 끄는 수레 등 갖가지가 지금 대문 밖에 있는데, 가히 가지고 놀 만하니 너희는 이 불타는 집에서 속히 나오너라. 너희의 원대로 다 주겠노라' 하니라.

이때, 아들들이 아버지가 말하는 진귀한 장난감이 바로 원하던 것이었으므로, 각기 마음이 급해서 서로 밀치고 앞을 다투어 달려 불타는 집에서 뛰쳐나오니라. 이때, 장자는 모든 아들들이 무사히 나와 다 네거리 길 가운데의 빈터에 앉아 있어 다시 장애가 없음을 보고, 그 마음이 편안해서 기쁨에 넘쳤느니라. 이때 모든 아들들이 각각 아버지에게 말하기를 '아버지께서 먼저 주겠다고 하신 양이 끄는 수레, 사슴이 끄는 수레, 소가 끄는 수레를 지금 주십시오' 하니라.

　사리불이여, 그때 장자는 모든 아들들에게 각각 똑같은 큰 수레를 주니 그 수레는 높고도 넓으며, 여러 가지 보배로 꾸미고 난간이 둘려 있으며 사면에는 방울을 달고 또 그 위에는 일산을 펴고 휘장을 쳤으며 또 진귀한 온갖 보배를 섞어 장엄하게 꾸몄으며, 보배줄로 엮어 늘이고 모든 꽃·영락을 드리웠으며 고운 자리를 겹겹이 깔아놓고 붉은 베개를 놓았으며, 흰 소에게 멍에 메웠으니 빛깔이 깨끗하고 몸이 매우 좋고 기운이 세고 걸음걸이가 평정하고 그 빠르기가 바람 같으며 또 많은 시종들이 호위하였느니라.

　그렇게 한 까닭은 이 큰 장자는 재물이 한량없어 모든 창고가 갖가지로 가득차 있기 때문이라 이런 생각을 하되 '나의 재물은 한이 없으니 변변치 못한 작은 수레를 아들들에게 주는 것은 옳지 못하다. 이 아이들은 모두 다 내 아들이니 사랑에 치우침이 없게 하리라. 나에게는 이렇게 칠보로 된 큰 수레가 무수하게 있으니 응당 평등한 마음으로 각각 주되 마땅히 차별하지 아니하리라. 왜냐하면 나의 이 물건은 온 나라에 두루 나누어 줄지라도 오히려 모자람이 없거늘 하물며 모든 아들들에게 주는 것이 부족하겠느냐' 하니라. 이때, 모든 아들들이 각각 큰 수레를 타고 미증유를 얻었으니 이는 본래 바라던 것보다 더 좋은 것을 얻었느니라.

사리불이여, 그대는 어떻게 생각하는가. 이 장자가 평등하게 모든 아들들에게 진기한 보배로 된 큰 수레를 준 것을 거짓말을 했다고 할 수 있겠는가."

사리불이 말하였다.

"아니옵니다, 세존이시여. 이 장자가 모든 아

들로 하여금 다만 화재를 면하고 목숨만 보전하게 하였더라도 거짓된 것이 아니옵니다. 왜냐하면 만일 목숨만 보전할지라도 이미 좋은 장난감을 얻은 것과 같거늘 하물며 방편으로 저 불타는 집에서 구제된 것은 말해 무엇 하겠습니까. 세존이시여, 만일 이 장자가 가장 작은 수레 하나 주지 않는다 해도 오히려 거짓되다 할 수 없나이다. 왜냐하면 이 장자가 처음에 생각하기를 '내가 방편을 써서 아들들이 불타는 집에서 나오도록 하리라' 하였으니 이런 이유로 거짓됨이 없나이다. 더욱이 장자가 자기의 재물이 한량없음을 알고 모든 아들들을 이롭게 하려고 평등하게 큰 수레를 준 것이 어찌 거짓이겠습니까."

부처님께서 사리불에게 이르시었다.

"착하고 착하다. 그대가 말한 바와 같으니라. 사리불이여, 여래도 또한 이와 같아서 일체 세간의 아버지가 되느니라. 모든 두려움과 쇠함과 고뇌와 근심과 환난과 무명으로 어둡고 막힌 것이 영원히 다하여 남음이 없으며, 한량없는 지견과 힘과 두려움 없음을 모두 성취하고 대신력(大神力)과 지혜력이 있으며, 방편·지혜 바라밀이 구족하며 대자대비로 항상 게으름 없이 좋은 일을 찾아 모든 중생을 이익 되게 하느니라. 삼계의 썩고 낡은 불타는 집에 몸을 나투어 중생들의 생·노·병·사와 우·비·고·뇌를 벗어나게 하고, 어리석고 어둠에 덮인 삼독의 불에서 건져 그들을 교화하여 아뇩다라삼먁삼보리를 얻게 하려는 것이니라.

모든 중생을 보니 생·노·병·사와 우·비·고·뇌로 불타고 있으며, 또 다섯 가지 욕망과 재물로 모든 고통을 받으며, 또 탐착하고 끝없이 구하려 하므로 현세에서 온갖 고통을 받고 후세에

는 지옥·축생·아귀의 고통을 받나니, 만약 천
상에 나거나 인간계에 태어날지라도 빈궁하고
고생스러우며, 사랑하는 사람과 이별하는 고통
과 미워하는 사람을 만나는 고통 등, 이 같은 여
러 가지 고통이 있느니라. 중생은 그 가운데 빠
져서 즐겁게 뛰놀며 그 괴로움들을 깨닫지도 못
하고 알지도 못하며 놀라지도 않고 두려워하지
도 않으며, 또는 싫어하는 마음을 내지도 아니하
고 해탈을 구하지도 아니하며, 이 삼계의 불타는
집에서 동서로 뛰어다니면서 비록 큰 고통을 만
날지라도 이를 근심하지도 않느니라.

　사리불이여, 부처님은 이것을 보고 이렇게 생
각하였느니라.

　'나는 중생들의 아버지가 되었으니 마땅히 그
고난을 건져주고, 한량없고 그지없는 부처님의
지혜의 낙을 주어서 그들로 하여금 즐거이 놀게

하리라.'

사리불이여, 여래는 다시 생각하였느니라.

'내가 만일 방편을 버리고 신통의 힘과 지혜의 힘만으로 모든 중생에게 여래의 지견과 힘과 두려움 없음을 찬탄한다면 중생은 이것만으로는 능히 제도되지 못하리라. 왜냐하면 이 모든 중생은 생·노·병·사와 우·비·고·뇌를 면치 못하고 삼계의 화택에서 불타게 되리니, 무엇으로 해서 능히 부처님의 지혜를 알 수 있겠는가.'

사리불이여, 마치 저 장자가 비록 몸과 손에 힘이 있었으나, 이를 쓰지 않고 다만 은근한 방편을 써서 모든 아들들을 화택의 난에서 건져 낸 뒤에 각각 진귀한 보배로 된 큰 수레를 준 것과 같이, 여래도 또한 그와 같아서 힘과 무소외가 있지만 쓰지 아니하고 다만 지혜와 방편으로써 삼계의 화택에서 중생을 건져 제도하기 위하여 성문승과 벽지불승과 불승의 삼승을 설하면서 이렇게 말씀하셨느니라.

'그대들은 삼계화택에 있기를 즐기지 말지니, 변변치 않은 빛깔·소리·냄새·맛·감촉을 탐하지 말라. 만일 탐내어 애착하면 곧 불에 타는 바가 되느니라. 그대들이 이 삼계에서 빨리 나오면 마땅히 삼승인, 성문승·벽지불승·불승을 얻으리라. 내가 지금 그대들을 위하여 이 일을 책임지고 보증하노니, 결코 허망하지 아니하리니, 그대들은 다만 부지런히 닦아 정진하라. 여래는 이와 같은 방편으로 중생을 권유하여 바른길로 나아가게 하노라.'

또 말씀하셨느니라.

'그대들은 마땅히 알라. 이 삼승법은 성인들이 다 칭찬하는 바로서 자재하여 속박이 없고 의지하여 구할 것도 없나니, 이 삼승에 오르면 무

루의 오근·오력·칠각지·팔정도·선정·해탈· 삼매 등을 스스로 즐기며 한량없는 안온한 쾌락 을 얻으리라.'

사리불이여, 만일 어떤 중생이 안으로 지혜의 성품을 지녀 부처님에게서 법을 듣고 믿어 받들 어서 부지런히 정진하여 삼계에서 빨리 벗어나 고자 스스로 열반을 구하면, 이를 일러 성문승이 라 하나니 저 아들들이 양이 끄는 수레를 가지려 고 불타는 집에서 뛰쳐나옴과 같으니라.

만약 어떤 중생이 부처님에게서 법을 듣고 받 들어서 부지런히 정진하여 자연혜를 구하고자 혼자 있기를 좋아하며 고요한 곳을 즐기고 모든 법의 인연을 깊이 알면, 이를 일러 벽지불승이라 하나니 저 아들들이 사슴이 끄는 수레를 구하기 위하여 불타는 집에서 뛰쳐나옴과 같으니라.

만일 어떤 중생이 부처님에게서 법을 듣고 믿

어 받들어서 부지런히 정진하여 일체지와 불지·자연지·무사지와 여래의 지견과 힘과 무소외를 구하고, 한량없는 중생을 가엾이 여겨 안락하게 하고 천상과 인간에게 이익을 주며 일체중생을 제도하여 해탈케 하면 이를 일러 대승이라 하며, 보살은 대승을 구하는 까닭에 이름을 마하살이라 하나니, 저 아들들이 소가 끄는 수레를 구하기 위하여 불타는 집에서 뛰쳐나옴과 같으니라.

사리불이여, 마치 저 장자가 여러 아들이 불타는 집에서 나와 두려움 없는 곳에 이르러 무사히 있음을 보고 자기의 재물이 한량없음을 생각하여 평등하게 큰 수레를 모든 아들들에게 준 것과 같이 여래도 그와 같아서 일체중생의 아버지인지라, 만일 한량없는 억천 중생이 불교의 문을 통해 삼계의 괴로움과 두렵고 험한 길에서 나와

열반의 즐거움을 얻었음을 보고 여래는 그때 이런 생각을 하되,

'나는 한량없고 끝없는 지혜와 힘과 무소외 등 모든 부처님 법장이 있으며, 이 모든 중생은 다 나의 아들이니 평등하게 대승을 줄 것이요, 어떤 사람이라도 혼자서만 멸도를 얻게 하지 아니하고, 모두 다 여래의 멸도로써 멸도하게 하리라' 하고 이 모든 중생으로서 삼계에서 벗어난 이에게는 다 모든 부처님의 선정·해탈 등의 장난감을 주나니, 이것은 다 한 모양 한 종류로서 성인들이 칭찬하는 바이며, 능히 청정하고 미묘한 제일의 낙이 생기느니라.

사리불이여, 저 장자가 처음에 세 가지의 수레로 아들들을 달래어 화택에서 나오게 한 연후에, 보물로 장엄한 안온하기 제일가는 큰 수레를 주었지만 저 장자가 거짓말을 한 허물이 없는 것

과 같이 여래도 또한 이와 같아서 거짓이 없느니라. 처음에는 삼승을 설하여 중생을 인도한 연후에 오로지 대승으로써 제도하여 해탈하게 하느니라. 왜냐하면 여래에게는 한량없는 지혜와 힘과 무소외와 모든 법장이 있어 능히 일체중생에게 대승법을 줄 수 있지만 능히 다 받아들이지 못하기 때문이니라. 사리불이여, 이러한 인연으로 모든 부처님이 방편의 힘으로써 일불승에서 분별하여 삼승을 설한 줄 알아야 하느니라.”

부처님께서 거듭 이 뜻을 펴시려고 게송으로 말씀하셨다.

“비유하면 어떤 장자가 큰 저택을 가졌으되 그 집이 오래되어 낡고 퇴락했으며, 집채는 높고 위태로워 기둥뿌리 부러지고 썩었으며, 대들보는 기울고 축대는 무너졌으며, 벽과 담은 헐어서 발랐던 진흙 떨어지고 이엉은 썩어 흩어지고 서까래가 드러났으며, 담장은 구부러지고 더러운 것 가득한데 오백 명의 사람들이 그 가운데 살고 있었느니라.

솔개·올빼미·부엉이·독수리·까마귀·까치·비둘기·뻐꾸기와 뱀·독사·살무사·전갈·지네·도마뱀, 노래기·쥐며느리, 족제비·살쾡이와 여러 가지 쥐들과 갖가지 나쁜 벌레 뒤섞여 달리며 똥·오줌 냄새 나는 곳엔 더러운 것 흘러넘치고, 말똥구리 등 온갖 벌레 그 위에 모여들고 여우·이리·야간(野干)들이 씹고 죽은 송장 뜯어먹어 골육이 낭자하니, 이로 인해 뭇 개들이 몰려와서 끌고 당겨, 굶주려 당황하여 곳곳에서 먹이 찾되 다투고 밀고 당기며 으르렁 짖어대니, 그 집이 공포스럽게 변한 모습이 이러하니,

곳곳마다 도깨비·허깨비, 야차·악귀들이 사

람고기 씹어 먹고, 독한 벌레와 온갖 사나운 짐
승들 알을 까고 새끼 쳐서 제각기 감춰 기르건만
야차들이 달려와서 앞을 다퉈 잡아먹고, 먹고 나
서 배부르면 나쁜 마음 더욱 더해 싸우는 소리가
소름끼치게 두려우며, 구반다 귀신들은 흙더미
에 걸터앉아 있다가 어떤 때는 땅 위에서 한 자
두 자 솟아 뛰고 오고 가고 노닐면서 제멋대로
장난치며, 개의 두 발 잡고 땅에 팽개 쳐서 소리
조차 내지 못하게 하고 다리로 목을 눌러 겁내고
있는 개를 보고 즐기며,

　다시 여러 귀신 있어 그 몸은 길고 큰데, 검
고 야윈 헐벗은 몸 그 가운데 항상 있어 큰 소리
로 악을 쓰며 먹을 것을 찾으며 또 어떤 귀신들
은 목구멍이 바늘 같고 또 어떤 귀신들은 머리가
쇠머리 같으며, 혹은 사람고기를 먹고 혹은 개도
먹으며 머리털은 헝클어져 잔인하고 흉악하며,

주리고 목마르며 울부짖고 치달리며, 야차·아귀와 나쁜 새와 짐승들이 배 채우기 급급하여 사방으로 흩어져 문틈으로 엿보나니, 이와 같은 여러 고난 두렵기 한량없느니라.

이렇게 썩고 낡은 집이 한 사람의 것인데 그 사람 외출한 지 얼마 되지 아니하여 그 뒤에 그 집에서 홀연히 불이 나서 사면으로 한꺼번에 맹렬히 타오르니 대들보·기둥·서까래가 튀는 소리 진동하고 부러져 떨어지며 담과 벽이 무너지거늘, 모든 귀신들 큰 소리로 울부짖고 독수리 등 새들과 구반다 귀신들은 당황하고 얼이 빠져 스스로 나오지 못하며, 악한 짐승, 독한 벌레 쥐구멍 속에 숨어 있고,

비사사 귀신들도 또한 그 가운데 살며 복덕이 박한 탓에 불길에 쫓기면서 서로서로 잔인하게 피 마시고 살 씹으며, 야간의 무리들 이미 다

죽었는데 크고 악한 짐승들이 몰려와서 뜯어먹으며, 고약한 냄새와 연기 자욱이 일어나 사면에 가득차며, 지네와 노래기며 독사의 무리들이 불에 타며 구멍에서 다투어 나오는 것을 구반다 귀신들이 보는 대로 잡아먹으며, 또 모든 아귀들 머리 위에 불이 붙어 배고프고 목마르고 뜨거워 황급히 달아나느니라. 그 집이 이같이 두렵고 무서워서 독한 재앙, 성난 불길, 여러 가지 환난 하나뿐이 아니니,

그때, 집주인은 문밖에서 어떤 이의 말을 들으니 '당신 아들들이 장난을 좋아하여 이 집 안에 들어가서 어린 것들 철없어 노는 데만 팔려 있소' 하거늘 장자가 이 말 듣고 놀라 불타는 집에 뛰어들어가 방편으로라도 구해내어 불타 죽지 않게 하려고 아들들을 타일러 온갖 환난 설명하였느니라.

'나쁜 귀신과 독한 벌레에다가 재앙과 화재가 만연해서 여러 가지 고통이 차례로 잇달아 끊이지 아니하며, 독사·전갈·살무사와 여러 야차들과 구반다 귀신이며 야간·여우·개, 부엉이·독수리·솔개·올빼미며 지네 등 다족의 무리들이 굶주리고 목이 말라 다급하게 허덕여 몹시 무섭거늘, 이러한 고난 속에 또 큰불까지 일어나니 얼마나 두려웠겠느냐.'

아들들 철이 없어 비록 아버지의 타이름 들었으나 오히려 재미 붙여 즐기며 놀기를 그치지 않는지라, 이때 장자는 이렇게 생각하였느니라.

'아들들이 이 같으니 내 근심을 더하는구나. 이제 이 집에는 하나도 즐거울 것 없거늘 아들들이 노는 데만 정신 팔려 내 가르침 안 받으니 장차 불에 타게 되리라.'

곧 다시 생각하여 여러 방편 만들어서 모든

아들에게 말하기를 '나에게는 여러 가지 진귀한 장난감과 묘한 보배로 만들어진 좋은 수레, 양이 끄는 수레, 사슴이 끄는 수레, 소가 끄는 수레들이 지금 문밖에 있으니 너희는 나오너라. 내가 너희 위해 이런 수레 만들었으니 마음에 드는 대로 가져 즐기고 놀지니라' 하였느니라.

모든 아들들 이 같은 수레 있다는 말을 듣고 곧 그 집에서 다투어 뛰쳐나와 빈터에 이르러 모든 고난 벗어나니, 장자는 아들들이 화택에서 빠져나와 네거리에 있음을 보고 사자좌에 앉아 스스로 기뻐서 말하였느니라.

'나는 이제 쾌락하도다. 이 여러 아들들을 낳아 기르기 심히 어려운데 어리석고 소견 없어 위험한 집 들어갔으니, 독한 벌레 많이 있고 도깨비가 무서우며 크게 불이 나서 맹렬한 불길이 사방에 타오르는데, 철모르는 아이들이 장난에만

팔린지라 내가 이를 구해내어 재난을 벗어나게 하였나니, 이런고로 사람들아, 나는 지금 쾌락하도다.'

이때 모든 아들들은 아버지가 편안히 앉아 있음을 보고, 다 아버지 앞에 나아가 조르며 말하였느니라.

'원컨대, 저희에게 세 종류의 보배수레를 주옵소서. 앞서 말씀하시기를 저희가 나온다면 마땅히 세 종류의 수레를 소망 따라 주신다고 하셨으니 지금이 바로 그때이니 나누어 주옵소서.'

장자는 큰 부자라 창고마다 여러 가지 금·은·유리·자거·마노 등이 많은지라, 이 여러 가지 보물로써 큰 수레를 만들고 장엄히 꾸몄으며 주위에는 난간이요, 사면에는 방울 달고 황금줄로 얽었으며 진주로 만든 그물 그 위에 덮여 있고, 금빛 꽃과 온갖 영락 군데군데 드리웠으며 갖가지 채색으로 된 장식품을 두루 둘러 꾸몄으되, 부드러운 비단으로 자리를 깔아놓고 제일 좋은 모포 가치가 천억이라 희고도 정결한 것 그 위에 덮었으며, 크고 살찌고 기운 세며 몸체가 잘생긴 흰 소로 보배수레 멍에 메우고 많은 시종들이 이를 시위했느니라. 이러한 묘한 수레 아들에게 평등하게 나눠주니 이때 아들들은 환희하여 뛰노는데, 이 보배수레 타고 앉아 사방으로 달리면서 희희낙락 기뻐하며 걸림 없이 자재하였느니라.

사리불에게 말하노니, 나도 또한 이와 같아 성인 중에 가장 높고 세간의 아버지라, 일체의 중생들은 모두 나의 아들로서 세상 낙에 탐착하여 지혜의 마음 없으니 삼계가 불안하기 불타는 집과 같아 모든 고통 충만하여 심히 겁나고 두려움뿐이라. 생·노·병·사와 근심과 환난이 항상 있어서 이러한 불길들이 쉬지 않고 맹렬히 타고 있느니라.

여래는 이미 삼계의 화택을 떠나 고요하고 한가롭게 임야에서 편히 살거니 지금 이 삼계는 모두 다 내 것이요, 그 가운데 중생들은 다 나의 아들이라. 지금 이곳에는 온갖 환난 많으나 오직 나만이 능히 구호할 수 있느니라. 비록 다시 타이르나 믿어 받지 않고 모든 욕망에 깊이 탐착해 있는 고로 이에 방편으로 삼승을 설하여 모든 중생으로 하여금 삼계 고통 알게 하고 세간에서 벗어나올 길을 열어 보이려고 연설하는 바이니라. 이 모든 아들들이 만일 마음을 결정하게 되면 삼명과 육신통을 구족하고 연각을 얻어 불퇴전의 보살이 되느니라.

그대 사리불이여, 나는 중생을 위하여 이러한 비유로써 일불승을 설하나니 그대들이 만약 능히 이 말을 믿고 받아 지니면 모두가 다 마땅히 불도를 이루리라.

이 일승법은 미묘하고 청정함이 제일이라 모든 세간에서 더 좋은 것 없으리니 부처님이 기뻐하는 바이며 일체중생도 마땅히 찬탄하고 공양하고 예경할 바이니라.

한량없는 억천의 모든 힘과 해탈과 선정·지혜와 그 밖의 여러 가지 불법으로 이 같은 일불승을 얻어야만 모든 아들들로 하여금 오랜 세월 밤낮으로 항상 유희하게 하며 모든 보살과 성문들과 보배수레 함께 타고 곧 도량에 이르게 하리라. 이러한 까닭으로 시방세계 두루 찾아 구하여도 부처님 방편 제외하고는 다른 승은 전혀 없느니라.

사리불에게 말하노니 그대들은 다 나의 자식이요, 나는 곧 아버지라. 그대들이 오랜 겁에 온갖 고통의 불에 타고 있으므로 내가 모두 제도하여 삼계에서 구했노라. 내가 비록 그대들에게 멸도했다 말했으나 생사를 다했을 뿐 실은 멸도가 아니니, 이제 그대들이 해야 할 것은 오직 부처님 지혜 구하는 일이니라. 만약 보살들이 이 대중 가운데 있어 능히 일심으로 모든 부처님의 진실한 법 듣는다면 모든 부처님이 비록 방편을 썼더라도 교화받은 중생은 모두 다 보살이니라.

어떤 사람 지혜 적어 애욕에 탐착하면 이들을 위해서는 고제(苦諦)를 설하느니라. 중생들은 환희하여 미증유를 얻나니 부처님이 설한 고제는 진실하여 틀림이 없느니라.

만일 어떤 중생이 고의 근본 알지 못하고 고의 인에 집착하여 잠시라도 못 버리면, 이들을 위해서는 방편으로 도제(道諦)를 설하느니라. 모든 고의 원인은 탐욕이 근본이라 만일 탐욕을 멸하면 의지할 데 없나니 모든 고가 다 멸함을

일러 제삼제라 하느니라. 멸제(滅諦)를 위해서
는 도를 닦아 지녀야 하나니 모든 고의 속박 벗
어남을 일러 해탈이라 하느니라.

이 사람이 어디에서 해탈을 얻었는가. 다만
허망 여읜 것을 해탈이라 이르나 그 실은 일체에
서 해탈함이 아니기에 부처님이 이 사람은 참된
멸도 얻은 것 아니라고 설하나니, 이 사람은 아
직 위없는 도를 얻지 못했기 때문이니라. 내 뜻
으로도 멸도에 이르게 하고자 한 것이 아니니라.

나는 법왕 되어 법에 자재하여 중생을 안온케
하려고 세상에 출현하였노라. 그대 사리불이여,
나의 이 법인(法印)은 세간을 이롭게 하고자 설
하는 것이니 이곳저곳 다니면서 망령되이 선전
하지 말지니라. 만일 듣는 사람 있어 따라 기뻐
하고 받들어 지니면 마땅히 알라, 이 사람은 퇴
전치 않는 보살인 것을. 만일 이 경의 법을 믿고

받아 지니는 자, 이 사람은 이미 일찍 과거불을 친견하고 공경·공양하며 또한 이 법 들었음이요, 만일 어떤 사람 있어 그대가 설하는 바를 믿는다면 곧 나를 봄이 되며 또한 그대와 비구승과 보살들을 보는 것이 되느니라.

이 법화경은 깊은 지혜 있는 이를 위해 설하는 것이라 얕은 지식으로 듣게 되면 미혹해서 알지 못하리니 일체 성문과 벽지불로서는 이 경에는 힘이 미치지 못하느니라. 그대 사리불도 이 경에는 오히려 믿음으로 들어옴을 얻었거늘 하물며 다른 성문이랴. 그 나머지 성문들도 나의 말을 믿기 때문에 경을 따르는 것이지 자기 지혜로 아는 것은 아니니라.

또 사리불이여, 교만하고 게으르고 나라는 소견만 있는 자에게는 이 경을 설하지 말라. 범부의 얕은 식견으로 오욕에만 탐착하여 들어도 잘 모를 것이니 또한 설하지 말지니라.

　만약 사람이 믿지 않고 이 경을 훼방하면 곧 일체 세간의 불종자를 끊는 것이 되리니, 혹 다시 빈축하면서 의혹을 품는다면 그대는 마땅히 들으라. 죄의 과보를 설하리라. 만일 내가 있을 때나 멸도한 후에라도 이 경을 비방하거나 이 경을 독송하고 써서 가지는 이를 보고 가벼이 여기며 천대하고 미워하고 질투하며 원한을 품는다면, 이 사람이 받는 죄의 과보를 그대 이제 다시 들어보라.

　그 사람은 죽은 뒤에 아비지옥에 들어가서 한 겁 동안 죄를 받고 받은 뒤에 다시 나서 이같이 전전하기 무수겁을 지내다가 지옥에서 나오면 축생길에 떨어져 개도 되고 야간도 되어 그 모양 수척하고 빛 검고 비루먹어 사람 발에 차이며 또 다시 사람에게 미움받고 천대받게 되고 항상 기갈에 못 견디어 뼈와 살이 마르며 살아서는 매를 맞고 죽으면 돌더미에 묻히리니 불종자를 끊은 고로 이런 죄보 받느니라.

혹은 낙타가 되고 혹은 당나귀가 되어 몸에는 항상 무거운 짐을 지고 채찍을 맞으며 오직 물과 풀을 생각할 뿐 다른 것은 모르나니 이 경을 비방한 탓으로 이런 죄보 받으리라.

혹은 야간이 되어 마을에 들어오면 몸은 비루먹고 또 한 눈이 없어 모든 아이들의 매를 맞게 되어 갖은 고통 다 받다가 어떤 때는 죽게 되며, 여기서 죽은 뒤에 구렁이 몸 다시 받아 그 모양 길고 크기 오백 유순이나 되며, 귀먹고 미련하며 발도 없어서 꿈틀꿈틀 배로 기어다니다가 온갖 작은 벌레들에게 할퀴고 빨리며, 밤낮으로 고통 받아 쉴 사이 없으리니, 이 경 비방한 탓으로 이런 죄보 받느니라.

만일 사람의 몸 받더라도 모든 감관 암둔하며 난쟁이·곰배팔이·절름발이·장님·귀머거리·꼽추 되며, 무슨 말을 하더라도 사람들이 믿지 않고 입에서는 나쁜 냄새 항상 나며, 귀신들이 따라붙고 빈궁하고 하천하여 남에게 부림을 받게 되며 병이 많고 수척하여 의지할 곳 없으리니, 비록 다른 이와 친하려 해도 그 사람은 모른 체하며 혹시 무엇을 얻을지라도 금방 다시 잃게 되며, 만일 의술을 배워 처방대로 치료해도 다른 병을 더하게 하거나 죽게 하며 혹은 스스로 병이 나도 치료해줄 사람 없고 혹은 약을 먹더라도 병이 더욱 악화되며 또는 다른 이의 반역이나 약탈과 절도죄에 횡액으로 걸려드느니라. 이 같은 죄인들은 영원토록 부처님 못 뵈오며 성인 중에 왕이신 부처님이 설법 교화하실지라도, 이 같은 죄 많은 사람 항상 환난처에 태어나 미치고 귀먹고 마음이 산란하여 영원히 법을 듣지 못하리니, 항하의 모래 수 같은 무수한 겁에 날 적마다 귀먹고 말 못하고 육근이 불구되며, 항상 지옥에 있으면서 동산에서 노니는 줄 알고 나쁜 갈래 드나들기 제집처럼 하며 낙타·나귀·돼지·개, 이러한 축생도가 그 사람이 갈 곳이라. 이 경을 비방한 까닭으로 이 같은 죄보 받느니라.

혹은 사람으로 태어나도 귀먹고 소경 되고 벙어리 되며 빈궁하고 온갖 몹쓸 것들로 몸치장하여, 수중다리·조갈 증세·옴·나병·악성종기 등 이런 병으로 의복을 삼으며, 몸은 항상 냄새나는 곳에 있어 더러운 때가 묻어 깨끗하지 못하며, 나라는 소견에 집착하여 성내는 일이 더욱 늘고 음욕이 치성해서 금수를 가리지 않나니 이 경을 비방한 고로 이런 죄보 받느니라.

사리불에게 이르노니, 이 경 비방한 자의 그

죄를 설하자면 겁이 다하도록 말을 해도 마칠 수 없느니라. 이러한 인연으로 내가 짐짓 그대에게 말하노니 지혜 없는 사람에게 이 경을 설하지 말라.

만일 근기가 예리하고 지혜가 명료하여 많이 듣고 널리 알아서 불도를 구하는 사람이 있거든 이 같은 사람에게 가히 설할지며, 어떤 사람이 일찍이 억백천 부처님 친견하고 모든 선근 많이 심어 마음이 깊고 견고하면 이러한 사람에게 설할지며, 어떤 사람이 정진하여 자비심을 항상 닦아 신명을 아끼지 않거든 이러한 사람에게 설할지며, 어떤 사람이 공경하며 다른 마음 전혀 없고 범속하고 어리석은 무리를 멀리하고 산수 간에 홀로 있는 이러한 사람에게 설할지니라.

또 사리불이여, 어떤 사람이 나쁜 무리를 떠나 선지식을 친근함을 보거든 이러한 사람에게 설할지며, 만일 어떤 불자가 계행이 청결하여 맑기가 영롱한 구슬같이 하여 대승경을 구하거든 이런 사람에게 설할지며, 어떤 사람이 성 안 내고 정직하고 부드러워 항상 일체중생 가엾이 여기고 모든 부처님을 공경하면 이러한 사람에게 설할지며,

다시 어떤 불자가 대중 가운데서 청정한 마음으로 갖가지 인연과 비유와 언사로 법을 설하는 데 걸림이 없으면 이러한 사람에게 설할지니라. 만일 어떤 비구가 일체지를 얻으려고 사방으로 법을 구해 합장하고 받들며 다만 대승 경전을 받아 지니기 좋아하고 다른 경의 한 게송도 받아 지니지 아니하거든 이런 사람에게 설할지며, 어떤 사람이 지극한 마음으로 부처님 사리 구하듯이 대승 경전 구하여 얻은 뒤에 받들어 지니고 다시 다른 경 구할 뜻 없으며 또한 외도 서적 생

각하지 아니하면 이러한 사람에게 설할지니라.

　사리불에게 이르노니 내가 이러한 모양으로 불도 구하는 이를 말하려면 겁이 다하도록 해도 마칠 수 없느니라. 이와 같은 사람들은 곧 능히 믿고 이해하리니 그대는 마땅히 그들을 위해 법화경을 설할지니라."

4

신해품
信 解 品

그때, 혜명 수보리·마하가전연·마하가섭·마하목건련이 부처님으로부터 미증유의 법을 듣고 또 세존께서 사리불에게 아뇩다라삼먁삼보리 수기 주심을 보고 희유한 마음을 일으켜 뛸 듯이 기뻐하며 자리에서 일어나 의복을 단정히 하고 오른편 어깨를 드러내고 오른편 무릎을 땅에 꿇어 일심으로 합장하고 몸을 굽혀 공경하고 존안을 우러러보며 부처님께 사뢰었다.

"저희가 승가 중의 상수(上首)이나 연륜이 오래되고 육신은 노쇠하여 스스로 생각하기를 이미 열반을 얻었다 하고 더 할 일이 없다 하여 다시 더 나아가 아뇩다라삼먁삼보리를 구하지 아니하였나이다.

세존께서 이미 오래전부터 법을 설하시니 저희가 그때부터 자리에 있었으나 몸이 피로하여 다만 공·무상·무작을 생각할 뿐 보살 법에 노닐면서, 신통이 자재하며 불국토를 깨끗이 하고 중생을 성취시키는 것을 즐겨하지 아니하였나이다. 그 까닭을 말씀드리면, 세존께서 저희로 하여금 삼계에서 벗어나 열반을 얻게 하신 것으로 여겼사오며 또 저희가 이미 나이든 탓에 부처님께서 보살을 교화시키는 아뇩다라삼먁삼보리에는 한 생각도 좋아하는 마음을 내지 아니하였나이다.

저희가 이제 부처님 앞에서 성문들에게 아뇩다라삼막삼보리의 수기 주심을 듣고 마음이 심히 환희하여 미증유를 얻었나이다. 생각지도 아니하다가 이제 홀연히 희유한 법을 듣게 된 것을 스스로 깊이 기뻐하나이다. 크고 좋은 이익을 얻었으니 한량없는 진보(珍寶)를 구하지 않고도 저절로 얻은 듯하나이다.

세존이시여, 저희가 이제 즐거이 비유로써 이 뜻을 밝히오리다. 어떤 사람이 나이 어릴 때, 아버지를 버리고 도망하여 타국에 나가 오래 살되 혹 십 년·이십 년에서 오십 년이 되었습니다. 나이는 이미 들었고 더구나 곤궁해져 사방으로 떠돌며 옷과 밥을 구하다가 차츰차츰 떠돌던 길에 우연히 본국으로 향했습니다.

그의 아버지는 아들을 잃고 찾아다니다가 만나지 못하고 중도에 어느 도시에 머물러 부유하게 살았는데, 그 집은 크고 재보가 한량없어 금·은·유리·산호·호박·파리·진주 등이 모든 창고마다 가득하고, 노비·상노·청지기·관리인들이 많았으며 코끼리·말·수레·소·양이 헤아릴 수 없이 많고 나고 드는 이익이 타국에까지 두루 미쳐 장사치와 고객들도 또한 매우 많았습니다.

그때, 헐벗은 그 아들이 여러 마을을 떠돌고 도시와 읍을 거쳐 마침내 아버지가 살고 있는 성 중에 이르렀습니다. 아버지는 항상 아들을 생각하되 아들 잃은 지 오십여 년이 되도록 일찍이 다른 사람에게 이런 일을 말하지 않고 오직 혼자서 생각하며 마음속으로 한탄하고 뉘우치며 스스로 생각하길 '내 몸은 늙고 재물이 많아 금·은·진보가 창고에 가득찼는데 자식은 없으니 하루아침에 죽고 나면 재물을 맡길 데가 없어 흩어지리라' 하며 그 아들을 못 잊어 하며 '내가 만약 아들을 만나서 재물을 맡긴다면 단연코 쾌락하여 다시 근심이 없으리라' 생각했습니다.

세존이시여, 이때 궁자는 품팔이로 전전하다가 우연히 아버지의 집에 이르러 대문 옆에 서서 멀리 그의 아버지를 바라보니 사자좌에 걸터앉아 보배상자 위에 발을 올려놓고 많은 바라문과 찰제리와 거사가 다 공경히 둘러서서 모시는데, 가치가 천만이나 되는 진주·영락으로 그 몸을 치장하고 관리인과 하인들이 손에 흰 불자를 들고 좌우에 모시고 섰으며, 보배휘장을 둘러치고 꽃 깃대를 드리웠으며, 향수를 땅에 뿌리고 온갖 이름 있는 꽃을 흩으며 보물들을 늘어놓고 내어주고 받아들이는 등 갖가지로 장엄한 것이 위엄과 덕이 특히 높아 보였습니다.

궁자는 그 아버지가 큰 세력이 있음을 보고 곧 공포심을 품어서 이곳에 온 것을 후회하면서

속으로 생각하기를 '이는 혹시 왕이거나 혹은 왕과 같은 분이리라. 내가 품을 팔아 삯을 얻을 곳이 아니구나. 차라리 가난한 마을에 가서 힘대로 일을 하여 옷과 밥을 얻는 것이 낫겠구나. 만약 이곳에서 오래 머물다가 혹 눈에 띄어 붙들리게 되면 강제로 나를 잡아 부릴 것이다' 하고는 빨리 도망쳤습니다.

그럴 때에 부유한 장자는 사자좌에서 아들을 즉시 알아보고 크게 환희하며 곧 이런 생각을 하되 '내 창고에 가득한 재물, 이제는 전해줄 데가 있구나. 내가 항상 이 아들을 생각하였으나 만날 수가 없더니 이제 홀연히 제 스스로 왔으니 내가 매우 원하던 바이다. 나는 비록 늙었으나 이런 까닭으로 아꼈다' 하고 곧 옆에 있는 사람을 보내어 급히 쫓아가서 데려오게 했습니다.

그때, 명을 받은 사람이 달려가서 잡으니 궁

자가 놀라며 크게 부르짖어 원망하되 '나는 아무 잘못이 없는데 왜 잡으려 하느냐'고 했습니다. 그래도 하인이 더욱 급하게 잡고 강제로 끌고 돌아오려고 하니 이때, 궁자가 스스로 생각하되 '죄 없이 붙들려가게 되니 반드시 죽게 되리라' 하고 더욱 겁을 내 기절하여 땅에 쓰러지니 아버지는 멀리서 이 광경을 보고는 하인에게 말하기를 '그 사람은 쓰지 않을 터이니 강제로 데려오지 말고 냉수를 얼굴에 뿌려 깨어나게 하고 다시 말하지 말라'고 했습니다.

왜냐하면 아들이 심지가 하열한데 아버지는 호화롭고 귀하여 아들이 어려워할 것을 알아서, 분명히 아들임을 알았으나 방편으로써 다른 사람에게는 자기의 아들이라고 말하지 않았습니다. 그러고는 하인을 시켜 말하게 하되 '내가 이제 너를 놓아줄 테니 마음대로 가거라' 하니 궁

자가 환희하여 미증유를 얻고 땅에서 일어나 가
난한 마을을 찾아가 옷과 음식을 구했습니다.

그때, 장자는 장차 그 아들을 유인하여 데려
오고자 하여 방편을 베풀어서 형색이 초췌하고
위덕이 없게 생긴 두 사람을 불러 은밀히 보내면
서 이르되 '너희는 거기로 가서 넌지시 궁자에게
말하라. 저기 일할 곳이 있으니 품삯을 배로 준
다고 하라. 그래서 궁자가 만일 허락하거든 데리
고 와서 일을 시키도록 하라. 만일 무슨 일을 시
키는 거냐고 묻거든 너를 고용해서 시킬 일은 분
뇨를 치우게 하는 것인데 우리 두 사람도 너와
함께 일한다고 하라' 하니 즉시 두 사람은 궁자
를 찾아가서 만나보고 시키는 대로 말했습니다.

그때 궁자는 먼저 품삯부터 받고 와서 함께
분뇨를 치우니 그 아버지는 아들을 보고 불쌍하
고 안타깝게 생각했습니다.

그러다가 어느 날, 창틈으로 멀리 아들을 보니 몸이 말라 초췌하고 먼지와 분뇨로 더럽혀져 깨끗하지 못하거늘 곧 영락과 보드라운 의복과 장신구를 벗어놓고 때 묻은 허름한 옷으로 갈아입고 흙과 먼지를 몸에 묻히고 오른손에는 분뇨 치는 도구를 든 채 조심스럽게 다가가서 모든 일꾼에게 말하되 '너희는 부지런히 일할 것이며 게으름 피우지 말라' 하면서 방편으로써 아들에게 접근하더니 그 뒤에 다시 일러 말했습니다.

'딱하구나, 이 사람아. 너는 여기서만 일하고 다시는 다른 곳으로 가지 말라. 품삯도 차차 올려줄 것이고 필요한 온갖 그릇·쌀·밀가루·소금·초 같은 것도 걱정하지 말라. 늙은 일꾼도 있어 필요하면 붙여줄 터이니 스스로 마음을 편안히 하여라. 나는 너의 아버지와 같으니 다시는 염려하지 말라. 왜냐하면 나는 늙은이요, 너는 아직 젊으며 너는 항상 일할 때 속이거나 게으르거나 성내거나 원망하는 말이 없어서, 도무지 너에게는 나쁜 것이라고는 없어 보여 다른 일꾼과 같지 않으니 이제부터는 내가 낳은 친아들처럼 하리라' 하고 곧 장자는 이름을 다시 지어주고 아들이라고 불렀습니다.

그때, 궁자는 비록 이러한 대우를 기뻐했으나 아직 스스로를 천한 더부살이 머슴이라 생각해서 이런 연유로 이십 년 동안을 항시 분뇨만 치웠습니다. 이렇게 지낸 다음에 마음을 서로 알고 믿게 되어 출입은 무난했으나 거처는 여전히 본래 있던 곳 그대로였습니다.

세존이시여, 장자는 병이 들어 스스로 죽을 때가 머지않음을 알고 궁자에게 일러 말하기를 '나에게는 지금 금·은·진보가 많이 있어 창고마다 가득하니 그 속에 있는 모든 재물과 받고

갚아야 할 것을 네가 모두 알아서 처리하여라. 나의 마음이 이러하니 이 뜻을 받아라. 왜냐하면 이제는 나와 네가 다를 것이 없게 되었으니 마땅히 더욱 마음을 써서 새거나 잃어버림이 없도록 해라' 하니, 이때 궁자는 즉시 분부를 받고 여러 가지 금·은·진보와 모든 창고를 맡았으나 밥 한 그릇도 더 가지려는 생각이 없었고, 거처가 본래 있던 곳 그대로이니 하열한 마음은 아직 버리지 못했습니다.

다시 얼마를 지난 후에 아버지는 아들의 마음이 점점 커지고 편안하여 큰 뜻을 성취해서 지난 날의 못났던 생각을 스스로 뉘우치고 있음을 알게 되었습니다. 그러다가 임종에 이르러서 아들을 시켜 친척과 국왕과 대신과 찰제리와 거사들을 부르게 하고 곧 스스로 선언하되 '여러분은 마땅히 아시오. 이 아이는 나의 아들이요, 나의 소생이라. 어떤 성에서 나를 버리고 달아나서 갖은 고생 겪기 오십여 년이었으니, 이 아이의 본명은 아무개이고 내 이름은 아무개요. 옛 본성(本城)에서 근심이 되어 찾느라고 애를 썼던 터인데 우연히 이곳에서 만나게 되었소. 이 아이는 참으로 나의 아들이요, 나는 그의 아버지이니 지금부터 나의 소유인 일체 재물은 다 이제는 아들의 소유가 되며, 전부터 출납하던 것도 이 아들이 알아서 할 것이오'.

세존이시여, 이때의 궁자는 아버지의 이 말을 듣고 크게 환희하여 미증유를 얻고 이렇게 생각하되 '나는 본래 무심하여 바라는 바가 없었건만 이제 보장(寶藏)이 저절로 내게 왔구나' 했습니다.

세존이시여, 큰 재산을 가진 장자는 곧 여래이시고 저희는 부처님 아들과 같사옵니다. 여래께서는 항상 저희를 아들이라고 말씀하셨나이다. 세존이시여, 저희가 삼고(三苦)에 얽힌 까닭에 생사고해에서 여러 가지 뜨거운 고통을 받으며 미혹하고 아는 바가 없어 소승법만을 즐겨 집착하였나이다. 오늘 세존께서 저희로 하여금 모든 법의 희론(戲論)의 분뇨를 없앨 것을 생각하게 하셨나이다. 저희는 그 가운데서 부지런히 정진하여 멸도에 이르는 하루 품삯을 얻었나이다. 이것을 얻고서는 마음이 크게 환희하여 스스로 만족하게 여기고 곧 말하되 '불법 가운데서 부지런히 정진한 고로 소득이 매우 크다'고 하였나이다.

그러나 세존께서는 저희의 마음이 부질없는 욕망에 집착하여 소승법을 좋아함을 미리 아셨어도 그냥 두시고 '너희도 마땅히 여래의 지견인 보고를 가질 몫이 있느니라'고 일러주지 않으셨나이다. 세존께서는 방편력으로 여래의 지혜를 말씀하셨거늘 저희는 부처님으로부터 멸도에 이르는 하루 품삯을 얻고는 크게 얻었다 착각하고 이 대승법을 구하려는 생각이 없었나이다. 저희는 또 여래의 지혜로써 모든 보살에게 때로 열어 보이고 연설하면서도 스스로는 이에 뜻을 두지 않았나이다. 그 까닭은 부처님께서 저희 마음이 소승법을 좋아함을 아시고 방편력으로 저희의 근기에 맞게 말씀하셨건만 그래도 저희는 참된 부처님의 아들인 줄은 알지 못했기 때문입니다.

이제야 저희는 세존께서 부처님 지혜에 아낌이 없으신 것을 알았나이다. 왜냐하면 저희가 예로부터 부처님의 참된 아들이면서도 다만 소승법만을 좋아하였기 때문이었나이다. 만일 저희가 대승법을 좋아하는 마음이 있었더라면 부처님께서는 곧 저희를 위하여 대승법을 설하셨을 것입니다.

지금에야 이 경에서 오직 일승만을 설하시니, 지난날에는 보살들 앞에서 성문들은 소승법만 좋아한다고 나무라셨으나 부처님께서는 실은 대승으로써 교화하셨나이다. 그러기에 저희가 말하기를 '본래부터 희구하는 마음이 없었는데 이제 법왕의 큰 보배를 저절로 갖게 되어 부처님 아들로서 마땅히 얻어야 할 것을 이제야 다 얻었다' 하나이다."

그때, 마하가섭이 이 뜻을 거듭 펴려고 게송으로 사뢰었다.

"저희가 오늘날에 부처님의 말씀 듣고 기쁨에 넘쳐 미증유를 얻었나이다. 부처님께서 성문들도 마땅히 성불한다고 설하시니 더없는 보배 구하지 않아도 저절로 얻었나이다.

비유컨대 동자가 어리고 철이 없어 아버지 떠나 도망하여 타관 땅에 멀리 가서 여러 나라 돌고 돌기 오십 년이 되었더이다. 그 아버지는 걱정하며 사방으로 찾다가 지친 끝에 어느 성에 정착해서 큰 집을 지어 놓고 오욕락을 즐기나니, 그 집 큰 부자라 온갖 금·은·자거·마노·진주·유리와 코끼리·말·소·양과 가마·수레와 밭일하는 노예·소작인들이 많았으며, 나고 드는 장사 일이 타국까지 두루 미쳐 장사치와 거간꾼들 없는 곳이 없고 천만억 사람들이 둘러서서 공경하며 왕이 항상 사랑하고 염려하는 바가 되며, 군신들과 명문거족 다 같이 존중하니 이러한 까닭으로 왕래하는 사람 많은지라.

호부(豪富)이고 큰 세력을 지녔으나 나이 점점 늙어가자 아들 걱정 더욱 간절하여 밤낮으로 생각하되 '죽을 때가 가깝거늘 어리석은 자식 나를 두고 집 떠난 지 오십 년이 넘었으니 창고 안의 많은 재물 어찌하랴' 하더이다.

그때, 궁자는 의식(衣食)을 구하느라 이 마을 저 마을, 이 나라 저 나라로 떠돌면서 혹 얻을 때도 있고 얻지 못할 때도 있어 굶주려 수척한 몸에는 부스럼 나고 옴이 올라 이곳저곳 헤매다가 아버지 사는 성에 와서 품팔이로 전전하다 마침내 아버지 집에 이르렀습니다.

그때, 장자는 그의 집 문안에서 보배휘장 둘러치고 사자좌에 앉았는데, 권속들이 에워싸고 여러 사람 시위하여 금·은·보물을 계산하는 이도 있고 출납하는 재산을 문서에 기록도 하는지라, 궁자는 아버지의 호귀하고 존엄함을 보고 '이는 국왕인가, 왕 비슷한 사람인가' 하고 놀랍고 두렵고 스스로 송구해서 '여기를 왜 왔던가'

하며 다시 생각하되, '내 만일 오래 있다가는 혹 붙잡혀서 강제로 일하게 되리라' 하고 얼른 피해 달아나 빈촌으로 찾아가서 품팔이를 하려 하는지라.

이때, 장자는 사자좌에 높이 앉아 멀리서 바라보고 아들인 줄 짐작하고 곧 사람을 보내 붙들어 오게 하니 궁자는 놀라 소리치고 기절하여 넘어지며 '이 사람이 날 잡으니 필연코 죽게 되리라. 옷과 밥을 구하려고 내가 어찌 여기 왔던가' 하더이다. 장자는 아들이 우치하고 용렬하여 자기의 말도 믿지 않고 아버지임도 믿지 않을 것을 알고 방편 써서 다시 다른 사람 보내되 애꾸눈에 키는 작고 위엄이란 없는 자를 보내면서 '네가 가서 품 팔 데가 있으니 함께 가자고 하고 분뇨나 치워주면 품삯을 곱 준다고 말하라' 하니, 궁자가 이 말 듣고 기뻐하며 따라와서 분뇨

치는 일을 하며 집안 청소를 모두 정결하게 하였습니다.

장자가 문틈으로 항상 아들을 내다보니 아들이 어리석어 비천한 일을 즐겨하는지라, 이에 장자는 허름한 때 묻은 옷을 입고 분뇨 치는 도구 들고 아들에게 다가가서 방편을 써서 가까이하여 부지런히 일하라고 타이르되, '너에게 품삯도 올려주고 발에 바르는 기름도 줄 것이며 먹을 것도 넉넉하게, 덮을 것도 따뜻하게 주리라' 하고 다시 타이르되 '너는 마땅히 부지런히 일하라' 하며 또 부드러운 말로 '마치 내 아들 같다'고 했습니다.

장자가 지혜 있어 차츰차츰 출입시켜 이십 년이 지난 뒤에 가사를 돌보게 하니, 금·은·진주·파리 있는 대로 보여주고 들고 나는 모든 재물 다 알아서 하게 하나 아직 문밖에 거처하고 초암에 머물러 자며 스스로 생각하되 '나는 가난하여 이런 물건 없다' 하더이다.

아버지는 아들의 마음 점차 커진 것을 알고 재물을 물려주려 곧 친족과 국왕과 대신과 찰제리와 거사들을 모아놓고 그들에게 말하되 '이 사람은 나의 아들인데 나를 떠나 멀리 가서 오십 년을 지냈었고 아들을 만난 지도 벌써 이십 년이라 옛적 어느 성에서 이 아들을 잃고 두루 찾아다니다가 마침내 여기까지 온 것이오. 무릇 나의 소유, 집이거나 하인이나 모두 다 물려주어 마음대로 쓰게 하리라' 하니 아들이 생각하되 '예전에 가난하여 뜻이 하열하였으나 이제 아버지 곁에서 많은 보배와 집과 일체의 재물을 크게 얻었다' 하고 매우 기뻐하며 미증유를 얻었나이다.

부처님도 그와 같아 소승 좋아하는 저희의 마음 아시고 '그대들도 성불한다'고 미리 말씀하지

않으시고 오히려 저희에게 모든 무루 얻어서 소
승을 성취하는 성문 제자라고 설하셨나이다.

　부처님께서 저희에게 명하시되 '최상의 도 닦
는 자는 마땅히 성불한다고 설하라' 하시기에 저
희는 부처님 가르침 받들어 큰 보살을 위하여 온
갖 인연과 갖가지 비유와 수없는 언사로 무상도
를 설하니 모든 불자들이 저희에게서 법을 듣고
밤낮으로 사유하여 부지런히 닦아 익혔나이다.

　이때, 모든 부처님이 그들에게 수기를 주셔서
'그대들은 내세에 당연히 성불하리라' 하시면서
일체 모든 부처님의 비밀하게 간직한 법은 오직
보살들만을 위해 그 사실을 설하실 뿐 저희를 위
하여는 참되고 중요한 것은 설하지 않으셨나이
다. 저 궁자가 그 아버지를 가까이 모셔 비록 모
든 재물을 알았으나 가질 마음 없었듯이, 저희도
불법 보장 입으로는 말했지만 스스로는 원하는

뜻 없었음이 역시 이와 같나이다.

저희는 번뇌를 끊은 것만 만족하게 여기면서 이 일만을 요달하고 다른 일은 생각지 않았으니 불국토를 정화하고 중생 교화하는 일을 저희가 듣고서도 도무지 좋아하지 않았나이다. 왜냐하면 일체의 모든 법은 다 공적하여 생함도 없고 멸함도 없으며 작고 큰 것 또한 없고 번뇌도 없고 함도 없다고 이같이 생각하고 좋아하지 않았나이다.

저희가 긴긴 밤에 부처님의 지혜를 바라고 구하는 마음 없고 또한 원하는 마음도 없어 스스로 얻은 법을 최상이라 여겼으며, 저희가 긴긴 밤에 공한 법을 닦아 익혀 삼계의 고뇌와 환난을 벗어나서 최후신, 유여열반에 머물러 있었습니다. 부처님께서 교화하시는 바는 도를 얻음이 헛되지 않다 하셨으니 이미 도를 얻었으니 부처님 은혜 보답했다 여겼나이다.

저희가 비록 모든 불자들을 위하여 보살 법을 설해 불도를 구하도록 했지만, 저희는 이 법을 오래도록 원하지도 즐겨하지도 않았으니 도사께서 내버려두심은 저희 마음 관하신 까닭으로 처음 권하실 때는 참된 이익 있다고 설하지 않으셨나이다. 마치 부자인 장자가 아들의 뜻이 용렬함을 알고 방편력으로써 그 마음 부드럽게 조복하고 그런 후에 모든 재물 물려주었듯이 부처님도 그와 같이 희유한 일 나투시어 저희가 소승 좋아함을 아시고 방편력으로써 그 마음 조복하신 후에 대승 지혜 가르쳐주셨나이다.

저희가 오늘 일찍이 없었던 바를 얻었나이다. 본래 바라지도 않던 것을 이제 저절로 얻었사오니 저 궁자가 한량없는 보배 얻음과 같사옵니다. 세존이시여, 제가 이제 도를 얻고 과를 얻어 무루법에 청정한 안목 얻었사오니, 저희가 긴긴 밤에 부처님 깨끗한 계율 지킨 끝에 비로소 오늘에야 그 과보 얻었나이다. 법왕의 법속에서 오랜 범행 닦은 끝에 이제야 번뇌가 없는 무상대과(無上大果) 얻었사오니 저희가 지금에야 참다운 성문이라, 불도의 소리로써 모든 중생 듣게 하오리다. 저희가 이제야 참다운 아라한이라, 온 세간의 천·인·마구니·범천 등 널리 그 가운데서 응당 공양 받으리다.

세존의 크신 은혜 희유한 일 나투시어 연민으로 교화하사 저희에게 이익 주시니 한량없는 억겁엔들 누가 능히 갚을 수 있으리까. 손발 되어 받들고 머리 조아려 예경하며 온갖 공양할지라도 다 능히 갚지 못하오리다. 머리 위에 이거나 양 어깨에 메고 다녀 항하사겁을 두고 정성 다해 공경하며 맛 좋은 음식과 한량없는 보배옷과 온갖 침구와 갖가지 탕약 바치며 우두전단향과 갖가지 진보로써 탑묘를 세우고 보배옷을 땅에 깔아 이러한 온갖 것으로 공양하기를 항하사겁을 다한다 해도 또한 능히 갚지 못하오리다.

모든 부처님 희유하사 무량무변의 불가사의한 큰 신통력 있어서 번뇌 없고 함이 없는 모든 법의 왕이시니 하열한 저희 위해 이 일을 참으시고 상(相)에 매인 범부에게 근기 따라 설하셨나이다. 모든 부처님은 법에 있어 대자재를 얻으시어 중생들의 모든 욕락과 의지력을 아시고 감당할 정도에 따라 한량없는 비유로써 설법하시며, 중생들의 숙세(宿世) 선근 따라 성숙하고 미숙함을 낱낱이 살피시고 갖가지로 헤아리고 분별하여 아시고 일승도를 근기 따라 삼승으로 설하셨나이다."

5

약초유품
藥 草 喩 品

그때, 세존께서 마하가섭과 모든 큰 제자들에게 이르셨다.

"착하고 착하구나, 가섭이여. 여래의 참된 공덕을 잘 말하였도다. 진실로 그대 말과 같으니라. 여래는 또 무량무변한 아승지 공덕이 있으니 너희가 만약 무량억겁을 두고 설한다 해도 능히 다하지는 못하리라.

가섭이여, 마땅히 알라. 여래는 모든 법의 왕

이라, 설하는 바가 다 허망하지 않느니라. 일체의 법을 지혜의 방편으로써 말하나니, 말하는 바 그 법은 모두 일체지의 경지에 이르게 하느니라. 여래는 일체 모든 법이 돌아갈 곳을 관찰하여 알며 또한 일체중생의 깊은 마음이 행하는 바를 알아서 통달하여 걸림이 없느니라. 또 모든 법을 남김없이 밝게 알아 모든 중생에게 온갖 지혜를 보여주느니라.

가섭이여, 비유컨대 삼천대천세계 속의 산천·계곡·토지에서 자라는 초목과 숲과 온갖 약초는 그 종류가 여러 가지이며 이름과 모양이 각각 다르니, 짙은 구름이 가득히 퍼져 삼천대천세계를 가득 덮고 일시에 큰 비가 고루 내려 적심이 두루 흡족하면 초목과 숲과 모든 약초의 작은 뿌리·작은 줄기·작은 가지·작은 잎사귀와 중간 뿌리·중간 줄기·중간 가지·중간 잎사귀와 큰 뿌리·큰 줄기·큰 가지·큰 잎사귀와 크고 작은 나무들이 상·중·하를 따라서 각각 받아들이는 것과 같으니라. 한 구름에서 내리는 비를 맞으나 그 초목은 종류와 성질에 맞추어서 생장하며 꽃이 피고 열매가 열리니, 비록 한 땅에서 나고 같은 비로 적셔주지만 모든 초목이 각각 차별이 있느니라.

가섭이여, 마땅히 알라. 여래 또한 그와 같아서 세상에 출현함은 큰 구름이 일어나는 것과 같으며 큰 음성으로 세계의 천·인·아수라에게 두루 들리게 함은 저 큰 구름이 삼천대천국토를 널리 덮는 것과 같으니라. 그리하여 여래는 대중 가운데서 이같이 선언하느니라.

'나는 여래·응공·정변지·명행족·선서·세간해·무상사·조어장부·천인사·불세존이라, 제도 안 된 자를 제도하고, 이해하지 못한 자를 이해하게 하며, 편안하지 못한 자를 편안하게 하고, 열반 얻지 못한 자를 열반 얻게 하며, 금세·후세를 여실히 아나니, 나는 일체를 아는 자며, 일체를 보는 자며, 도를 아는 자며, 도를 여는 자며, 도를 설하는 자이니라. 너희 천·인·아수라 등은 다 여기 오너라. 법을 듣기 위해서이니라.'

　이때, 수없는 천만억 종류의 중생들이 부처님 처소에 와서 설법을 듣느니라. 여래는 이때, 이 중생들의 모든 근기의 영리하고 둔함과 정진하고 해태함을 살펴보고, 그들이 감당할 수 있는 능력에 맞추어 법을 설함이 여러 가지로 한량이 없어 모두 환희하게 하며 좋은 이익을 쾌히 얻도록 하느니라. 모든 중생들이 이 법을 들으면, 현세에서는 안온하고 후세에는 좋은 곳에 태어나서, 도로써 즐거움을 받고 또한 법문을 받들어 듣게 되고, 법을 듣고 나서는 모든 장애를 여의고, 모든 법 가운데에서 그의 능력을 따라 점점 도에 들어가게 되나니, 마치 저 큰 구름이 모든 초목과 숲과 모든 약초에 비를 내리면 그 종류와 성질에 따라 흡족하게 윤택함을 입어 각각 생장함과 같으니라.

여래가 설하는 법은 한 모양 한 맛이니, 이른바 해탈상·이상(離相)·멸상으로서 필경에 일체 종지에 이르는 것이니라. 어떤 중생이 여래의 법을 듣고 만약 받들어 지니며 독송하거나, 설한 바와 같이 수행하더라도 그 얻은 공덕은 스스로는 깨닫지 못할 것이니라. 왜냐하면 오직 여래만이 이 중생들의 종류와 모양과 본체와 성품과 어떤 일을 기억하며, 어떤 일을 생각하며, 어떤 일을 닦으며, 어떻게 기억하며 어떻게 생각하며, 어떻게 닦으며, 어떠한 법으로 기억하며, 어떠한 법으로 생각하며, 어떠한 법으로 닦으며, 어떠한 법으로써 어떠한 법을 얻는지를 알기 때문이니라. 중생이 갖가지 경지에 머물러 있는 것을 오직 여래만이 여실히 보아 밝게 알아 걸림이 없나니, 마치 저 초목·총림과 모든 약초 등이 스스로는 상·중·하의 성품을 알지 못하되 여래는 이를 아는 것과 같으니라.

여래는 이 일상·일미의 법을 아나니, 이른바 해탈상·이상·멸상·구경열반상·적멸상으로서 마침내 공으로 돌아가는 것이니라. 부처님은 이것을 다 알고 중생들 마음의 욕망을 관찰하여 그에 응해 보호하나니 이런 까닭으로 바로 일체종지를 설하지 아니하였느니라. 가섭이여, 그대들은 매우 희유하여 여래가 근기 따라 법 설함을 알고 능히 믿고 능히 지니나 제불세존이 근기 따라 설하는 법은 이해하기 어렵고 알기 어려운 때문이니라."

그때, 세존이 거듭 이 뜻을 펴시려고 게송으로 말씀하시었다.

"미혹 깨는 법왕이 세간에 출현하여 중생들의 욕망 따라 갖가지로 설법하시되, 여래는 존귀하며 지혜가 심원하여 오래도록 침묵하고 이 중요한 법 설하려 힘쓰지 않았나니, 지혜 있는 이가 들으면 능히 믿고 이해하지만 지혜 없는 이는 의심하여 영원히 잃게 되기 때문이니라. 그러므로 가섭이여, 힘 따라 법을 설해 갖가지 인연으로 바른 견해 얻도록 하느니라.

가섭이여, 마땅히 알라. 비유하면 큰 구름이 세간에 일어나서 일체를 두루 덮음과 같음이니, 지혜의 구름이 비를 품고 번갯불은 번쩍이며 우렛소리 멀리 진동하여 여러 사람 미리 기쁘게 하고, 햇빛이 가려져서 지상이 서늘한데 뭉게구름

나직이 드리워 가히 잡을 듯할 때, 그 비는 널리 평등하게 사방에 함께 내려 한량없이 흘러서 온 국토에 흡족하면 산천이나 험한 골짜기나 깊숙한 곳에 난 초목과 약초와 크고 작은 모든 나무와 온갖 곡식의 싹과 사탕수수, 포도들이 비를 맞고 물기를 받아 모두 다 흡족하며 메마른 땅이 고루 젖어 약초와 나무가 무성하니라. 저 구름에서 내리는 다 같은 비를 맞아 초목과 총림들이 분수 따라 윤택함을 받음이라. 일체 모든 나무의 상·중·하 등이 크고 작은 성질대로 제각기 생장하나, 뿌리·줄기·가지·잎사귀와 꽃과 열매의 빛과 모양은 다 같은 비의 혜택 받아 모두 다 신선하고 윤택함을 얻느니라.

　그 몸체와 모양과 성분이 크고 작은 것이 다른 것처럼 적시는 비는 하나로되 각각 달리 무성함과 같으니, 부처님도 그와 같아 이 세상에 출현함을 비유하면 큰 구름이 널리 일체를 덮음과 같느니라. 이미 세상에 출현하여 모든 중생을 위해 모든 법의 실상을 분별하여 설하나니, 대성 세존이 모든 천·인과 일체중생 가운데서 선언하여 말씀하시니라.

'나는 여래요, 양족존이라 세간에 출현함이 큰 구름 같아서 메마른 일체중생 충분하게 적셔 주어 모든 괴로움을 여의고 안온한 즐거움과 세간의 즐거움과 열반의 즐거움을 얻게 하리니, 모든 천·인은 일심으로 자세히 듣고 모두 여기 와서 무상존을 친견하라. 나는 세존이거니 능히 미칠 자가 없으리로다. 중생을 안온하게 하려고 짐짓 세상에 출현하여 대중을 위해 감로의 맑은 법을 설하노니 그 법은 한 맛으로 해탈이며 열반이라.' 하나의 묘음으로 이 뜻을 선양하여 항상 대승법 위하여 인연을 짓느니라.

나는 일체를 관찰하되 널리 다 평등하여 저것이니 이것이니 밉고 고운 마음 없으며, 나는 탐착도 없고 제한도 걸림도 없어서 항상 일체를 위하여 평등하게 법을 설하되 한 사람을 위해 하듯 여러 사람에게도 그러하며, 항상 법만을 연설하고 일찍이 다른 일은 하지 않으며, 가고 오고 앉고 섬에 지칠 줄 모르고 세간을 충족시킴이 비가 두루 적시듯 하느니라. 귀하거나 천하거나 높거나 낮거나 계를 지니거나 파했거나 위의를 갖춘 이나 갖추지 못한 이나 정견·사견과 이근(利根)·둔근(鈍根)에 평등하게 법비 내려 게으름이 없느니라.

일체중생으로서 나의 법을 듣는 이는 능력 따라 받아서 여러 경지에 머무나니 혹은 인·천과 전륜성왕·제석천왕·범천왕이 되는 것, 이는 작은 약초요, 무루의 법을 알아 능히 열반도 증득하고 육신통 일으켜 삼명을 얻어 산림에 홀로 있어 항상 선정을 행하여 연각을 증득하면 이는 중품 약초이며, 세존 경지 구하여 '나도 부처되리라' 하고 정진하고 선정을 닦으면 이는 상품 약초니라.

또 모든 불자가 불도에 전념하여 항상 자비를 행하며 스스로 성불할 것 알아 결코 의심이 없으면 이는 작은 나무요, 신통에 안주하여 불퇴전의 법륜 굴려 한량없는 억백천 중생 제도하는 이러한 보살을 일러 큰 나무라 하느니라.

부처님의 평등한 설법은 한 맛의 비와 같으니라. 중생들은 성품 따라 각각 달리 받으니 저 모든 초목들이 받는 바가 각각 다름과 같으니라. 부처님은 이와 같은 비유와 방편으로써 열어 보여 여러 가지 말씀으로 한 법을 연설하되, 부처님 지혜에 비하면 이 비유설은 바다의 한 방울 물과 같으니라. 내가 법의 비를 내려 세간에 충만케 하니 한 맛의 법을 힘 따라 수행함이 저 총림과 약초 등 모든 나무가 크고 작은 성품 따라 점점 무성함과 같으니라. 모든 부처님 법은 항상 한 맛으로 온 세간이 널리 구족함을 얻어 점차로 수행하여 도과를 얻게 하느니라.

성문이나 연각이 산이나 숲속에서 최후신에 머물러 법을 듣고 과를 얻는다면 이것은 약초가 각각 자라남을 얻음이요, 만일 모든 보살이 지혜가 견고하여 삼계를 요달하고 최상승을 구한다면 이것은 작은 나무가 자라남을 얻음이요, 다시 선정에 머물러 신통력을 얻고 모든 법이 공함을 듣고 마음에 크게 환희하여 한량없는 광명을 놓아 모든 중생 제도한다면 이것은 큰 나무가 자라남을 얻음이라 하느니라.

이와 같이 가섭이여, 부처님의 설법은 비유컨

대 큰 구름이 한 맛의 비로 사람의 꽃 적셔서 열매 맺음과 같느니라. 가섭이여, 마땅히 알라. 이러한 인연과 갖가지 비유로 불도를 열어 보이나니 이것이 나의 방편이요, 모든 부처님 또한 그러하시니라. 내가 이제 그대들 위해 최후 진실을 말하노니 모든 성문들은 다 멸도한 것이 아니요, 그대들이 행할 바가 보살도이니 점점 닦고 배우면 다 마땅히 부처 이루리라."

6

수기품
授 記 品

그때, 세존께서 이 게송을 설하시고 모든 대중에게 이렇게 선언하셨다.

"나의 제자 마하가섭은 저 미래세에 마땅히 삼백만억 모든 부처님을 받들어 뵈옵고 공양·공경·존중·찬탄하고 널리 모든 부처님의 한량없는 큰 법을 선양하다가 최후신에 성불하리니, 이름은 광명여래·응공·정변지·명행족·선서·세간해·무상사·조어장부·천인사·불세존이라

할 것이며, 나라 이름은 광덕이요, 겁의 이름은 대장엄이라 하리라. 부처님 소명은 십이 소겁이요, 정법이 세상에 머무름은 이십 소겁이요, 상법도 또한 이십 소겁을 머무르게 되리라.

그 나라는 장엄하게 꾸며지고 갖은 더러운 것들인 기와 조각·가시덤불·대소변 등 부정한 것이 없으며, 그 국토는 평정하여 높고 낮거나 구렁과 언덕이 없으며, 유리로 땅이 되고 보배나무가 줄을 지었으며 황금으로 줄 만들어 길의 경계 표시하고 보화 뿌려서 두루 청정하리라. 그 나라의 보살들은 무량한 천억이며 모든 성문들도 또한 다시 무수하고 마의 장난 없으리라. 비록 마와 마의 권속 있다 해도 다 불법을 수호하리라."

이때, 세존께서 거듭 이 뜻을 펴시려고 게송으로 말씀하시었다.

"모든 비구들에게 이르노라. 내가 불안(佛眼)으로써 이 가섭을 보니 저 미래세에 수없는 겁을 지나 마땅히 성불하리라.

그가 내세에 삼백만억 모든 부처님 받들어 뵈옵고 불지혜 얻기 위하여 범행을 깨끗이 닦아서 최상의 양족존께 공양해 마치고 온갖 위없는 지혜를 닦아 익혀서 최후신에서 성불함을 얻으리라.

그 국토는 청정하여 유리로 땅이 되고 온갖 보배나무 많아 길가에 줄을 짓고 황금줄로 길의 경계 표시하니 보는 이가 기뻐하며, 항상 좋은 향기 나고 여러 가지 이름 있는 꽃을 뿌려 갖가지 기묘한 것으로 장엄하며, 그 땅은 평정하여 언덕과 골짜기가 없으며,

가히 헤아릴 수 없는 모든 보살 대중들은 그 마음이 고르고 부드러워 대신통을 얻으며, 모든

부처님의 대승 경전을 받들어 지니고 무루 최후 신이며, 법왕의 아들인 모든 성문 대중도 또한 가히 헤아릴 수 없어 천안(天眼)으로도 그 수를 능히 알 수 없으리라. 그 부처님 수명은 십이 소겁이요, 정법이 세상에 머무름은 이십 소겁이며, 상법도 또한 이십 소겁을 머무르게 되리라. 광명 세존 부처님의 그 일이 이와 같으리라."

이때, 대목건련과 수보리, 마하가전연 등이 다 감격에 떨며 일심으로 합장하고 존안을 우러러 잠시도 눈을 떼지 아니하며 소리를 함께하여 게송으로 여쭈었다.

"크게 용맹한 세존, 모든 석가족 법왕이시여. 저희를 어여삐 여기사 부처님의 음성을 내리소서. 만일 저희의 깊은 마음 아시고 수기를 주신다면 감로 뿌려 열을 식혀 청량함을 얻음과 같으리다.

기근이 든 나라에서 와서, 문득 대왕의 음식 만났으나 오히려 의구심을 품어 감히 곧 먹지 못하다가 왕의 먹으라는 분부 받고서야 감히 먹듯이 저희도 그와 같아서 항상 소승의 허물만 생각하고 어떻게 하면 위없는 부처님 지혜 얻을지 몰랐나이다. 비록 부처님 음성으로 저희도 성불한다는 말씀 들었으나 마음엔 오히려 근심과 두려움 품어 감히 먹지 못함과 같으니 만일 부처님께서 수기 주시면 그때야 쾌히 안락할 것입니다. 크게 용맹하신 세존께서 늘 세간을 편하게 하고자 하시니 원컨대 저희에게 수기를 주소서. 주린 자가 가르침을 받고 먹는 것과 같을 것입니다."

이때, 세존께서 모든 대제자의 마음속 생각하

는 바를 아시고 비구들에게 이르시었다.

"이 수보리는 오는 세상에 삼백만억 나유타의 부처님을 받들어 뵈옵고 공양·공경하고 존중·찬탄하며 항상 범행을 닦아서 보살도를 구족하고 최후신에 성불하리니 명호는 명상여래·응공·정변지·명행족·선서·세간해·무상사·조어장부·천인사·불세존이며, 겁의 이름은 유보요, 나라 이름은 보생이라 하리라.

그 국토는 평정하며 파리로 땅이 되고 보배나무로 장엄하며 언덕·구렁·모래·자갈과 가시덤불·대소변 등 더러운 것이 없고, 보배꽃이 땅을 덮어 두루두루 청정하리라. 그 나라 백성들은 모두 보대와 진묘한 누각에 거처하고 성문 제자는 한량없고 그지없어 산수·비유로 능히 알지 못할 것이며, 여러 보살 대중도 수없는 천만억 나유타이리라. 부처님 수명은 십이 소겁이요, 정법이 세상에 머무름은 이십 소겁이며, 상법도 또한 이십 소겁을 머무를 것이니라. 그 부처님은 항상 허공에 거처하면서 중생을 위하여 법을 설하시어 한량없는 보살과 성문들을 제도하리라."

이때, 세존께서 거듭 이 뜻을 펴시려고 게송으로 말씀하시었다.

"모든 비구들이여, 이제 그대들에게 이르노니 일심으로 나의 설하는 바를 들으라. 나의 큰 제자 수보리는 마땅히 성불하리니 명호는 명상이라 하리라. 무수한 만억 모든 부처님께 공양하고 부처님의 행하심을 따라 점점 대도를 갖추어 최후신에 삼십이상을 얻어 단정하고 아름답기 보배산과 같으리라.

그 부처님의 국토는 장엄하고 정결하기 으뜸이어서 중생이 보는 이마다 사랑하고 좋아하지 않을 자 없으리라. 부처님은 그 가운데서 무량한 중생을 제도하고 그 부처님 법 가운데 무수한 모든 보살 다 근기가 예리하여 불퇴전의 법륜 굴리며 그 나라는 항상 보살로 장엄되리라. 모든 성문 대중도 수를 헤아리지 못하리니 다 삼명을 얻고 육신통을 갖추며 팔해탈에 머물며 큰 위덕이 있으리라.

그 부처님의 설법은 한량없는 신통변화를 나투시어 불가사의한지라 항하의 모래 수 같은 천·인이 다 같이 합장하고 부처님 말씀 들으리라. 그 부처님 수명은 십이 소겁이요, 정법이 세상에 머무름은 이십 소겁이요, 상법도 또한 이십 소겁을 머무르게 되리라."

그때, 세존께서는 다시 모든 비구들에게 말씀하시었다.

"내가 이제 그대들에게 말하노라. 이 대가전연은 오는 세상에서 여러 가지 공양물로 팔천억 부처님을 공양하고, 받들어 섬기고 공경·존중할 것이며, 모든 부처님 멸도하신 후에는 각각 탑묘를 세우되 높이가 일천 유순이요, 가로와 세로가 똑같이 오백 유순이라. 금·은·유리·자거·마노·진주·매괴 등 칠보를 합하여 만들고 온갖 꽃과 영락과 바르는 향·가루향·사르는 향과 증개·당번 등으로 탑묘에 공양하리라. 이런 일을 마친 후에 다시 이만억 부처님께 공양하되 또한 이와 같이 하리라. 이 모든 부처님께 공양하여 마치고는 보살도를 구족하여 마땅히 성불하리니, 그 명호는 염부나제금광여래·응공·정변지·명행족·선서·세간해·무상사·조어장부·천인사·불세존이라 하리라.

그 국토는 평정하여 파리로 땅이 되고 보배

나무로 장엄하며 황금으로 줄을 만들어 길의 경계 표시하고 묘한 꽃으로 땅을 덮어 두루두루 청정하리니 보는 이마다 기뻐하리라. 네 가지 나쁜 갈래인 지옥·아귀·축생·아수라가 없고 천·인이 많으며, 만억이나 되는 모든 성문들과 보살들로 그 나라를 장엄하리라. 부처님 수명은 십이 소겁이요, 정법이 세상에 머무름은 이십 소겁이요, 상법도 또한 이십 소겁을 머무르게 되리라."

그때, 세존께서 거듭 이 뜻을 펴시려고 게송으로 말씀하시었다.

"여러 비구들이여, 일심으로 들으라. 내가 말하는 바는 진실하여 다름이 없느니라. 이 가전연은 마땅히 여러 가지 묘하고 좋은 공양물로 모든 부처님께 공양하고 모든 부처님 멸도하신 후에 칠보탑을 일으키되 또한 꽃과 향으로 사리에 공양하고 최후신에 불지혜 얻어서 등정각을 이루리라.

국토가 청정하며 한량없는 만억 중생을 제도하여 해탈하게 하고 시방세계에서 모두 공양하는 바가 되리라. 부처님의 광명을 능히 넘을 이 없으리니 그 부처님 명호는 염부금광이라 하리라. 모든 차별 끊은 보살과 성문들이 한량없고 그지없어 그 나라를 장엄하리라."

이때, 세존께서 다시 대중에게 말씀하시었다.

"내가 이제 그대들에게 말하노라. 이 대목건련은 마땅히 여러 가지 공양물로 팔천 모든 부처님께 공양하고 공경·존중하리라. 여러 부처님 멸도하신 후에는 각각 탑묘를 세우되 높이가 일천 유순이요, 가로와 세로가 똑같이 오백 유순이라. 금·은·유리·자거·마노·진주·매괴 등 칠보로 합하여 만들고 여러 가지 꽃과 영락·바르는 향·사르는 향·가루향과 증개·당번으로써 공양하리라. 이같이 한 후 또 이백만억 부처님께 공양하되 또한 다시 이와 같이 하고 마땅히 성불하리니, 명호를 다마라발전단향여래·응공·정변지·명행족·선서·세간해·무상사·조어장부·천인사·불세존이라 하리라.

겁의 이름은 희만이요, 나라의 이름은 의락이니 그 국토는 평정하여 파리로 땅이 되고 보배나무로 장엄하며 진주꽃을 흩어 두루두루 청정하여 보는 이는 환희하고 천·인이 많으며 보살·성문은 그 수가 한량이 없으리라. 부처님 수명은 이십사 소겁이요, 정법이 세상에 머무름은 사십 소겁이며 상법도 또한 사십 소겁을 머무르게 되리라."

그때, 세존께서 거듭 이 뜻을 펴시려고 게송

으로 말씀하시었다.

　"나의 이 제자 대목건련은 이 몸을 버린 후에 팔천이백만억 모든 부처님을 친견하고 불도를 위하는 고로 공양·공경하며 모든 부처님 처소에서 항상 범행을 닦아서 한량없는 겁 동안 불법을 받들어 지니며, 모든 부처님 멸도한 후에는 칠보탑을 세우되 황금 찰간 높게 하고 꽃과 향·기악으로 여러 부처님 탑묘에 공양하며 점점 보살도를 갖추어 의락국에서 성불하리라. 명호는 다마라발전단향이며 그 부처님 수명은 이십사 소겁이리니 항상 천·인을 위하여 불도를 연설하리라.

　성문 대중 무량하여 항하의 모래 수 같으며 삼명과 육신통으로 큰 위덕이 있으며 무수한 보살은 뜻이 견고하고 부지런히 정진하며 불지혜에서 다 물러나지 않으리라. 그 부처님 멸도한 후 정법이 세상에 머무름은 사십 소겁이며 상법도 그러하리라.

나의 모든 제자 가운데 위덕이 구족한 이, 그 수가 오백이라 다 마땅히 수기 주리니 오는 세상에 모두 다 성불하리라. 나와 그대들과의 숙세의 인연을 내가 이제 말하리니 그대들은 잘 들으라."

7

화성유품
化 城 喩 品

부처님께서 모든 비구에게 이르시었다.

"지나간 옛적 무량무변·불가사의한 아승지
겁에 부처님이 계셨으니 명호가 대통지승여래·
응공·정변지·명행족·선서·세간해·무상사·
조어장부·천인사·불세존이시며, 그 나라 이름
은 호성이요, 겁의 이름은 대상이었느니라. 모든
비구들이여, 저 부처님 멸도하신 지는 아주 오래
되었으니 비유하면 삼천대천세계에 있는 땅덩

이를 가령 어떤 사람이 갈아서 먹을 만들어 동방으로 일천 국토를 지나서 한 점을 떨어뜨리되 크기는 작은 티끌같이 하고 또 일천 국토를 지나서 다시 한 점을 떨어뜨리되 이같이 되풀이하여 그 땅덩이의 먹이 다하도록 하였다면 그대들 생각은 어떠한가. 이 모든 국토의 수를 헤아리는 사람이나 그의 제자들이 그 끝 간 데를 능히 알며 그 수를 알 수 있겠는가, 없겠는가."

"알지 못하겠나이다, 세존이시여."

"모든 비구들이여, 이 사람이 지나간 국토의 점이 떨어진 곳이나 떨어지지 아니한 곳을 다 부수어 티끌을 만들어서 티끌 하나를 한 겁으로 친다 해도 그 부처님이 멸도하신 지는 이 수보다 더 오래인 무량무변 백천만억 아승지겁이니라. 나는 여래의 지견력으로써 그렇게 오래된 옛일을 오늘의 일처럼 보느니라."

이때, 세존께서 거듭 이 뜻을 펴시려고 게송으로 말씀하시었다.

"내가 생각하니 지나간 세상 한량없고 그지없는 겁 전에 부처님이 계셨으니 명호는 대통지승이라. 어떤 사람이 힘으로 삼천대천국토에 있는 모든 땅덩어리를 다 갈아서 먹을 만들어 일천 국토를 지나서 티끌만 한 점 하나를 떨어뜨리되 이같이 되풀이하여 이 먹이 모두 다한 뒤에 이러한 모든 국토에 점을 떨어뜨리거나 떨어뜨리지 아니한 것들을 다시 부수어 티끌 만들어서 한 티끌로 일 겁을 친다 해도 이 모든 티끌 수보다 겁의 수가 더욱 많으니 저 부처님 멸도하신 지는 이같이 한량없는 겁이니라. 여래는 걸림 없는 지혜로 그 부처님 멸도하신 것과 성문 대중과 보살들 알기를 지금 멸도하심을 보는 것 같이 하느니라.

모든 비구여, 마땅히 알라. 부처님 지혜는 청정
미묘하여 번뇌 없고 걸림 없어서 무량겁을 통달
하느니라.”

부처님께서 모든 비구에게 이르시었다.
“대통지승불의 수명은 오백사십만억 나유타
겁이니라. 그 부처님이 본래 도량에 앉으사 마
군들을 쳐부수고 아뇩다라삼먁삼보리를 얻으
려 하였으나 모든 불법이 앞에 나타나지 아니하
므로 이와 같이 일 소겁에서 십 소겁에 이르도록
가부좌를 하시고 몸과 마음을 움직이지 않으시
되 그래도 모든 불법이 아직도 앞에 나타나지 않
았느니라. 그때, 도리천인들이 먼저 그 부처님을
위하여 보리수 아래 사자좌를 마련하되, 높이는
일 유순이라. ‘부처님께서 여기에 앉으사, 아뇩
다라삼먁삼보리를 얻으소서’ 함에 이 자리에 앉

으시니라.

이때, 모든 범천왕이 온갖 하늘꽃을 비 뿌리듯 하되 사면이 일백 유순이며 향긋한 바람이 때때로 불어와 시든 꽃은 날려버리고 다시 새 꽃을 내려서 이같이 끊이지 않게 하기를 십 소겁 동안 부처님께 공양하여 멸도하실 때까지 항상 이 꽃을 뿌렸느니라. 사천왕들은 부처님께 공양하기 위하여 항상 하늘북을 치고 그 나머지 제천들도 하늘의 풍악을 울리되 십 소겁을 채우고 멸도에 이르도록 또한 이와 같이 하였느니라. 모든 비구들이여, 대통지승불이 십 소겁을 지나고야 모든 부처님의 법이 앞에 나타나서 아뇩다라삼먁삼보리를 이루었느니라.

그 부처님이 출가하시기 전에 십육 명의 왕자가 있었으니, 그 첫째 아들은 이름이 지적이었느니라. 그 아들들이 각각 진귀한 장난감을 가지고 있었으되 아버지가 아뇩다라삼막삼보리를 이루셨다는 말을 듣고는 모두 보배로운 장난감을 버리고 부처님 계신 곳으로 나아가거늘 어머니들은 눈물을 흘리며 전송하였느니라. 그들의 조부 전륜성왕은 일백 대신과 백천만억 인민들이 다 함께 위요하여 도량에 이르러, 다 대통지승불을 친근하고 공양·공경하고 존중·찬탄하고자 머리를 조아려 발에 예배하고 부처님을 돌고서 일심으로 합장하고 세존을 우러르며 게송으로 말하였느니라.

'큰 위덕 갖추신 세존께서 중생을 제도하시려고 한량없는 억만 세월 지내시고 이제 성불하시어 모든 서원 이미 구족하셨으니 거룩하시어라, 더없는 길상이시네. 세존께서는 매우 희유하시어 한 번 앉으사 십 소겁 동안을 몸과 수족이 고요히 안정되어 움직이지 않으시며 그 마음 항상 담박하여 조금도 산란하지 않으시고 마침내 길이 적멸하시어 무루법에 편히 머무르시네. 이제 세존께서 편안하게 성불하심을 뵈옵고 저희가 좋은 이익 얻어 기뻐하며 크게 환희하옵니다.

중생이 항상 고뇌하여 눈 어둡건만 이끌어주는 스승이 없는지라, 괴로움 없어지는 길 알지 못하고 해탈을 구할 줄도 모르며 긴긴 밤에 나쁜 갈래만 늘고 하늘 대중은 줄어들고 어둠에서 어둠으로 들어가 길이 부처님 이름 듣지 못하였나이다. 이제 부처님께서 가장 높고 안온한 무루의 도 얻으셨으니 저희와 천·인이 최대의 이익을 얻게 되오리다. 이런고로 다 머리 조아려 위없는 세존께 귀의하나이다.'

이때, 십육 왕자는 게송으로 부처님을 찬탄하

고 세존께 법륜 전해주실 것을 간청하며 이렇게 말하였느니라.

'세존께서 법을 설하시면 안온할 바가 많으오리다. 모든 천·인들을 어여삐 여기사 이롭게 하소서.' 거듭 게송으로 말하되,

'세상에 짝할 이 없는 부처님, 백복으로 스스로 장엄하시고 위없는 지혜 얻으셨으니 원컨대 세간 위해 설하소서. 저희와 모든 중생들을 제도하사 분별하여 보이시고 이 지혜를 얻게 하소서. 만약 저희가 성불하면 중생들도 또한 그리 하오리다. 세존께서는 중생들이 마음 깊이 생각하는 바를 아시고 또한 행하는 도를 아시며 또 지혜의 힘도 아시리다. 욕락과 닦은 복과 전생에 행한 업을 세존께서는 모두 다 아셨으니 마땅히 위없는 법륜을 굴리소서' 하였느니라."

부처님께서 모든 비구에게 이르시었다.

"대통지승불이 아뇩다라삼먁삼보리를 얻으셨을 때, 시방의 각각 오백만억 모든 부처님 세계는 육종으로 진동하고, 그 나라 중간 어두운 곳, 햇빛도 달빛도 능히 미치지 못하는 데까지도 다 크게 밝아졌거늘, 그 가운데 중생들이 서로 보게 되어 모두 말하기를 '이 중에 어찌하여 홀연히 중생이 생겼는가' 하였고 또 그 세계의 모든 하늘궁전과 범천의 궁전들이 육종으로 진동하고 큰 광명이 널리 비쳐 세계에 두루 가득차니 모든 하늘의 광명보다 더 수승하였느니라.

이때, 동방의 오백만억 모든 국토 중에 있는 범천 궁전에 광명이 밝게 비치되 항상 있던 광명보다 배나 더 밝은지라. 모든 범천왕이 각각 생각하기를 '지금 궁전의 광명은 예전에 없던 것이니 무슨 인연으로 이런 상서가 나타나는가' 하면서 모든 범천왕은 곧 각각 서로 찾아가서 함께 이 일을 의논하였느니라. 이때, 그들 중에 한 대 범천왕이 있었으니 이름은 구일체라, 모든 범천 대중을 위하여 게송으로 말하였느니라.

'우리 모든 궁전의 광명은 예전에 없었던 것이 니, 이것이 무슨 까닭일까 마땅히 함께 찾아보리 라. 대덕천이 나심인가, 부처님이 세상에 출현하 심인가. 이토록 큰 광명 시방세계 두루 비치네.'

이때, 오백만억 국토의 모든 범천왕이 궁전과 함께하여 각각 꽃상자에 온갖 하늘꽃을 가득 담 고 함께 서쪽으로 가서 그 상서를 찾다가 대통지 승여래가 도량에서 보리수 아래 사자좌에 앉으 시고 모든 천·용왕·건달바·긴나라·마후라가 ·인·비인들이 공경하여 에워싸고 있음을 보며 또 십육 왕자가 부처님께 '법륜 굴려주소서' 하고 간청함을 보았느니라.

즉시, 모든 범천왕이 머리 조아려 부처님께 예배하고 백천 번을 돌며 곧 하늘꽃을 부처님 위에 뿌리니 그 뿌린 꽃이 수미산과 같고 아울러 부처님 앉으신 보리수에도 공양하였나니 그 보리수의 높이는 십 유순이니라. 꽃공양을 마치고 각각 궁전을 그 부처님께 받들어 올리고 이렇게 말하되 '오직 저희를 어여삐 보시어 이롭게 하사 원컨대 바치는 궁전을 받아주소서' 하더니 이때, 범천왕들이 곧 부처님 앞에서 한마음 되어 소리를 같이하여 게송으로 말하였느니라.

'세존은 심히 희유하시어 가히 만나 뵈옵기 어렵나이다. 한량없는 공덕 갖추시고 능히 일체를 구호하시나니 천·인의 대도사로서 세간을 어여삐 여기시며 시방의 모든 중생들이 널리 다 이익을 얻나이다. 저희가 온 곳은 오백만억 나라이며 깊은 선정의 낙을 버리고 온 것은 부처님께 공양하기 위함입니다. 저희 선세의 복으로 궁전이 매우 장엄하옵니다. 이제 세존께 바치오니 오직 원하옵건대 어여삐 여겨 받아주소서.'

이때, 모든 범천왕이 게송으로 부처님을 찬탄하고 각각 말하였느니라.

'오직 원컨대, 세존이시어. 법륜을 굴리시어 중생을 제도하시고 열반의 길을 열어주소서.'

때에 모든 범천왕이 한마음 되어 소리를 같이 하여 게송으로 말하였느니라.

'세상의 큰 영웅이신 양족존이시어, 오직 원컨대 법을 설하시어 대자대비의 힘으로 고뇌하는 중생을 제도하소서.' 이때, 대통지승여래는 말없이 이를 허락하시니라.

또 비구들이여, 동남방에 오백만억 국토에 있는 모든 대범천왕들이 각각 자기 궁전에 광명이 밝게 비치되 예전에 없던 것임을 보고 뛸 듯이 기뻐하며 희유한 마음을 내어 곧 서로 찾아가서 함께 이 일을 의논하였느니라. 이때, 그 대중 가운데 한 대범천왕이 있었으니 이름은 대비라, 모든 범천 대중을 위하여 게송으로 말하였느니라.

'이 일이 무슨 인연으로 이러한 형상 나툼인가. 우리 여러 궁전의 광명, 예전에는 없던 바이니 대덕천이 나심인가, 부처님이 세상에 출현하심인가. 이런 현상 일찍이 못 보았네. 마땅히 일심으로 함께 찾을지니 천만억 국토 지나서라도

광명 찾아 함께 가보세. 아마도 부처님이 세상에 출현하사 괴로운 중생 제도하려 하심이리라.'

이때, 오백만억 범천왕들이 궁전과 함께하여 각각 꽃상자에 온갖 하늘꽃을 가득 담고 함께 서북쪽으로 가서 이 상서를 찾다가 대통지승여래께서 도량에서 보리수 아래 사자좌에 앉으시고 모든 천·용왕·건달바·긴나라·마후라가·인·비인 등이 공경하여 에워싸고 있음을 보았으며 또 십육 왕자는 부처님께 법륜 굴리시기를 청하고 있음을 보았느니라.

그때, 모든 범천왕이 머리를 조아려 부처님께 예배하고 백천 번을 돌며 하늘꽃을 부처님 위에 뿌리니 그 뿌린 꽃이 수미산과 같으며 아울러 부처님의 보리수에도 공양하였느니라. 꽃공양을 마치자 각각 궁전을 그 부처님께 바치며 이런 말을 하였느니라.

　'오직 어여삐 여기시어 저희를 이롭게 하사 바치는 궁전을 원컨대 받아주소서.'

　이때, 모든 범천왕이 부처님 앞에서 한마음 되어 소리를 같이하여 게송으로 말하였느니라.

　'성인 중에 으뜸이요, 하늘 중에 왕이시여. 가릉빈가 같은 미묘한 음성으로 중생을 어여삐 여기심에 저희 이제 예경하나이다. 세존은 심히 희유하사 오랜 세월에 한 번 오시나이다. 일백팔십 겁을 헛되이 지내도록 부처님이 안 계시어 삼악도는 가득하고 하늘 대중들 줄었나이다. 이제 부처님께서 세상에 출현하사 중생을 위해 안목이 되시며 세간의 귀의할 바로서 일체를 구호하시며 중생들의 아버지 되어 어여삐 여기시고 이롭게 하시니 저희 전세의 복으로 이제 세존을 만나

뵙나이다.'

이때, 모든 범천왕이 게송으로 부처님을 찬탄하고 각각 말하였느니라.

'오직 원컨대 세존이시여, 일체를 애민(哀愍)하사 법륜을 굴리어 중생을 제도하소서.'

이때, 모든 범천왕이 한마음 되어 소리를 같이하여 게송으로 말하였느니라.

'대성이시어, 법륜을 굴리사 모든 법의 모양 나타내 보이시고 괴로운 중생 제도하여 큰 즐거움 얻게 하소서. 중생이 이 법을 들으면 도를 얻거나 혹은 천상에 태어나 모든 나쁜 갈래 줄어들며 인욕하고 착한 일 하는 이 많아지리다.' 이때, 대통지승여래께서 말없이 허락하시니라.

또 비구들이여, 남방 오백만억 국토의 모든 대범천왕이 각각 자기 궁전에 광명이 밝게 비치되 예전에 없던 바임을 보고 기쁨에 넘쳐 희유한 마음을 내어 각각 서로 찾아가서 함께 이 일을 의논하되 '무슨 인연으로 우리의 궁전에 이런 광명이 비치는가' 하니라. 이때 그 대중 가운데 한 대범천왕이 있었으니 이름이 묘법이라. 모든 범천 대중을 위하여 게송으로 말하였느니라.

'우리 모든 궁전에 광명이 너무나 거룩하게 밝은지라 이는 까닭이 있으리니 이 상서를 마땅히 찾아보리라. 백천 겁을 지나도록 아직 이런 상서 못 보았나니 대덕천이 나심인가, 부처님이 세상에 출현하심인가.'

이때, 오백만억 모든 범천왕이 궁전과 함께하

여 각각 꽃상자에 온갖 하늘꽃을 가득 담고 북방으로 함께 가서 이 상서를 찾다가 대통지승여래께서 도량 보리수 아래에서 사자좌에 앉으시고 모든 천·용왕·건달바·긴나라·마후라가·인·비인 등이 공경하여 에워싸고 있음을 보며 또 십육 왕자가 부처님께 법륜 굴리시기를 청함을 보았느니라.

　이때, 모든 범천왕이 머리 조아려 부처님께 예경하고, 백천 번을 돌며 곧 하늘꽃을 부처님 위에 뿌리니 뿌린 꽃이 수미산과 같으며 아울러 부처님 보리수에도 공양했느니라. 꽃공양을 마친 뒤 각각 궁전을 그 부처님께 바치고 이런 말을 하였느니라.

　'오직 어여삐 여기시어 저희를 이롭게 하시고 바치는 궁전을 원컨대 받아주소서.'

　이때, 모든 범천왕이 곧 부처님 앞에서 한마음

되어 소리를 같이하여 게송으로 말하였느니라.

'세존은 뵈옵기 심히 어려워라. 모든 번뇌 파하신 분이여, 백삼십 겁을 지나고 이제야 한 번 뵈옵나니 굶주리고 목마른 중생을 법비로 충만하게 하소서. 옛적에 일찍이 보지 못한 한량없는 지혜 지니신 분, 우담발화 같아 오늘에야 만나 뵈옵나이다. 저희의 모든 궁전이 광명 받아 장엄히 꾸며졌으니 세존이시여, 큰 자비심으로 오직 원컨대 받아주소서.'

이때, 모든 범천왕이 게송으로 부처님 찬탄하기를 마치고 각기 이런 말을 하였느니라.

'오직 원컨대, 세존은 법륜을 굴리어 일체 세간의 모든 하늘·마왕·범천왕·사문·바라문들로 하여금 다 편안함을 얻고 해탈하게 하소서.'

이때, 모든 범천왕이 한마음 되어 소리를 같이하여 게송으로 말하였느니라.

'오직 원컨대 세존은 위없는 법륜 굴리시고 큰 법고 치시고 큰 법라 부시고 널리 법비를 내리사 무량 중생 제도하소서. 저희가 다 함께 귀의하고 청하오니 깊고 깊은 음성으로 연설하소서.'

이때, 대통지승여래께서 말없이 이를 허락하시니라. 서남방과 내지는 하방까지도 또한 이러했느니라.

그때, 상방의 오백만억 국토의 모든 대범천왕이 다 자기가 있는 궁전에 광명이 찬란하여 예전에 없던 것임을 보고 뛸 듯이 기뻐하며 희유한 마음을 내고, 곧 각각 서로 찾아가 함께 이 일을 의논하되 무슨 인연으로 우리 궁전에 이런 광명이 있을까 하였느니라. 그때, 그 대중 가운데 한 대범천왕이 있었으니 이름이 시기라. 모든 범천 대중을 위하여 게송으로 말하였느니라.

  '이제 무슨 인연으로 우리 모든 궁전에 위덕 의 광명이 비치니 장엄함이 일찍이 없었던 바라. 이렇게 묘한 모양 예전에 듣도 보도 못했나니 대 덕천이 나심인가, 부처님께서 세간에 출현하심 인가.'

  이때, 오백만억 모든 범천왕이 궁전과 함께하 여 각각 꽃상자에 온갖 하늘꽃을 가득 담고 함께 하방으로 가서 이 상서 찾은 끝에 대통지승여래 께서 도량 보리수 아래 사자좌에 앉으시고 모든 하늘과 용왕·건달바·긴나라·마후라가·인·비 인 등이 공경하여 에워싸고 있음을 보며 또 십육 왕자가 부처님께 법륜 굴리시기를 청함을 보았느니라.

이때, 모든 범천왕이 머리 조아려 부처님께 예경하고 백천 번을 돌고는 곧 하늘꽃을 부처님 위에 뿌리니 뿌린 꽃이 수미산과 같으며 아울러 부처님 보리수에도 공양하니라. 꽃공양을 마치고는 각각 궁전을 그 부처님께 바치고 이런 말을 하였느니라.

'오직 어여삐 보사 저희를 이롭게 하시고 바치는 궁전을 원컨대 받아주소서.'

이때 모든 범천왕이 곧 부처님 앞에서 한마음 되어 소리를 같이하여 게송으로 말씀하였느니라.

'거룩하시어라, 모든 부처님, 세상 구원하시는 성존 뵈오니 삼계의 지옥 속에서 애써 중생들을 구하여 내시도다. 넓은 지혜의 천인존께서 모든 중생 가없이 여기사 감로의 문을 열어 널리 일체중생 제도하시나이다. 예로부터 무량겁을 허송함은 부처님 안 계셨기 때문입니다. 세존께서 오시기 전에는 시방세계가 항상 어두워 삼악도는 늘어만 가고 아수라까지 치성하며 모든 하늘 대중은 줄어들고 죽어서 악도에 떨어지는 이가 많았나이다. 부처님께 법문을 듣지 못하여 항상 선한 일 행하지 못했고 체력도 지혜도 모두 줄어들고 죄업의 인연으로 즐거운 일과 즐겁다는 생각조차 잃어버리고 삿된 소견에 머물러 바른 위의와 법칙 알지 못하며 부처님의 교화받지 못하여 항상 악도에 떨어졌나이다.

부처님께서 세간의 눈으로 오랜 세월 지나 출현하시니 모든 중생 가없이 여기시므로 세간에 출현하사 세간을 초월하여 정각을 이루시니 저

희 기뻐하고 경하하오며 그 밖의 일체중생도 미
증유라 기뻐하고 찬탄하나이다. 저희의 모든 궁
전, 광명받아서 장엄한 것을 이제 세존께 바치오
니 오직 어여삐 여기사 받아주소서. 원컨대 이
공덕 널리 일체중생에게 두루 미쳐 저희와 모든
중생 다 함께 불도 이루어지이다.'

　이때, 오백만억 모든 범천왕의 게송으로 부처
님을 찬탄하고 각각 부처님께 사뢰었느니라.
　'오직 원컨대 세존이시여, 법륜을 굴리소서.
안온할 바 많을 것이며 구제받을 바가 많으오
리다.'
　때에, 모든 범천왕이 게송으로 말하였느니라.

　'세존이시여, 법륜을 굴리소서. 감로의 법고
울리시어 고뇌하는 중생 건지시고 열반의 길 열

어 보이소서. 오직 원컨대 저희 청 받아주시어 크고 미묘한 음성으로 저희를 어여삐 여기사 무량겁에 익힌 그 법 널리 펴 설하소서.'

이때, 대통지승여래는 시방 모든 범천왕과 십육 왕자의 청을 받고 곧 삼전십이행(三轉十二行)의 법륜을 굴리시니 혹은 사문이나 바라문이나 하늘·마왕·범천왕 그리고 세간의 그 누구도 능히 하지 못하는 바였느니라.

이르되, '이는 고(苦)이며, 이는 고의 원인이며, 이는 고의 없어짐이며, 이는 고를 없애는 도라' 하시고 또 십이인연법을 널리 설하셨느니라.

'무명으로 말미암아 행이 생기고, 행으로 말미암아 식이 생기고, 식으로 말미암아 명색이 생기고, 명색으로 말미암아 육입이 생기고, 육입으로 말미암아 촉이 생기고, 촉으로 말미암아 수가 생기고, 수로 말미암아 애가 생기고, 애로 말미암아 취가 생기고, 취로 말미암아 유가 생기고, 유로 말미암아 생이 생기고, 생으로 말미암아 노사와 우비·고뇌가 생기는지라.

무명이 멸하면 행이 멸하고, 행이 멸하면 식이 멸하고, 식이 멸하면 명색이 멸하고, 명색이 멸하면 육입이 멸하고, 육입이 멸하면 촉이 멸하고, 촉이 멸하면 수가 멸하고, 수가 멸하면 애가 멸하고, 애가 멸하면 취가 멸하고, 취가 멸하면 유가 멸하고, 유가 멸하면 생이 멸하고, 생이 멸하면 노사와 우비·고뇌가 멸하느니라.'

부처님이 천·인 대중 가운데서 이 법을 설하실 때, 육백만억 나유타 사람들이 온갖 것에 집착 없이 듣고 믿은 까닭에 모든 번뇌에서 마음의 해탈을 얻고 깊고 묘한 선정과 삼명과 육통을 얻어 팔해탈을 갖추었느니라. 두 번째, 세 번째, 네 번째 설법하실 때에도 천만억 항하사 나유타 중생들이 또한 온갖 것에 집착 없이 듣고 믿은 까닭에 모든 번뇌에서 마음의 해탈을 얻었으니 이후로부터 성문 대중은 한량없고 그지없어서 그 수를 가히 헤아릴 수 없느니라.

그때, 십육 왕자는 다 동자로 출가하여 사미가 되니 모든 육근이 출중하여 지혜가 밝은지라 이미 일찍이 백천만억 모든 부처님께 공양하고 청정하게 범행을 닦아 아뇩다라삼먁삼보리를 구했던 이들이니라. 그들이 함께 부처님께 사뢰었느니라.

'세존이시여, 이 한량없는 천만억 대덕 성문들은 다 이미 성취하였나이다. 세존께서는 또한 마땅히 저희를 위하사 아뇩다라삼먁삼보리법을 설하여주소서. 저희가 듣고는 다 함께 닦고 배우오리다. 세존이시여, 저희는 여래의 지견을 얻고

자 하옵나니 마음 깊이 염원하옴을 부처님께서는 잘 아시리다.'

이때, 전륜성왕이 거느리고 온 대중 가운데 팔만억 사람이 십육 왕자의 출가함을 보고 자기네도 출가하기를 바라거늘 왕이 곧 허락했느니라.

그때, 저 부처님은 사미들의 청을 받으시고 이만 겁을 지나고 나서 사부대중 가운데서 이 대승경을 설하시니 이름은 묘법연화경이라. 보살을 가르치는 법이며 부처님께서 호념하시는 바이니라. 이 경을 설해 마치시니 십육 사미들은 아뇩다라삼먁삼보리를 위하는 까닭에 다 같이 받아 지니고 외워 통달하였느니라. 이 경을 설할 때, 십육 보살사미는 다 믿고 받았으며 성문 대중 가운데에도 믿고 이해하는 이가 있었으나, 그 밖에 천만억 종 중생들은 다 의혹을 품었느니라.

부처님은 이 경을 설하심에 팔천 겁 동안을

잠깐도 쉬지 않으셨고, 이 경을 다 설하시고는 고요한 방에 들어가시어 팔만사천 겁을 선정에 머무르시었느니라. 이때, 십육 보살사미는 부처님이 방에서 고요히 선정에 드심을 알고 각각 법좌에 올라가서 또한 팔만사천 겁을 사부대중 위하여 널리 묘법연화경을 분별하여 설하였느니라. 모두가 다 육백만억 나유타 항하사 중생들을 제도하여 보이고 가르치고 이롭게 하며 기쁘게 하여, 그들로 하여금 아뇩다라삼먁삼보리심을 일으키게 하였느니라.

대통지승불이 팔만사천 겁을 지나고는 삼매로부터 일어나 법좌에 나아가시어 편안히 앉으시고 널리 대중에게 이르시되, '이 십육 보살사미는 심히 희유하니라. 모든 감관이 뛰어나서 지혜가 명료하며 일찍이 한량없는 천만억 부처님께 공양하고 모든 부처님 처소에서 항상 범행을 닦아서 부처님 지혜 받아 지니고 중생들에게 열어 보여, 그들로 하여금 그 가운데 들어가게 하였나니 그대들은 모두 자주 친근하여 공양할지니라. 왜냐하면 만약 성문·벽지불과 모든 보살이 능히 이 십육 보살이 설하는 경법을 믿고 받아 지니고 훼방하지 않는다면, 다 아뇩다라삼먁삼보리의 여래 지혜를 얻을 것이기 때문이니라' 하시니라."

부처님께서 모든 비구에게 이르시었다.

"이 십육 보살은 항상 묘법연화경을 즐겨 설하였느니라. 각 보살마다 교화한 육백만억 나유타 항하사 중생들은 세세생생에 보살과 함께하여 그로부터 법을 듣고 모두 믿고 이해하였나니, 이런 인연으로 사만억 모든 부처님 만나 뵈옵고 지금도 다하지 아니하였느니라.

비구들이여, 내가 이제 그대들에게 말하노라.

저 부처님의 제자 십육 사미는 이제 다 아뇩다라 삼먁삼보리를 얻어 현재 시방국토에서 법을 설하니, 한량없는 백천만억 보살과 성문이 그 권속이 되었느니라.

그중에 두 사미는 동방에서 성불하시니 한 분의 명호는 아축이라, 환희국에 주하시고 또 한 분의 명호는 수미정이오. 동남방의 두 부처님, 한 분의 명호는 사자음이고 또 한 분의 명호는 사자상이오. 남방의 두 부처님, 한 분의 명호는 허공주이고 또 한 분의 명호는 상멸이오. 서남방의 두 부처님, 한 분의 명호는 제상이고 또 한 분의 명호는 범상이오. 서방의 두 부처님, 한 분의 명호는 아미타이고 또 한 분의 명호는 도일체세간고뇌요. 서북방의 두 부처님, 한 분의 명호는 다마라발전단향신통이고 또 한 분의 명호는 수미상이오. 북방의 두 부처님, 한 분의 명호는 운자재이고 또 한 분의 명호는 운자재왕이오. 동북방의 부처님은 명호가 괴일체세간포외이며 제 십육은 나, 석가모니불이니 사바국토에서 아뇩다라삼먁삼보리를 이루었느니라.

비구들이여, 우리가 사미로 있을 때에 각각 한량없는 백천만억 항하사 중생들을 교화하였나니, 나를 따라 그들이 법을 들음은 아뇩다라삼먁삼보리를 위함이니라. 이 여러 중생들 지금도 성문지에 머문 자가 있어 내가 항상 아뇩다라삼먁삼보리로 교화하나니 이들은 이 법으로써 점차로 불도에 들게 되리라. 왜냐하면 여래 지혜는 믿기 어렵고 알기 어렵기 때문이니라. 그때에 교화한 한량없는 항하사 중생들이란 그대 비구들과 내가 멸도한 후 미래세의 성문 제자들이니라.

내가 멸도한 후에 또 어떤 제자는 이 경을 듣지 못하여 보살의 행할 바를 알지 못하고 깨닫지도 못하면서 자기가 얻은 공덕으로 멸도하였다는 생각을 내어 마땅히 열반에 든다 할 것이나, 내가 다른 나라에서 성불하면 다시 다른 이름이 있으리니 이 사람이 비록 멸도하였다는 생각을 내어 열반에 든다 할지라도 저 국토에서 부처님 지혜 구하여 이 경을 얻어 듣게 하리라. 오직 일불승만으로 멸도를 얻을 것이요, 다시 다른 승은 없으리니 모든 여래의 방편 설법은 제외하니라.

비구들이여, 만일 여래가 스스로 열반할 때에 이르렀고, 대중이 또한 청정하여 믿고 앎이 견고하며 공법을 요달하고 깊이 선정에 들어간 줄 알면, 문득 여러 보살과 성문들을 모아놓고 그들을 위하여 이 경을 설하느니라. 세간에서 이 승으로는 멸도를 얻을 수 없나니 오직 일불승으로만 멸도를 얻을 수 있느니라.

비구들이여, 마땅히 알라. 여래는 방편으로

깊이 중생의 성품 속에 들어가서 그들 뜻에 소
승법 좋아하며 오욕에 깊이 탐착함을 알고 이들
을 위하는 까닭으로 열반을 설하나니 이들은 듣
게 되면 곧 믿고 받드느니라.

비유하면 오백 유순이나 되는 험난하고 나쁜
길에 광막하여 인적마저 끊어진 무서운 곳, 이
길을 지나 진보(珍寶)가 있는 곳에 이르고자 하
는 많은 사람이 있었느니라. 때에 한 인도자가
있어서 총명한 지혜로 밝게 통달하여 험난한 길
의 통하고 막힌 곳을 잘 알아 여러 사람을 거느
리고 이 험난한 곳을 통과하고 있었느니라. 거느
린 사람들이 중도에 싫증을 내어 인도자에게 말
하되 '우리는 피로하고 지쳤으며 또 무서워서 더
갈 수 없습니다. 앞길이 아직도 머니 이제 되돌
아갈까 합니다' 하니 인도자는 온갖 방편이 많은
지라 이렇게 생각하였느니라.

'이들은 가히 불쌍하구나. 어찌하여 많은 보배를 버리고 물러가려 하는가' 이렇게 생각하고는 방편의 힘으로써 험난한 길 그 도중에 삼백 유순을 지나서 한 성을 만들어놓고 여러 사람들에게 말하였느니라.

'그대들은 무서워하지 말고 되돌아가려 하지 말라. 이제 이 큰 성에 머무르며 뜻대로 할 수 있나니 만일 이 성에 들어가면 쾌히 안온함을 얻으리라. 만일 앞의 보배 있는 곳에 이르고자 하더라도 또한 가히 갈 수 있으리라.'

이때, 피로에 지친 사람들이 마음에 크게 환희하여 미증유라 찬탄하고 '우리가 이제야 이 험한 길 모면하고 쾌히 안온을 얻었도다' 하며 이 모든 사람들이 앞에 있는 화성에 들어가서 이미 다 왔다는 생각을 내며 편안하다는 생각을 내었느니라.

이때, 인도자는 이 사람들이 이미 휴식을 얻어 다시 피로하지 않음을 알고 곧 화성을 없애고 여러 사람에게 일러 말하였느니라. '그대들 어서 가자. 보물이 있는 곳이 가까우니라. 먼저 있던 큰 성은 내가 만들어서 쉬어 가게 한 것이니라.'

비구들이여, 여래도 또한 이와 같아서 지금 그대들을 위하여 대도사가 되어 온갖 생사 번뇌의 악한 길이 험난하고 멀고 멀지만 응당 떠나고 응당 건너야 할 것을 아나니, 만일 중생이 일불승만 듣는다면 부처님을 뵈려고 하지도 않고 친근히 하려고 하지도 않고서 문득 생각하기를 '불도는 멀고 멀어서 오래 닦고 고생을 해야 이룰 수 있으리라'고 하느니라. 부처님은 그들의 마음이 약하고 열등함을 알아 방편의 힘으로써 중도에서 쉬도록 하기 위해 두 가지 열반을 설하니 만일 중생이 이 두 경지에 머무르면 여래는 그때 곧 설하느니라.

'그대들은 할 일을 아직 다하지 못하였도다. 그대들이 머물러 있는 경지는 부처님 지혜에 가까우니 마땅히 관찰하고 헤아릴지니라. 그대들이 얻은 열반은 진실한 것이 아니요, 다만 여래가 방편으로써 일불승을 분별하여 삼승으로 설한 바이니라.'

마치 저 인도자가 쉬어가게 하기 위하여 신통력으로 큰 성을 만들고 이미 쉬었음을 안 뒤에는 그들에게 이르되 '보배 있는 곳이 가까우니라. 이 성은 진실이 아니요, 내가 신통으로 만들었을 뿐이라' 함과 같으니라."

이때, 세존께서 거듭 이 뜻을 펴시려고 게송으로 말씀하시었다.

"대통지승불께서 십 겁 동안 도량에 앉으셨으

나 부처님 법 나타나지 않아 불도를 이루지 못하시거늘 온갖 천신·용왕·아수라 등이 항상 하늘 꽃 뿌려 저 부처님께 공양하며, 모든 하늘은 하늘북 치고 온갖 풍악 울리며 향풍 일어 시든 꽃 쓸어가면 다시 새롭고 좋은 꽃 내렸어라. 십 소겁을 지나서야 불도를 이루시니 모든 하늘과 사람들이 기쁜 마음 가득하여 뛰고 또 뛰었느니라.

저 부처님의 십육 왕자가 천만억 권속들에게 에워싸여 다 함께 부처님 처소에 나아가 머리 조아려 부처님 발에 절하고 법륜 굴리시기를 청하되, '성사자시여, 법비 내리시어 우리와 모두를 흠뻑 적셔주소서. 세존 만나 뵙기 심히 어려워 구원겁에 한 번 나타나시니 중생 깨치게 하시려 일체를 진동케 하시나이다' 했느니라.

동방의 여러 세계 오백만억 국토에 있는 범천 궁전에 비친 광명 일찍이 없던 바라, 범천왕들이를 보고 찾아와 부처님 처소에 이르러 꽃을 뿌려 공양하고 궁전을 바쳐 올리며 법륜 굴리시기를 청하고 게송으로 찬탄하였으나 때가 이르지 않았음 아시고 청 받으시고도 잠잠히 계셨느니라.

남·서·북방과 사유(四維)와 상·하의 범천왕도 또한 그러하여 꽃을 뿌리고 궁전 바쳐 부처님께 법륜 굴리시기를 청하되, '세존 만나 뵙기 심히 어렵나니 원컨대 본래의 그 자비로 감로문을 널리 여시어 위없는 법륜 굴리소서' 했느니라.

지혜가 한량없는 세존께서는 저 대중들의 청을 받으사 갖가지 법과 사제와 십이인연을 설하시되, '무명에서 노사까지 모두 태어남으로 해서 있음이니 이와 같은 여러 허물 그대들은 응당 알지니라' 하셨느니라.

이 법을 펴실 때에, 육백만억 나유타 중생 모

든 괴로움 다 여의고 아라한이 되었으며, 두 번째 설법 때도 천만 항하사 중생이 온갖 것에서 집착 떠나 아라한 되었느니라. 이로부터 도 얻은 이 그 수가 한량없어 만억 겁을 헤아려도 그 끝을 알 수 없느니라.

그때에 십육 왕자 출가하여 사미 되어 다 같이 부처님께 청하되, '대승법을 설하소서. 저희와 따라온 자들 다 마땅히 불도를 이루려 하오니 원컨대 세존처럼 제일 밝은 지혜의 눈 얻어지이다' 했느니라. 부처님이 동자들의 마음과 전세에 수행한 일 아시고 한량없는 인연과 갖가지 비유 들어 육바라밀과 모든 신통 설하시어 진실한 법과 보살의 행할 도를 분별하시고 이 법화경의 항하사 수 같은 게송을 설하셨느니라.

저 부처님 이 경 설하시고 고요한 방에서 선정에 들어 일심으로 한곳에 앉으시기 팔만사천

겁이니라. 이 모든 사미들이 부처님 선정에 드심을 알고 한량없는 억만 중생 위하여 위없는 부처님 지혜 일러주려 각각 법좌에 앉아 이 대승경을 설하였고 부처님 멸도하신 후에도 선양하여 법으로 교화함을 도왔느니라. 한 사미마다 제도한 중생들이 육백만억 항하사같이 많았으며 저 부처님 멸도한 후에 이 법을 들은 모든 이들 곳곳의 불국토에 항상 스승과 함께 태어났나니 이 십육 사미들은 불도를 구족하게 행하고 지금은 시방에서 각각 정각을 이루었으며 그때 법을 듣던 이들도 각각 모든 부처님 처소에 있어 그들 중 성문에 머무는 이는 불도로써 차츰 교화하느니라.

나도 십육 왕자의 한 사람으로 또한 그대들 위해 설법하였나니 이런고로 방편을 써 그대들을 이끌어서 부처님 지혜로 나아가게 하노라. 이 본래의 인연으로 지금 법화경을 설하여 그대들을 불도에 들게 하노니 놀라고 두려워하지 말라.

비유컨대 험악한 길 아득히 먼데, 사나운 짐승 많고 물도 풀도 없어 사람들이 무서워하고, 수없는 천만 대중이 이 험한 길 지나고자 하는데 그 길은 매우 멀어서 오백 유순을 지나야 하는지라. 이때, 한 인도자 아는 것 많고 지혜도 있어 분명히 알고 마음 확고해 험난한 곳에서 온갖 난관 구제하지만, 사람들이 모두 지쳐 인도자에게 말하기를 '우리는 이제 피로하고 지쳤으니 여기서 되돌아가려 합니다' 하니,

인도자가 생각하기를 '이들 무리 참으로 가엾도다. 어찌 되돌아가 큰 보배를 잃으려 하는가' 하고 방편을 생각하되 '마땅히 신통력을 베풀리라' 하여 큰 성곽을 만들어 집들을 장엄하게 꾸미고 주위에는 원림이 둘러 있고 맑은 시내와 목

욕하는 못이 있고 안팎 대문 달린 높은 누각에는 남녀가 가득차게 해서 이와 같이 만들어놓고 여러 사람 위로하며 '두려워하지 말라. 그대들이 이 성에 들어가면 각자의 뜻대로 될 것이니라' 하니 모든 사람 성에 들어가 마음이 크게 환희하고 모두 다 안온하다는 생각을 내고 스스로 이미 구제된 줄 여기니 인도자가 충분히 쉰 줄 알고 사람들 모아놓고 이르기를 '그대들은 마땅히 나아가라. 이것은 조화로 만든 성이니라. 내가 보니 그대들이 지쳐 중도에 돌아가려 하기에 방편력으로 이 성을 만들었던 것이니라. 그대들이 부지런히 정진하면 마땅히 보물 있는 곳에 가게 되리라' 했느니라.

　나도 또한 그와 같아서 일체의 도사 되어 구도하는 이들이 중도에서 지치고 게을러서 생사번뇌 험한 길을 건너가지 못함을 보고 방편력으로 쉬게 하려고 열반을 설하되, '그대들이 고(苦)를 없애고 할 일 이미 다했다'고 말하였나니 이미 열반에 이르러 모두 아라한 된 줄 알기에 이에 대중을 모으고 진실한 법을 설하고자 하노라.

여러 부처님은 방편의 힘으로 분별하여 삼승을 설하시나 오직 일불승뿐이요, 쉬게 하려 이승을 설함이니, 이제 그대들 위하여 진실을 설하노라. 그대들이 얻은 것은 참열반 아니니 부처님의 일체지를 얻기 위해 마땅히 크게 정진할 마음 낼지어다. 그대들이 일체지와 십력 등 불법을 증득하여 삼십이상을 갖추어야만 곧 이것이 진실한 열반이니라. 인도자이신 모든 부처님께서 쉬게 하려고 열반을 설하시니 이미 쉰 줄을 아시고 인도하여 부처님 지혜에 들게 함이니라."

8

오백제자수기품
五 百 弟 子 授 記 品

그때, 부루나미다라니자는 부처님으로부터 지혜 방편으로 근기 따라 설법하심을 들으며 또 여러 큰 제자들에게 아뇩다라삼막삼보리의 수기 주심을 듣고, 다시 숙세 인연의 일을 들으며, 그리고 모든 부처님들 대자재 신통력이 있음을 듣고 미증유를 얻어 마음이 맑아지고, 기쁨에 넘쳐 곧 자리에서 일어나 머리를 조아려 부처님 발에 예배하고 물러가 한쪽에 머물러 존안을 우러러 눈을 잠시도 떼지 않으며 이렇게 생각하였다.

'세존은 매우 뛰어나시고 하시는 일이 희유하며, 세간의 여러 가지 성품을 따라 방편 지견으로써 법을 설하사 중생들을 처처의 탐착에서 빼내주시나니, 저희는 부처님의 공덕에 대해 말로 다 나타낼 수 없지만, 오직 부처님께서는 우리의 깊은 마음의 본원을 아시리라.'

이때, 부처님이 여러 비구에게 이르시었다.

"그대들은 이 부루나미다라니자를 보느냐. 나는 항상 그를 설법하는 사람 중에서 가장 으뜸이라 말하고 또 항상 그의 여러 가지 공덕을 찬탄하였느니라. 부지런히 정진하여 나의 법을 지키고 도와 펴며, 능히 사부대중에게 보여주고 가르쳐 이롭게 하고 기쁘게 하며, 부처님의 정법을 구족하게 해석하여 함께 범행을 닦는 사람들을 크게 이롭게 하였느니라. 여래를 제외하고는 그의 언론의 변재를 당할 자 없느니라.

　그대들은 부루나가 내 법만을 지키고 도와 편다고 여기지 말라. 또 과거 구십억 모든 부처님 처소에서도 부처님의 정법을 받들어 지니고 도와 펴서 저 설법하는 사람 중에서도 으뜸이었으며, 또 여러 부처님이 설하신 공(空)의 도리도 밝게 알아 통달하여 사무애지를 얻어 항상 능히 자세히 살펴 밝고 청정하게 설법하여 의혹이 없었으며, 보살의 신통한 힘을 갖추어 그 수명이 다하도록 항상 범행을 닦았으므로 그 부처님 당시의 사람들이 모두 이르되 '이분이야말로 참다운 성문이라'고 하였느니라. 부루나는 이 방편으로써 한량없는 백천 중생을 이롭게 하며 또 한량없는 아승지 사람들을 교화하여 아뇩다라삼먁삼보리를 일으키게 하였으니, 부처님 국토를 청정히 하기 위하여 항상 불사(佛事)를 지어 중생을 교화하였느니라.

여러 비구들이여, 부루나는 또한 과거 칠불 때에도 설법하는 사람 중에 으뜸이었으며, 지금 나의 처소에서도 설법하는 사람 중에서 또한 으뜸이며, 현겁 중 당래 모든 부처님의 법을 설하는 사람 중에서도 으뜸이어서 불법을 다 받들어 지니고 도와 펴리라. 미래에도 무량무변한 모든 부처님의 법을 받아 지니고 도와 펴서 한량없는 중생을 교화하고 이롭게 하여 아뇩다라삼먁삼보리를 일으키게 하리라.

불국토를 청정히 하기 위하여 항상 부지런히 정진하며 중생을 교화하고, 점점 보살도를 구족하여 무량아승지겁을 지나 마땅히 이 땅에서 아뇩다라삼먁삼보리를 얻으리니, 명호를 법명여래·응공·정변지·명행족·선서·세간해·무상사·조어장부·천인사·불세존이라 하리라.

그 부처님은 항하의 모래같이 많은 삼천대천 세계를 한 불국토로 하되 칠보로 땅이 되고 평탄하기 손바닥 같아, 산언덕과 구렁과 계곡이 없으며, 칠보로 만든 누대가 그 가운데 가득차고 모든 하늘궁전들이 가까운 허공에 있어서 인·천이 인접해서 서로서로 볼 수 있으며, 여러 가지 나쁜 갈래도 없고 여인도 없으며, 일체중생이 모두 화생하여 음욕이 없느니라. 큰 신통을 얻어 몸에서 광명이 나고 날아다님이 뜻대로 되며, 뜻과 생각이 견고하여 부지런히 정진하며 지혜가 있어 모두 다 금빛이라, 삼십이상으로 스스로 장엄하리라.

그 나라 중생은 항상 두 가지 음식을 먹으리니, 첫째는 법희식이요, 둘째는 선열식이라. 한량없는 아승지 천만억 나유타 보살들이 있어, 대신통과 사무애지를 얻어서 능히 중생들을 잘 교화하리라. 그 성문 대중들은 산수로 계산해도 능히 알 수 없으리니, 다 육통과 삼명과 팔해탈이 구족함을 얻으리라. 그 부처님 국토는 이와 같은 한량없는 공덕으로 장엄되고 성취되리라. 겁의 이름은 보명이요, 나라 이름은 선정이며, 그 부처님 수명은 무량아승지겁이요, 법이 머무름도 심히 오래가리라. 부처님 멸도한 후에 칠보탑을 쌓아서 그 나라에 두루 차리라.”

이때, 세존이 거듭 이 뜻을 펴시려고 게송으로 말씀하시었다.

“비구들이여, 잘 들으라. 부루나는 방편을 잘 배워서 행하므로 그 행하는 바 도는 짐작하기 어려우니라. 사람들이 소승법은 좋아하고 큰 지혜는 겁내는 줄 잘 아나니, 그러므로 보살들이 성문과 연각이 되어 무수한 방편으로 모든 중생을 교화하며 스스로 성문이라 하고 불도에 나아가기 매우 멀다고 말하며, 무량 중생 제도하여 모두 다 성취시키나니, 욕망이 적고 게으른 자라 할지라도 차차 성불하도록 하느니라. 안으로 보살의 행 감추고 겉으로 성문 모양 나타내어 욕망이 적고 생사를 싫어하지만 실은 스스로 불국토를 청정케 함이니라. 중생에게 삼독 있다고 보이며 또 사견상을 나타내기도 하느니라. 나의 제자 이와 같은 방편으로 중생을 제도하나니 만일 내가 갖가지로 몸 나투는 일을 모두 다 말한다면 이를 듣는 중생들은 마음에 의혹을 품게 되리라.

지금 이 부루나는 옛적 천억 부처님 처소에서 행할 도를 부지런히 닦고 모든 불법 펴고 지키며 위없는 지혜 구하기 위해 모든 부처님 처소에서 제자들의 윗자리에 있으면서 많이 들어 슬기로움 나타내고, 설법함에 두려움 없어 능히 중생을 환희케 하되 일찍이 지치지 않고 불사를 도우며, 이미 대신통을 얻어 사무애지를 갖추고, 중생 근기 총명하고 둔함을 알아 항상 청정한 법 설했느니라. 이러한 뜻 선양하여 천억 중생 가르쳐서 대승법에 머물게 하여 스스로 불국토를 청정하게 하였으며, 미래에도 또한 한량없고 수없는 부처님께 공양하고 정법을 받들어 도와 펴서 또한 스스로 불국토를 깨끗이 하고, 항상 모든 방편으로 설법함에 두려움 없어 헤아릴 수 없이 많은 중생 제도하여 일체지를 이루게 하리라.

모든 여래께 공양하고 법보장을 지키다가 그 후에 성불하면 명호는 법명이요, 나라 이름은 선정이니 칠보로 합하여 이루어졌느니라. 겁의 이름은 보명이며 보살 대중 매우 많아 그 수효 무량억이라.

모두 대신통을 얻고 위덕의 힘 구족한 이가

그 국토에 충만하리라. 성문 또한 무수하되 삼명
과 팔해탈과 사무애지 얻은 이런 이들이 승보 되
리라. 그 나라 중생들은 음욕 이미 끊어져서 오
로지 화생하여 상호 갖추어 몸을 장엄하고 법희
식·선열식뿐 다른 음식 찾을 생각 다시 없으며
여인들이 없고 또 모든 나쁜 갈래가 없으리라.
부루나 비구는 공덕을 모두 이루어 이런 정토 얻
으리니 현성 대중이 매우 많으리라. 이렇게 한량
없는 일을 내 이제 다만 간략히 설하였노라."

이때, 천이백 아라한으로서 마음이 자재한 이
들이 이런 생각을 하되, '우리는 기뻐서 미증유
를 얻었으니, 만일 세존께서 우리에게 각기 수기
하시되, 다른 큰 제자들과 같이 하신다면 또한
기쁘지 아니하랴' 하니 부처님이 이들 마음에 생
각하는 바를 아시고 마하가섭에게 이르시었다.

"이들 천이백 아라한에게 내가 이제 마땅히 현전에서 차례로 아뇩다라삼먁삼보리의 수기를 주리라. 이 대중 가운데 나의 큰 제자 교진여 비구는 마땅히 육만이천억 부처님께 공양한 후에 성불하리니, 명호는 보명여래·응공·정변지·명행족·선서·세간해·무상사·조어장부·천인사·불세존이라 하리라. 그 오백 아라한의 우루빈나가섭·가야가섭·나제가섭·가루타이·우타이·아누루타·이바다·겁빈나·박구라·주타·사가타 등도 모두 아뇩다라삼먁삼보리를 얻어서 다 같이 명호를 보명(寶明)이라 하리라."

이때, 세존께서 거듭 이 뜻을 펴시려고 게송으로 말씀하시었다.

"교진여 비구는 한량없는 부처님 뵈옵고 아승지겁을 지나 등정각을 이루리라. 항상 큰 광명을 놓고 모든 신통 구족하여 이름이 시방에 두루 차서 모든 이의 공경받으며 항상 위없는 도 설하리니 이런 까닭에 이름을 보명이라 하느니라.

그 국토는 청정하고 보살은 다 용맹하리라. 다 묘한 누각에 올라 시방 여러 국토에 노닐며 더없는 공양물로 모든 부처님께 받들어 이렇게 공양해 마치고는 환희한 마음 가득 품고 잠깐 사이에 본국으로 돌아오리니 이 같은 신통력이 있으리라.

부처님 수명은 육만 겁이요, 정법은 수명의 배를 머무르고 상법 또한 정법의 배가 되리라. 법이 멸하면 천·인이 근심하리니 그 오백 비구들 차례차례 성불하여 명호를 다 같이 보명이라 하고 차례로 수기하되, '내가 멸도한 후에 아무개가 성불한다' 하리니 그 교화할 세계는 또한 이 나의 오늘과 같으리라. 국토의 깨끗한 장엄과 여러 가지 신통력과 보살들과 성문들과 정법과 상법과 수명의 겁이 많고 적음도 다 위에서 설한 바와 같으니라. 가섭이여, 그대는 이미 오백의 자재한 이들을 알거니와 그 나머지 성문들도 또한 이와 같으리니 이 회상에 있지 않은 이에게는 그대가 마땅히 펴 일러주라."

이때, 오백 아라한이 부처님 앞에서 수기를 받고 뛸 듯이 기뻐하며 곧 자리에서 일어나 부처님 앞에 나아가서 머리 조아려 부처님 발에 예하고 참회하면서 말하였다.

"세존이시여, 저희는 항상 생각하기를 이미 구경열반 얻었다고 하였으나 이제야 알고 보니 무지한 자와 다를 바 없었나이다. 왜냐하면 저희가 응당 여래의 지혜를 얻을 수 있었건만 스스로 조그마한 지혜로 만족한 탓이었나이다.

세존이시여, 비유컨대 어떤 사람이 친구의 집에 갔다가 술에 취하여 자는데, 이때 친구는 관청 일로 길을 떠나게 되어서 값을 따질 수 없는 보배구슬을 옷 속에 매어주고 갔습니다. 그 사람은 취하여 자고 있었으므로 전혀 알지 못하고 일어나 다시 유랑하여 타국에 이르러 의식(衣食)을 구하기 위해 부지런히 힘써 버느라고 고생이 막심하며, 조그마한 소득이 있어도 그것으로 족하게 여겼더이다. 먼 후일 친구가 우연히 그 사람을 만나 그런 모습을 보고 이렇게 말하였습니다.

'애달프다, 이 친구야. 어찌 의식을 위하여 이 지경이 되었는가. 내가 예전에 그대로 하여금 안락을 얻고 오욕락을 마음대로 누리게 하고자 하여 아무 해 아무 달 아무 날에 값을 따질 수 없는 보배구슬을 그대의 옷 속에 매어 놓았는데, 지금도 아직 그대로 있거늘 그대는 알지 못하고 고생하고 근심하며 살길을 구하다니 심히 어리석구나. 그대 이제 이 보배로 필요한 것을 바꿀지니 언제나 뜻과 같이 되어 모자람이 없으리라.'

부처님께서도 그와 같아서 보살로 계실 때에 저희를 교화하사 일체지 구하는 뜻 일으키게 하셨거늘, 이를 잊어버리고 알지 못하며 깨닫지도 못하고 이미 아라한도를 얻어 멸도한 것이라 스스로 생각하여 살기가 어려워 조금 얻어도 만족하게 여겼으나 일체지를 얻고자 하는 서원은 오히려 남아 있어 잃지 아니하였나이다.

이제 세존께서 저희를 깨닫게 하시려고 이렇게 말씀하시되 '모든 비구여, 그대들이 얻은 것은 결코 구경의 멸도가 아니니라. 내가 오랜 옛적부터 그대들로 하여금 부처님 선근을 심도록 하여 방편으로 열반의 모습을 보였거늘 그대들은 진실로 멸도를 얻었다고 여기니라' 하시나니 세존이시여, 저희가 이제야 참으로 보살로서 아뇩다라삼먁삼보리의 수기받았음을 알았나이다. 이러한 인연으로 매우 환희하여 미증유를 얻었나이다."

이때, 아야교진여 등이 이 뜻을 거듭 펴려고 게송으로 말하였다.

"저희가 위없는 안온한 수기의 음성을 듣사옵고 기쁘고 전에 없던 일이어서 무량지 부처님께 예배하옵고 이제 세존 앞에서 스스로 모든 허물 뉘우치나이다. 무량한 불보에서 조그마한 열반 얻고는 무지하고 어리석은 사람처럼 스스로 만족하게 여겼나이다.

비유컨대 빈궁한 사람이 친구 집을 찾아가니 그 집이 매우 부유하여 진수성찬 갖추어 대접하고 값 따질 수 없는 보배구슬을 옷 속에 매어준 뒤 말없이 떠났는지라. 이때, 이 사람은 잠이 들어 이를 알지 못했나이다. 이 사람이 일어나서 타국으로 유랑하며 의식(衣食)을 구하여 스스로 살아가되 어려움이 극심하여 조금 얻어도 만족해하고 더 좋은 것 바라지 않으며 옷 속에 보배구슬 있는 줄은 몰랐나이다. 보배구슬 매어준 친구가 그 뒤에 빈궁한 이 사람 만나 간절히 책망하며 매어둔 구슬 보여주니 그 사람 구슬 보고 그 마음 크게 환희하여 부유한 재물 두고 오욕락을 맘껏 누렸나이다.

저희도 이와 같아서 세존께서 긴긴 세월에 항상 가엾이 여겨 교화하시어 위없는 서원 심게 하였으나 저희가 지혜 없어 깨닫지 못하고 알지 못하여 작은 열반 조금 얻고는 스스로 만족히 여겨 더 구하지 않았으나 이제 부처님께서 저희를 깨우치사 이것은 참된 멸도 아니요, 부처님의 위없

는 지혜 얻어야만 진실한 멸도라 말씀하시니, 저
희 이제 부처님으로부터 수기 주시는 일과 국토
장엄하는 일과 차례차례 있을 수기에 대하여 듣
고, 몸과 마음에 기쁨 가득하나이다."

9

수학무학인기품
授 學 無 學 人 記 品

그때, 아난과 라후라가 이런 생각을 하되, '우리가 만일 수기를 받는다면 또한 즐겁지 않겠는가' 하고 곧 자리에서 일어나 부처님 앞에 나아가 머리를 조아려 발에 예하고 함께 부처님께 사뢰었다.

"세존이시여, 저희도 이에 응당 몫이 있사오리니 오직 여래만이 저희가 귀의할 곳입니다. 또 저희는 일체 세간의 천·인·아수라들이 보고 아는 바이며 아난은 항상 시자가 되어 법장을 수호하여 지녔고 라후라는 부처님의 아들이오니 만일 부처님께서 아뇩다라삼먁삼보리의 수기를 주신다면 저희 소원도 이미 만족하게 될 뿐더러 여러 사람의 소망도 또한 만족할까 하나이다."

그때, 학·무학의 성문 제자 이천 명이 다 자리로부터 일어나 오른쪽 어깨를 드러내고 곧 부처님 앞에 나아가 일심으로 합장하고 세존을 우러르며 아난과 라후라가 소원한 것과 같이하고 한쪽으로 물러서거늘 그때, 부처님께서 아난에게 말씀하셨다.

"그대는 미래세에 마땅히 성불하리니 명호는 산해혜자재통왕여래·응공·정변지·명행족·선서·세간해·무상사·조어장부·천인사·불세존이라 하리라. 마땅히 육십이억 모든 부처님께 공양하고 법장을 수호해 지닌 후에 아뇩다라삼먁삼보리를 얻으리라. 이십천만억 항하사 모든 보살을 교화하여 그들로 하여금 아뇩다라삼먁삼보리를 이루게 하리니 나라의 이름은 상립승번이요, 그 국토 청정하여 유리로 땅이 되리라. 겁의 이름은 묘음변만이요, 그 부처님 수명은 무량 천만억 아승지겁이니 어떤 사람이 천만억 무량 아승지겁 동안을 산수로 헤아릴지라도 능히 알지 못할 것이니라. 정법이 세간에 머무르기는 수명의 배가 되고 상법이 세상에 머무름 또한 정법의 배가 되느니라. 아난이여, 이 산해혜자재통왕 불은 시방의 무량 천만억 항하사 등 모든 부처님께서 다 함께 그 공덕을 찬탄하리라."

이때, 세존께서 거듭 이 뜻을 펴시려고 게송으로 말씀하시었다.

"내 이제 대중에게 말하노라. 법을 잘 지니는

아난은 마땅히 모든 부처님께 공양하고 그런 뒤에 정각 이루리니 그 명호는 산해혜자재통왕불이며 그 국토는 청정하고 이름은 상립승번이니라. 모든 보살 교화하니 그 수는 항하의 모래 같으며 부처님 크신 위덕으로 명성이 시방에 가득하며 수명은 한량이 없으리니 중생을 불쌍히 여기기 때문이니라. 정법은 수명의 배가 되고 상법은 다시 이보다 배가 되리라. 항하의 모래와 같이 수없는 중생들이 이 부처님 법 중에서 불도의 인연을 심게 되리라."

그때, 회중에 새로 발심한 보살, 팔천 명이 다 이러한 생각을 하되, '우리가 아직 모든 대보살들도 이런 수기받는 것을 듣지 못하였거늘 무슨 인연으로 모든 성문들이 이와 같은 수기를 받는가'.

그때, 세존께서 모든 보살들의 마음에 생각하는 바를 아시고 이들에게 이르시었다.

"모든 선남자여. 내가 아난과 함께 공왕불 처소에 있었을 때, 동시에 아뇩다라삼먁삼보리심을 일으켰느니라. 아난은 항상 많이 듣기를 좋아하고 나는 항상 부지런히 정진하였느니라. 그러므로 나는 이미 아뇩다라삼먁삼보리를 이루었고 아난은 나의 법을 지키며 또한 미래의 모든 부처님 법장도 지켜서 많은 보살들을 교화하여 성취토록 하리니 그의 본래의 서원이 그러하였기에 이런 수기를 받느니라."

아난이 부처님 앞에서 수기와 국토의 장엄함을 친히 듣고 소원이 구족하게 되어 마음이 크게 기뻐서 미증유를 얻어 즉시 과거 무량 천만억 부처님의 법장을 생각해내어 통달하여 막힘이 없으되 이제 막 듣는 것 같았으며 또 본래의 서원도 알게 되었다.

이때, 아난이 게송으로 말하였다.

"세존께서는 심히 희유하시나이다. 저로 하여
금 과거의 한량없는 부처님 법을 오늘 듣는 듯
생각하게 하시니 저는 이제 다시는 의심이 없어
불도에 안주하게 되었건만 방편으로 시자가 되
어 모든 부처님 법을 수호하리다."

그때, 부처님께서 라후라에게 말씀하시었다.
"그대는 미래세에 마땅히 성불하리니 명호는
도칠보화여래·응공·정변지·명행족·선서·세
간해·무상사·조어장부·천인사·불세존이라
하리라. 마땅히 십 세계 미진과 같은 수의 모든
부처님께 공양하고 항상 모든 부처님의 장자가
되리니 지금과 같으리라. 이 도칠보화불 국토의

장엄과 수명의 겁수와 교화하는 제자와 정법과 상법이 또한 산해혜자재통왕여래와 다름이 없으며 또한 이 부처님의 장자가 되리니 이런 시기를 거친 뒤에 마땅히 아뇩다라삼먁삼보리를 얻으리라."

이때, 세존께서 거듭 이 뜻을 펴시려고 게송으로 말씀하시었다.

"내가 태자로 있을 때 라후라는 나의 장자였고 내가 이제 불도 이루니 법을 받고 법의 아들이 되었구나. 미래세에도 무량억의 부처님 친견하고 그때마다 장자가 되어 일심으로 불도를 구하리라. 라후라의 밀행을 오직 내가 능히 아느니라. 현재 나의 장자가 되어 모든 중생에게 보이는 무량한 억천만 공덕은 가히 헤아릴 수 없으며 불법에 안주하여 위없는 도를 구하리라."

이때, 세존께서 학·무학 이천 명을 보니 그 뜻이 유연하고 고요하고 청정하여 일심으로 부처님을 우러러보는지라 부처님께서 아난에게 이르시었다.

"그대가 이 학·무학 이천 명을 보느냐."

"예, 보나이다."

"아난이여, 이 사람들은 마땅히 오십 세계 미진의 수효 같은 모든 부처님을 공양·공경하고 존중하며 법장을 수호하다가 맨 나중에 동시에 시방의 나라에서 각각 성불하리라. 이름은 다 같아서 보상여래·응공·정변지·명행족·선서·세간해·무상사·조어장부·천인사·불세존이니, 수명은 일 겁이요, 국토의 장엄과 성문·보살·정법·상법이 모두 같으리라."

이때, 세존께서 이 뜻을 거듭 펴시려고 게송으로 말씀하시었다.

"이제 내 앞에 있는 이 이천 성문들에게 모두 다 수기를 주리니 미래에 마땅히 성불하리라. 공양할 모든 부처님은 위에서 말한 미진의 수효와 같으며 그 법장을 수호한 후에 마땅히 정각을 이루리라. 각각 시방국토에서 다 이름이 같으리니 같은 때에 도량에 앉아 위없는 지혜 증득하리라. 다 이름을 보상이라 하며 국토와 제자들과 정법·상법까지 모두 같아서 다르지 않으리라. 다 온갖 신통으로 시방 중생 제도하여 명성이 널리 퍼지고 점차로 열반에 들리라."

이때, 학·무학 이천 명이 부처님 수기하시는 말씀을 듣고 뛸 듯이 기뻐하며 게송으로 말하였다.

"세존은 지혜의 등불이시라. 저희는 수기하는

말씀 듣고 환희심이 충만하여 감로수 부어주심

과 같사옵니다."

10

법사품
法 師 品

그때, 세존이 약왕보살을 비롯하여 팔만 대사에게 말씀하시었다.

"약왕이여, 그대는 이 대중 가운데 한량없는 모든 천·용왕·야차·건달바·아수라·가루라·긴나라·마후라가·인·비인과 비구·비구니·우바새·우바이와 성문 구하는 이와 벽지불 구하는 이와 불도 구하는 이를 보는가. 이와 같은 무리들이 다 부처님 앞에서 법화경의 한 게송 한 구절이라도 듣고 일념으로 따라 기뻐하는 이는 내가 다 수기를 주리니 마땅히 아뇩다라삼먁삼보리를 얻으리라."

부처님은 약왕보살에게 이르시었다.

"또 여래가 멸도한 후에라도 어떤 사람이 법화경의 한 게송 한 구절이라도 듣고 일념으로 따라 기뻐하는 이에게는 내가 또한 아뇩다라삼먁삼보리의 수기를 주리라.

또 어떤 사람이 이 법화경의 한 게송이라도 받아 지니고 읽고 외우며 해설하고 베껴 쓰며 이 경전 공경하기를 부처님과 같이 하여 갖가지 꽃과 향과 영락이며 말향·도향·소향과 증개·당번·의복·기악으로 공양하고 합장하고 공경한다면 약왕이여, 마땅히 알라. 이 사람들은 일찍이 십만억 부처님께 공양하고 모든 부처님 처소에서 대원을 성취하고 중생을 불쌍히 생각하는 까닭에 이 인간에 태어남이니라.

약왕이여, 만일 어떤 사람이 묻기를 어떠한 중생이 미래세에 마땅히 성불하겠느냐고 하면 응당 위와 같은 사람들이 미래세에 반드시 성불하리라고 하라. 왜냐하면 만일 선남자·선여인이 법화경의 한 구절만이라도 받아 지니고 독송하며 해설하고 베껴 써서 갖가지로 이 경전에 공양하되 꽃과 향과 영락·말향·도향·소향과 증개·당번·의복·기악으로 하고 합장·공경하면 이 사람은 일체 세간이 응당 우러러 받들 것이며 마땅히 여래에게 공양하듯이 공양해야 하기 때문이니라.

마땅히 알라. 이 사람은 대보살이라 아뇩다라삼먁삼보리를 성취하였으되 중생을 가엾이 여겨서 이 세상에 태어나기를 원하여 법화경을 널리 펴서 분별함이니 하물며 이 경을 모두 받아 지니고 갖가지로 공양하는 사람이야 더 말할 게 있겠는가. 약왕이여, 마땅히 알라. 이 사람은 스스로 청정한 업보를 버리고 내가 멸도한 후에 중생을 가엾이 여기는 까닭에 악한 세상에 태어나서 이 경을 널리 연설하느니라.

만일 이 선남자·선여인이 내가 멸도한 후에 은밀히 한 사람만을 위하여 법화경의 한 구절이라도 설한다면 마땅히 알라. 이 사람은 곧 여래의 사절이며 여래가 보낸 바라 여래의 일을 행하는 것이니 하물며 대중 가운데서 많은 사람을 위하여 널리 설하는 것이야말로 더 말할 게 있겠는가.

약왕이여, 만일 악한 사람이 있어 좋지 못한 마음으로 일 겁 동안 부처님 앞에 나타나 항상 부처님을 헐뜯고 욕하더라도 그 죄는 오히려 가벼우나, 만일 어떤 사람이 한 마디라도 나쁜 말로 재가이거나 출가이거나 법화경 독송하는 사람을 헐뜯으면 그 죄는 매우 무거우니라.

약왕이여, 법화경 독송하는 사람이 있으면 마땅히 알라. 이 사람은 부처님의 장엄으로써 자신을 장엄하며 곧 여래의 어깨에 메이는 바 되는 것이니 그가 가는 곳마다 마땅히 따라가서 예배할지니라. 일심으로 합장하고 공경·공양하고 존중·찬탄하되 꽃과 향과 영락·말향·도향·소향과 증개·당번·의복·음식과 여러 음악 연주하여 인간 최상의 공양물로 공양할 것이며 천상의 보배를 가져다가 뿌릴 것이며 천상의 보배더미를 마땅히 바쳐야 하느니라. 왜냐하면 이 사람이 환희심으로 법을 설할 때에 잠깐이라도 듣는다면 곧 구경의 아뇩다라삼먁삼보리를 얻게 되는 까닭이니라."

이때, 세존께서 거듭 이 뜻을 펴시려고 게송

으로 말씀하시었다.

"만일 불도에 머물러서 자연지를 성취코자 하거든 법화경 받아 지니는 사람을 항상 부지런히 공양할지니라. 누구나 빨리 일체종지를 얻고자 하거든 마땅히 이 경을 받아 지니고 아울러 받아 지니는 이를 공양할지니라.

만일 능히 법화경을 받아 지니는 사람 있거든 마땅히 알라. 부처님 사절로서 모든 중생 연민하기 때문인 줄을. 법화경을 받아 지니는 모든 이들은 청정한 국토 버리고 중생을 연민하여 여기에 태어남이니 마땅히 알라. 이런 이들은 나고자 하는 곳에 자재하니라. 이 악한 세상에서 능히 위없는 법 널리 설하리니 하늘의 꽃과 향과 보배 의복과 천상의 묘한 보배더미로 설법하는 이에게 공양할지니,

내가 멸도한 후 악한 세상에서 이 경을 능히 지니는 이는 합장하고 예경하기를 마땅히 세존께 공양하듯 하라. 잘 차린 진수성찬과 갖가지 의복으로 이 불자에게 공양하고 잠깐이라도 그 법문 듣기 바랄지니라.

후세에서 이 경을 능히 받아 지니는 이는 내가 그를 인간에 보내 여래의 일을 행하게 함이니라. 만일 한 겁 동안에 항상 좋지 못한 마음 품고 성난 얼굴로 부처님을 비방하면 한량없는 중죄를 얻으리니 이 법화경을 독송하고 지니는 이를 잠깐이라도 욕하면 그 죄는 그보다 더하리라. 어떤 사람 불도를 구하여 한 겁 동안을 합장하고 내 앞에서 무수한 게송으로 찬탄하면 이로 인해 무량 공덕 얻겠지만 이 경 지니는 이 찬미하면 그 복은 그보다 더하리라. 팔십억겁 동안 가장 묘한 색과 소리와 향과 맛과 감촉으로 이 경

지니는 이에게 공양하라.

이와 같이 공양하고 만일 잠시라도 법문 듣게 되거든 마땅히 스스로 기뻐하고 경하하되 '내가 이제 큰 이익 얻었다' 하라.

약왕이여, 이제 그대에게 이르노니 내가 설한 모든 경전, 이러한 경전 중에 법화경이 가장 으뜸이니라."

이때, 부처님께서 다시 약왕 보살마하살에게 이르시었다.

"내가 설한 바 경전이 무량 천만억이니 이미 설한 것과 지금 설하는 것과 장차 설할 것들이니라. 그 가운데 이 법화경이 가장 믿기 어렵고 알기 어려우니라.

약왕이여, 이 경은 모든 부처님이 비장하신 중요한 법장이라 부질없이 분포하여 망령되이 사람에게 주지 말지니, 모든 부처님께서 수호하시는 바로서 예로부터 드러내 설하지 아니하셨느니라. 이 경전은 여래가 현존하는 지금에도 오히려 원망과 질시가 많거늘 멸도한 후에는 더하지 않겠느냐.

약왕이여, 마땅히 알라. 여래가 멸도한 후에 이 경을 능히 써서 지니고 독송하고 공양하며 다른 이를 위해 설하는 사람은 여래가 곧 옷으로 덮어줄 것이며 또 현재 타방(他方)에 계신 모든 부처님께서 호념하시는 바가 되리라. 이 사람에게는 대신력(大信力)과 지원력(志願力)과 모든 선근력이 있으리니 마땅히 알라. 이 사람은 여래와 함께 자며 곧 여래가 손으로 그의 머리를 어루만져주리라.

약왕이여, 어떤 곳에서든지 설하거나 읽거나 외우거나 쓰거나 이 경전 있는 곳에 다 마땅히 칠보탑을 일으켜서 극히 높고 넓고 장엄하게 꾸미되, 다시 사리를 봉안하지 않아도 되느니라. 왜냐하면 이 경 가운데는 이미 여래의 전신이 있는 까닭이니라. 이 탑에 마땅히 온갖 꽃과 향과 영락·증개·당번·기악·노래로 공양·공경하고 존중·찬탄해야 하느니라. 만일 어떤 사람이 이 탑을 보고 예배하고 공경한다면 마땅히 알라. 이들은 다 아뇩다라삼먁삼보리에 가까움이니라.

약왕이여, 많은 사람들이 있어 재가이거나 출가이거나 보살도를 행하면서, 만일 이 법화경을 보거나 듣거나 독송하거나 쓰거나 지니거나 공양하지 못하면 마땅히 알라. 이 사람은 보살의 도를 잘 행하지 못하는 것이니라.

만일 이 경전을 듣게 되는 이는 능히 보살도를 잘 행함이니라. 중생으로 불도 구하는 이가 있어 법화경을 보거나 들으며, 듣고는 믿고 이해하고 받아 지닌다면 마땅히 알라. 이 사람은 아뇩다라삼먁삼보리에 가까워짐을 얻음이니라.

약왕이어, 비유하면 어떤 사람이 목이 말라 물을 찾아서 높은 등성이에다 땅을 파되 마른 흙이 나오는 것을 보면 물이 아직 먼 줄 알고 파기를 쉬지 아니하여 점점 젖은 흙을 보고 드디어 점차로 진흙이 나오면 그 마음에 반드시 물이 가까워진 줄을 아느니라. 보살도 또한 이와 같아서 만일 이 법화경을 듣지 못하고 알지도 못하고 능히 닦아 익히지도 못했다면 마땅히 알라. 이 사람은 아뇩다라삼먁삼보리에서 아직도 멀거니와 만일 듣고 알며 사유하고 닦아 익히면 반드시 아뇩다라삼먁삼보리에 가까워진 줄을 알 것이니, 왜냐하면 일체보살의 아뇩다라삼먁삼보리는 다 이 경에 속하여 있기 때문이니라.

이 경전은 방편의 문을 열어서 진실한 상을 보

이느니라. 이 법화경의 법장은 깊고 견고하며 아득하게 멀어서 능히 이를 자가 없느니라. 이제 부처님이 보살들을 교화하여 성취시키고자 열어 보이느니라.

약왕이여, 만일 어떤 보살이 이 법화경을 듣고 놀라고 의심하고 두려워하면 마땅히 알라. 이는 새로 발심한 보살이며, 만일 성문이 이 경을 듣고 놀라고 의심하고 두려워하면 마땅히 알라. 이는 증상만의 무리이니라.

약왕이여, 만일 선남자·선여인이 있어 여래가 멸도한 후에 사부대중을 위하여 이 법화경을 설하고자 하는 이는 어떻게 설해야 할 것인가. 이 선남자·선여인은 여래의 방에 들어가서 여래의 옷을 입고 여래의 자리에 앉아서 사부대중을 위하여 이 경을 널리 설할지니라. 여래의 방이란 것은 일체중생 가운데 대자비심이 그것이요, 여래의 옷이란 것은 유화하고 인욕하는 마음이 그것이요, 여래의 자리란 것은 일체의 법공이 그것이니, 이 속에 안주하고 난 다음에 게으름 내지 않는 마음으로 모든 보살과 사부대중을 위하여 널리 이 법화경을 설할지니라.

약왕이여, 내가 다른 나라에서 신통력으로 사람을 보내어 그를 위해 청법 대중 모이게 하며 또 화작한 비구·비구니·우바새·우바이들을 보내어 그 설법을 듣게 하리니 이 모든 화인들은 이 법을 듣고 믿어 지니며 이를 따라 거역하지 않을 것이니라. 만일 설법하는 이가 아무도 없는 한적한 곳에 있으면 내가 널리 천·용·귀신·건달바·아수라 등을 보내어 그의 설법을 듣게 하리라. 내가 비록 다른 나라에 있을지라도 때때로 설법하는 이로 하여금 나의 몸을 보게 할 것이며 만일 이 경의 구절을 잊으면 내가 돌아와서 말해

주어 구족함을 얻게 하리라.”

이때, 세존께서 이 뜻을 거듭 펴시려고 게송으로 말씀하시었다.

“모든 게으름 버리려면 마땅히 이 경을 들을 지니라. 이 경전을 듣기도 어렵고 믿어 지니기도 어려우니라. 어떤 사람 목이 말라 높은 언덕에 우물을 팔 때 마른 흙이 나옴을 보고 물이 아직 먼 줄 알고 점점 파서 진흙 보면 분명히 물 가까운 줄 아느니라.

약왕이여, 그대는 알라. 이와 같이 모든 사람 법화경을 듣지 못하면 불지에서 아주 멀고, 만일 이 깊은 경전 듣게 되면 성문법을 분명히 아느니라. 이 경은 모든 경전의 왕이니 듣고 자세히 생각하면 마땅히 알라. 이 사람들 불지혜에 가까우니라.

만일 어떤 사람이 이 경전을 설하려면 마땅히 여래의 방에 들어가서 여래의 옷을 입고 여래의 자리에 앉아 대중 가운데서 두려움 없이 분별하여 널리 설할지니라. 대자비로 방을 삼고 부드럽고 화평한 인욕의 옷을 입고 모든 법의 공한 도리로 자리 삼아 여기 앉아 설법하라.

만일 이 경을 설할 때에 어떤 사람 나쁜 말로 욕을 하며 칼과 몽둥이, 기와나 돌로 치고 때릴지라도 부처님 생각하고 참을지니라. 나는 천만억 국토에서 청정하고 견고한 몸 나타내어 한량없는 억겁에 중생 위해 법을 설하느니라.

만일 내가 멸도한 후에 이 경을 설하는 이는 내가 화작한 사부대중 비구·비구니와 청신사·청신녀를 보내어 법사에게 공양하게 하며 여러 중생 인도하여 모아놓고 법을 듣게 하리라. 만일 어떤 사람이 악한 마음으로 칼이나 몽둥이, 기와

나 돌로 때리고자 하면 화인을 곧 보내어 법사를 호위하리라.

만일 설법하는 이가 외딴곳에 홀로 있어 적막하고 인적이 없는 곳에서 이 경전 독송하면 나는 그때 그를 위해 청정 광명의 몸 나타내며 만일 글귀 잊게 되면 그에게 일러주어 통달케 하리라. 만일 어떤 사람이 이런 덕 갖추고 사중을 위해 법을 설하거나 빈 곳에서 이 경 독송하면 다 나의 몸 보게 되리라.

만일 외딴곳에 있으면 내가 하늘과 용과 야차와 귀신 등을 보내어 청법 대중 되게 하며, 이 사람이 즐겨 설법하고 잘 분별하여 걸림이 없으며 모든 부처님 호념하시므로 능히 대중을 기쁘게 하리라. 만일 법사를 친근하면 보살도를 속히 얻고 이 법사를 따라 배우면 항하의 모래 수 같은 부처님 친견하리라.”

11

견보탑품
見 寶 塔 品

그때, 부처님 앞에 칠보탑이 있으니 높이는 오백 유순이요, 가로와 세로는 이백오십 유순이며 땅으로부터 솟아나와 공중에 머물러 있었다. 갖가지 보물로 장식하였으되 오천의 난간과 천만의 감실이 있고 무수한 당번으로 장엄하게 꾸몄으며, 보배영락을 드리우고, 보배방울 만억을 그 위에 달았으며, 사면에서 다마라발전단의 향기가 나서 세계에 두루 가득하고, 모든 번개는 금·

은·유리·자거·마노·진주·매괴 등 칠보로 만
들어져 높이가 사천왕 궁전에까지 이르렀다. 삼
십삼천은 하늘의 만다라꽃을 비 내려서 보탑에
공양하고, 그 밖에 모든 하늘과 용·야차·건달
바·아수라·가루라·긴나라·마후라가와 인·비
인 등 천만억의 대중들도 온갖 꽃과 향과 영락·
번개·기악들로 보탑에 공양·공경하고 존중·찬
탄하였다.

그때, 보탑 안에서 큰 소리가 울려나와 찬탄
해 이르기를, "장하시고 장하시어라, 석가모니
세존이시어. 능히 평등한 큰 지혜로 보살을 가르
치는 법이며, 부처님께서 호념하시는 묘법연화
경을 대중을 위해 설하시니, 그러하고 그러하나
이다. 석가모니 세존께서 설하시는 바는 다 진실
하나이다" 하였다.

그때, 사부대중은 큰 보탑이 공중에 머물러

있음을 보며 또 탑 안에서 나오는 음성을 듣고 다 법희를 얻으며, 전에 없던 일이라 이상하게 생각하고 자리에서 일어나 공경·합장하고 한편에 물러나 있었다. 그때, 보살마하살이 있었으니 이름이 대요설이라, 일체 세간의 천·인·아수라 등의 의심하는 바를 알고 부처님께 사뢰었다.

"세존이시여, 무슨 인연으로 이 보탑이 땅으로부터 솟아나왔으며 또 그 안에서 이런 음성이 나오나이까."

그때, 부처님께서 대요설보살에게 이르시었다.

"이 보탑 안에는 여래의 전신이 계시느니라. 그 옛날 동방의 무량 천만억 아승지 세계를 지나서 한 나라가 있었으니 이름이 보정이요, 그 나라에 부처님이 계셨으니 명호가 다보(多寶)였느니라. 그 부처님이 보살도를 행하실 때에 큰 서원을 세우시되 '만일 내가 성불하여 멸도한 후에 시방국토에서 법화경 설하는 곳이 있으면 나의 탑이 이 경을 듣기 위하여 그 앞에 솟아나서 증명하고 장하다고 찬탄하리라' 하셨느니라.

그 부처님은 성도하신 후 멸도하실 때에 이르러 천·인·대중 가운데서 모든 비구에게 이르시되 '내가 멸도한 후에 나의 전신에 공양하고자 하는 이는 마땅히 하나의 큰 탑을 세우라' 하셨느니라.

그 부처님이 신통원력으로써 시방세계 어느 곳에서나, 만일 법화경 설하는 이가 있으면 저 보탑이 꼭 그 앞에 솟아나서 탑 가운데 전신이 계시어 찬탄해 말씀하시되 '장하시고 장하시어라' 하시니라. 대요설이여, 지금 다보여래의 탑이 법화경 설하는 것을 들으려고 땅으로부터 솟아나 찬탄해 말씀하시되 '장하시고 장하시어라' 하시느니라."

이때, 대요설보살이 여래의 신력을 입어 부처님께 사뢰었다.

"세존이시여, 저희가 이 부처님의 몸을 뵈옵기 원하나이다."

부처님께서 대요설 보살마하살에게 이르시었다.

"이 다보불은 깊고도 신중한 소원이 계시니 '만일 나의 보탑이 법화경을 듣기 위하여 모든 부처님 앞에 솟아났을 때, 나의 몸을 사부대중에게 보이고자 한다면 저 부처님의 분신인, 시방세계에 나뉘어 설법하고 있는 모든 부처님을 다 한 곳에 모은 뒤에라야 내 몸을 나타내 보이리라' 하셨느니라. 대요설이여, 나의 분신인 시방세계에서 설법하고 있는 모든 부처님을 이제 마땅히 모으리라."

대요설보살이 부처님께 사뢰었다.

"세존이시여, 저희도 세존의 분신이신 부처님들을 뵈옵고 예배하고 공양하고자 하나이다."

그때, 부처님께서 백호로부터 한 줄기 광명을 놓으시니 곧 동방 오백만억 나유타 항하사 수 같은 국토의 모든 부처님을 뵙게 되었다. 저 여러 국토는 다 파리로 땅이 되고 보배나무와 보배옷으로 장엄하였으며, 무수한 천만억 보살이 그 가운데 충만하여 보배휘장 둘러치고 보배망을 위에 쳤거늘, 저 나라의 모든 부처님은 크고 묘한 음성으로 모든 법을 설하시며 또 한량없는 천만억 보살들이 국토마다 가득하여 대중 위해 설법하는 모습을 보게 되고 남·서·북방과 네 간방과 상방·하방에 백호상의 광명이 비치는 곳마다 또한 모두 이와 같았다.

그때, 시방 모든 부처님이 여러 보살에게 말씀하시었다.

"선남자여, 내가 이제 사바세계 석가모니불 처소에 가서 아울러 다보여래 보탑에 공양하리라."

이때, 사바세계는 곧 청정하게 변하여 유리로 땅이 되고 보배나무로 장엄하며, 황금으로 줄 만들어 여덟 길을 경계 짓고 여러 부락과 마을과 성읍과 대해, 강하와 산천과 숲들이 없고, 큰 보향을 사르고, 만다라꽃을 그 땅에 두루 깔고, 보배그물과 휘장을 그 위에 치고 덮고 온갖 보배방울 달아놓고 이 법회의 대중만 남기시고 모든 천·인을 옮기어 다른 곳에 두시었다.

이때, 모든 부처님께서는 각각 한 명의 대보살을 시자로 거느리고 사바세계에 오시어 제각기 보배나무 아래 이르시니, 그 낱낱 보배나무 높이는 오백 유순이요, 가지와 잎과 꽃과 열매가 차례대로 장엄하고, 모든 보배나무 아래에 사자좌가 있어 높이가 오 유순이요, 또 대보로 꾸며져 있었다. 그때, 모든 부처님이 각각 이 자리에 가부좌를 하고 앉으셨다. 이와 같이 점점 이어져 삼천대천세계에 두루 차시었으나 한 방위에 계신 석가모니불의 분신인 부처님도 아직 모두 앉으시지 못하였다.

이때, 석가모니불께서는 분신한 모든 부처님을 수용하시고자 팔방으로 다시 각각 이백만억 나유타 국토를 변화시켜 다 청정하게 하시니 지옥·아귀·축생과 아수라는 없고 또 모든 천·인을 옮기어 다른 국토에 보내셨다. 변화한 나라도 유리로 땅이 되고 보배나무로 장엄하니 나무의 높이 오백 유순이요, 가지와 잎과 꽃과 열매가 차례대로 장엄하며 나무 아래에 보배 사자좌가 있으되 높이가 오 유순이요, 갖가지 보배로 꾸며졌으며 또 바다와 강과 목진린타산·마하목진린타산·철위산·대철위산·수미산 등의 여러 큰 산이 없어서 툭 트여 한 불국토로 되고, 보배로 된 땅은 평탄하고, 보배로 얽어 만든 휘장을 그 위에 덮고, 번개를 걸고 큰 보향을 사르며, 모든 하늘의 보배꽃을 그 땅에 두루 깔았다.

석가모니불이 모든 분신 부처님을 앉게 하시려고 다시 팔방으로 각각 이백만억 나유타 국토를 다시 변화시켜 모두 청정케 하시니 지옥·아귀·축생·아수라가 없고, 또 모든 천·인을 옮기어 다른 국토에 보내고, 그 변화한 국토도 유리로 땅이 되고, 보배나무로 장엄하니 나무의 높이 오백 유순이고, 가지와 잎과 꽃과 열매가 차례로 장엄되었으며, 나무 아래에는 다 보배로 만든 사자좌가 있으니 높이가 오 유순이며, 또 큰 보배로 꾸며졌으며 또 바다와 강과 목진린타산·마하목진린타산·철위산·대철위산·수미산 등 모든 큰 산이 없어서 툭 트여 한 불국토로 되고, 보배로 된 땅이 평탄하며 보배로 얽어 만든 휘장을 위에 두루 치고 번개를 걸고 큰 보배향을 사르며, 모든 하늘의 보배꽃을 땅에 두루 깔았다.

이때, 동방의 백천만억 나유타 항하사의 국토에 계시면서 법을 설하던 석가모니불의 분신 부처님들께서 여기에 모여 오셨다. 이와 같이하여 차례로 시방 모든 부처님께서 다 모여 와서 팔방에 앉으시니, 그때 방위마다의 사백만억 나유타 국토의 여러 부처님도 그 안에 두루 차시었다.

이때, 모든 부처님께서 각각 보배나무 아래에 있는 사자좌에 앉아서 다 시자를 보내어 석가모니불께 문안드리게 하되 각각 보배꽃을 한아름씩 가지고 가게 하고, 일러 말씀하시었다.

"선남자여, 그대가 기사굴산 석가모니불 계신 곳에 나아가 내 말대로 문안 아뢰되 '병환 없으시고 고뇌가 없으시어 기력이 좋으시며, 보살과 성문 대중도 다 편안하옵니까' 하고 이 보배꽃을 부처님께 흩어 공양하고 이렇게 말하여라. '저 아무 부처님이 함께 이 보탑을 열고자 하나이다'라고."

모든 부처님께서 시자를 보내어 또한 다시 이와 같이 하셨다. 이때, 석가모니불은 분신 부처님들이 다 모여 와서 각각 사자좌에 앉으심을 보시고 또 모든 부처님이 다 같이 보탑을 열고자 함을 들으시고, 곧 자리에서 일어나사 허공중에 머무르시거늘, 모든 사부대중이 일어서서 합장하고 일심으로 부처님을 우러러보았다.

이에, 석가모니불께서 오른손 손가락으로 칠보탑의 문을 여시니, 큰 소리가 나되 마치 잠겨 있는 자물쇠를 젖히고 큰 성문을 여는 것 같았다. 즉시 여기 모인 일체 대중은 모두 다보여래께서 보탑 안에서 사자좌에 앉으셨으되 전신이 흐트러지지 않으시고 선정에 드신 것 같음을 뵈오며 또 그의 음성으로 '장하시고 장하시어라. 석가모니불이 쾌히 이 법화경을 설하시니, 내가 이 경을 듣기 위하여 여기에 왔노라' 하심을 들었다.

이때, 사부대중이 과거 무량 천만억 겁의 멸도하신 부처님이 이같이 말씀하심을 보고 미증유라 찬탄하며 하늘의 보배꽃 더미를 다보불과 석가모니불 위에 뿌리었다.

그때, 다보불께서 보탑 안에서 자리를 반을 나누어 석가모니불께 주시고 말씀하시되 '석가모니불께서는 이 자리에 앉으소서' 하시니 즉시 석가모니불께서 그 탑 안으로 들어가 반으로 나누어진 자리에 가부좌를 하고 앉으시었다.

이때, 대중들은 두 분 여래께서 칠보탑 안에 계시사 사자좌 위에 가부좌를 하시고 앉으심을 보고 각각 이렇게 생각하였다. '부처님 자리가

높고 머오니 오직 바라옵건대, 여래께서는 신통력으로 저희를 함께 허공에 있게 하소서.'

즉시 석가모니불께서 신통력으로 모든 대중을 이끌어다 허공에 있게 하시고 큰 음성으로 널리 사부대중에게 이르시었다.

"누가 능히 이 사바세계에서 법화경을 널리 설하겠는가. 지금이 바로 그때이니라. 여래는 오래지 않아 마땅히 열반에 들리니, 이 법화경을 부촉할 데가 있었으면 하노라."

이때, 세존께서 이 뜻을 거듭 펴시려고 게송으로 말씀하시었다.

"성주 세존께서 멸도하신 지 오래이나 보탑 안에 계시면서 오히려 법을 위해 오셨거늘, 모든 사람은 어찌하여 부지런히 법을 위하지 않는고. 이 부처님 멸도한 지 무수겁 지냈으되 곳곳에서 법 들으려 나타나심은 설법 기회 만나기 어렵기 때문이니, 저 부처님 본래 원은 '내가 멸도한 후에 설법하는 곳마다 찾아가서 항상 이 법을 들으리라' 하심이니라. 또 나의 분신인 항하사와 같은 한량없는 부처님들이 와서, 법을 듣고 멸도하신 다보여래 뵙고자 하여 각각 미묘한 국토와 제자들과 천상·인간·용신들의 온갖 공양 다 버리고 법을 오래 머무르게 하고자 여기에 와 이르셨느니라.

모든 부처님 앉으시게 하기 위해 신통력으로 무량 중생 옮기고 국토를 청정하게 하였으니, 모든 부처님이 각각 보배나무 아래 앉으심이 마치 청정한 못을 연꽃으로 장엄한 것 같으며, 그 보배나무 아래 모든 사자좌 위에 부처님이 앉으시니 광명으로 장엄됨이 어두운 밤 가운데 큰 횃불 태우는 듯하고 몸에서 풍기는 묘한 향기 시방

국토에 두루 가득하니, 중생들 향기 맡고 기쁨을 누르지 못하는데 마치 큰 바람이 잔가지를 스치는 것 같으니라. 이러한 방편으로 법이 오래 머물게 하심이라.

대중들에게 이르노니 내가 멸도한 후에 누가 능히 이 경전을 받들어 지니며 읽고 설할 것인가. 이제 불전에서 스스로 맹세의 말을 하라. 이 다보불이 멸도한 지 오래되었으나, 크나큰 서원으로 사자후하시느니라. 다보여래와 나와 모인 화신불은 이 뜻을 잘 아느니라. 모든 불자들이여, 누가 능히 이 법을 지킬 것인고. 마땅히 큰 서원 일으켜 오래도록 머물게 하라.

능히 이 경전을 지키는 자 있을진대, 곧 나와 다보불께 공양함이 되느니라. 이 다보불이 보탑에 계시면서 늘 시방에 다니시는 것도 이 경을 위하시기 때문이며 온 세계를 광명으로 장엄하신 화신불께도 또한 공양함이 되느니라. 만일 이 경을 설하면 나와 다보여래와 모든 화신불을 뵙는 것이 되느니라.

모든 선남자여, 각기 밝게 생각하라. 이는 어려운 일이니 마땅히 대원을 세울지니라. 이 밖에 여러 다른 경전 항하사와 같이 많아, 비록 이를 다 설한다 해도 어렵다 할 것은 못 되며, 만일 수미산을 들어 타방의 수없는 불국토에 던진다 해도 또한 어렵다 할 것은 못 되며, 만일 발가락으로 대천세계 움직여서 멀리 다른 나라에 던진다 해도 또한 어려울 것은 못 되며, 만일 유정천에 서서 대중 위해 한량없는 다른 경전을 설한다 해도 어렵다 할 것은 못 되리니, 만일 부처님 멸도한 후 악한 세상 가운데서 이 경 능히 설한다면 이것이 곧 어렵다 하리라.

가령 어떤 사람 손으로 허공을 휘어잡고 노닐

며 다닌다 해도 어렵다 할 것은 못 되며, 내가 멸도한 후 스스로 써서 지니거나 만일 남을 시켜 쓰게 한다면 이것이 곧 어렵다 하리로다. 만일 대지를 발톱 위에 올려놓고 범천에 오른다 해도 또한 어렵다 할 것은 못 되며 부처님 멸도한 후 악한 세상에서 이 경 잠깐 읽는다면 이것은 어렵다 하리라.

가령 겁화가 탈 때 마른풀을 등에 지고 그 가운데 들어가 타지 않는다 해도 어렵다 할 것은 못 되며 내가 멸도한 후에 만약 이 경을 지니어 한 사람 위해서라도 설한다면 이것은 곧 어렵다 하리라. 만일 팔만사천 법장과 십이부경을 지녀 사람 위해 연설하고, 듣는 모든 사람들 육신통을 얻게 하여 비록 능히 이와 같이 한다 해도 어렵다 할 것은 못 되며, 내가 멸도한 후에 이 경을 듣고 믿어 그 뜻을 묻는다면 이것은 곧 어렵다

하리라.

어떤 사람 설법하여 천만억의 한량없고 수가 없는 항하사 중생들로 하여금 아라한의 도를 얻게 하고 육신통을 구족케 하여 비록 이런 이익 있게 한다 해도 어렵다 할 것은 못 되며 내가 멸도한 후에 만일 능히 이 경전 받들어 지닌다면 이것은 곧 어렵다 하리라.

내가 불도 위해 무량한 국토에서 처음부터 지금까지 널리 여러 경전 설했으나, 그중에서 이 경이 으뜸이니 만일 능히 이 경을 지닌다면 이는 곧 부처님 몸 지님이리라.

모든 선남자여, 내가 멸도한 후에 누가 능히 이 경전을 받아 지녀 독송할 것인고. 지금 불전에서 스스로 맹세의 말을 하라.

이 경은 지니기 어려우니 만일 잠시라도 지닌다면 내가 곧 기뻐하고 모든 부처님 또한 그러하시리니 이 같은 사람은 모든 부처님께서 찬탄하시는 바라. 이것이 곧 용맹이며, 이것이 곧 정진이며, 이 이름이 지계이며, 두타를 행하는 이라 곧 빨리 위없는 불도 얻으리라.

능히 내세에 이 경을 읽고 지니면 이는 참된 불자로 좋은 땅에 머무르며, 부처님 멸도한 후에 그 뜻을 능히 알면 이는 하늘과 사람과 세간의 눈이 되며, 두려운 세상에서 잠깐 동안 설하여도 모든 천·인이 다 공양할 것이니라.”

12

제바달다품

提 婆 達 多 品

그때, 부처님께서 모든 보살과 천·인 사부대중에게 이르시었다.

"내가 과거 무량겁 중에 법화경을 구하여 게으름이 없었느니라. 여러 겁 동안에 항상 국왕이 되어 발원하여 위없는 보리를 구하되 마음이 퇴전하지 아니하였느니라. 육바라밀을 구족하고자 하여 부지런히 보시를 행하되 마음에 인색함이 없어 코끼리·말·칠보·국성(國城)·처자·노

비·종복과 두목(頭目)·수뇌·신육(身肉)·수족
·목숨도 아끼지 아니하였느니라.

그때, 세상 사람들의 수명이 한량없었으나 그
법을 위하는 까닭에 국왕의 자리를 버리고 정사
를 태자에게 맡기고 북을 쳐 선포하여 사방으로
법을 구하되 '누가 능히 나를 위해 대승을 설하
겠는가. 내가 마땅히 종신토록 섬기어 시중하리
라' 하였느니라.

그때, 한 선인(仙人)이 와서 왕에게 말하였느
니라.

'나에게 대승이 있으니 이름이 법화경이라 만
일 나의 뜻 어기지 않으면 마땅히 설하여 주리라.'

왕은 선인의 말을 듣고 뛸 듯이 기뻐하며 곧
선인을 따라가서 구하는 것을 공급하되, 과일을
따고 물을 긷고 나무를 하고 음식을 장만하며 또
는 몸으로 평상이 되어도 몸과 마음에 태만함이

없었느니라. 이렇게 받들어 섬기기를 천 년을 지냈으나, 법을 위하는 까닭에 지성으로 시종하여 조금도 부족함이 없게 하였느니라."

그때, 세존께서 이 뜻을 거듭 펴시려고 게송으로 말씀하시었다.

"내 지나간 겁을 생각하니 큰 법을 구하기 위하여 비록 세상의 국왕이 되었으되 오욕락에 탐착하지 아니하고 종을 쳐 사방에 고하기를 '큰 법을 가진 이는 그 누구인가. 만일 나를 위해 해설하면 이 몸 종이 되어 섬기리라' 하니 때에 아사선인이 찾아와서 왕에게 말하였느니라.

'내게 미묘한 법 있으니 세간에서는 희유한 바라. 만일 능히 닦아 행한다면 내가 마땅히 그대를 위해 설하리라.' 그때, 왕은 선인의 말을 듣고 마음이 크게 환희하여 곧 선인을 따라가 구하는 것을 공급하되, 나무도 하고 과일도 따서 수시로 공경하니 뜻이 묘법에 있는 고로 몸과 마음에 태만함이 없었느니라.

　널리 모든 중생을 위하여 부지런히 큰 법을 구하였으며 자기의 몸과 오욕락을 위하지 아니하였느니라. 그러므로 큰 나라 왕이 되어서도 부지런히 구해 이 법을 얻어 마침내 성불하여 이제 그대들 위해 설하느니라."

　부처님께서 이 모든 비구에게 이르시었다.

　"그때의 왕은 바로 나요, 선인은 지금의 제바달다이니 제바달다 선지식으로 해서, 나는 육바라밀과 자비희사와 삼십이상·팔십종호와 자마금색과 십력·사무소외·사섭법·십팔불공법·신통도력 등을 구족하였느니라. 등정각을 이루고 널리 중생을 제도하게 됨도 다 제바달다 선지식 때문이니라.

모든 사부대중에게 이르노니 제바달다는 이후 무량겁을 지나서 마땅히 성불하리니 명호는 천왕여래·응공·정변지·명행족·선서·세간해·무상사·조어장부·천인사·불세존이며 세계의 이름은 천도라 하리라.

그때의 천왕불은 이십 중겁을 머무르며 널리 중생을 위하여 묘법을 설하리니 항하사 중생이 아라한과를 얻으며 무량 중생이 연각심을 발하며 항하사 중생이 위없는 도의 마음을 일으켜 무생인을 얻어 불퇴전에 이르리라.

그때, 천왕불이 열반에 드신 후에 정법이 세상에 이십 중겁 동안 머무르며 전신사리로 칠보탑을 일으키되 높이는 육십 유순이요, 가로와 세로는 사십 유순이라. 모든 하늘과 인민이 다 온갖 꽃과 말향·소향·도향과 의복·영락·당번·

보개와 기악·가송으로 칠보묘탑에 예배하고 공양하리라. 무량 중생이 아라한과를 얻고 무수한 중생이 벽지불을 깨달으며 불가사의한 많은 중생이 보리심을 발하여 불퇴전에 이르리라.”

부처님께서 모든 비구에게 이르시었다.

“미래세에서 만일 선남자·선여인이 법화경 제바달다품을 듣고 청정한 마음으로 믿고 공경하여 의혹을 내지 않는 이는 지옥·아귀·축생에 떨어지지 아니하고 시방 부처님 앞에 태어나며, 태어난 곳에서 항상 이 경을 들으리라. 만일, 인·천에 나면 수승하고 묘한 낙을 받고 만일 부처님 앞에 나면 연꽃 위에 화생하리라.”

이때, 하방에서 다보세존을 따라온 보살이 있었으니 이름이 지적이라, 다보불께 말씀드리고 본토로 돌아가려 하거늘 석가모니불께서 지적에게 이르시었다.

"선남자여, 잠깐만 기다려라. 여기에 한 보살이 있으니 이름이 문수사리니라. 서로 만나보고 묘법을 논의하고 본토로 돌아감이 좋으리라."

이때 문수사리는 큰 수레바퀴만 한 천엽 연꽃에 앉고, 함께 오는 보살들도 또한 보배연꽃에 앉아 대해 사갈라 용궁으로부터 저절로 솟아나서 허공에 머물러 영취산에 나아가 연꽃에서 내려와 부처님 처소에 이르러 머리 조아려 두 분 세존 발에 예경하였다. 예경을 마치고 지적보살 처소에 가서 서로 문안하고 물러가 한쪽에 앉으니 지적보살이 문수사리보살에게 물었다.

"인자께서 용궁에 가서 교화하신 중생은 그 수가 얼마나 되나이까."

문수사리가 말씀하셨다.

"그 수는 무량하여 헤아리지 못하리니 입으로 말할 수 없으며 마음으로 측량할 바 아니오니 잠깐만 기다리면 스스로 마땅히 증명하여 알게 되리다."

말을 마치기도 전에 수없는 보살이 보련화에 앉아서 바다로부터 솟아나와 영취산에 나아가 허공에 머물러 있었다. 이 모든 보살은 다 문수사리가 교화하여 제도한 이들이며, 보살행을 갖추고 다 함께 육바라밀을 논의하고, 본래 성문들은 허공중에서 성문의 행을 설하다가 지금은 모두 대승의 공한 이치를 수행하고 있는 이들이다. 문수사리가 지적에게 일러 말씀하였다.

"바다에서 교화한 일이 이와 같나이다."

이때, 지적보살이 게송으로 찬탄해 말씀하였다.

"큰 지덕이 용맹하사 한량없는 중생 교화하신 일, 지금 이 모든 회중과 내가 벌써 다 보았나이다. 실상의 뜻을 널리 펼치시어 일승의 법을 열

어 밝히시고 널리 모든 중생 인도하여 빨리 보리
를 이루게 하셨나이다."

문수사리가 말씀하였다.
"나는 바닷속에서 오직 항상 법화경을 널리
설하였나이다."
지적이 문수사리에게 물었다.
"이 경은 심히 깊고 미묘하여 모든 경전 중의
보배이며 세상에서 희유한 바인지라, 만약 중생
이 있어 더욱 부지런히 정진하여 이 경을 수행하
면 속히 성불할 수 있나이까."
문수사리가 말씀하였다.
"사갈라 용왕의 딸이 있어 나이는 겨우 여덟
살이라. 지혜롭고 총명하여 중생의 신·구·의
등의 행위를 잘 알고, 다라니를 얻어서 모든 부
처님이 설하신 깊은 비장을 능히 받아 다 지니

고, 깊이 선정에 들어가 모든 법을 요달하고 찰나에 보리심을 발하여 불퇴전을 얻었나이다. 변재가 걸림이 없고 중생을 어여삐 생각하기를 어린 자식같이 하며, 공덕이 구족하여 마음으로 생각하고 입으로 연설함이 미묘하고 광대하며 자비롭고 어질고 겸허하며, 뜻이 화락하고 우아하여 능히 보리에 이르렀나이다."

지적보살이 말씀하였다.

"내가 석가여래를 뵈옵건대 무량겁에 난행과 고행으로 공을 쌓고 덕을 쌓아 보살도를 구하시되 일찍이 쉬는 일 없으신지라, 삼천대천세계를 볼 때 심지어 겨자씨만 한 곳이라도 이 보살이 신명을 바치지 아니한 곳이 없나니 중생을 위하기 때문이었나이다. 그런 연후에 보리도를 이루셨거늘, 이 용녀가 잠깐 사이에 정각을 이루었다 함은 믿어지지 않나이다."

말이 끝나기 전에 용왕의 딸이 문득 앞에 나타나서 머리 조아려 예경하고 물러가 한편에 머물러 게송으로 찬탄하였다.

"깊이 죄와 복의 모양을 통달하사 시방에 두루 비추시며 미묘하고 깨끗한 법신, 삼십이상 갖추시고 팔십종호로 법신을 장엄하시니, 천·인이 우러러 받들며 용신이 다 공경하고 일체중생들이 높여 받들지 않는 이 없나이다. 또 법을 듣고 보리를 이룸은 오직 부처님만이 아시리다. 제가 대승의 교법 열어 괴로운 중생 건지오리다."

이때, 사리불이 용녀에게 말씀하였다.

"그대가 오래지도 않은 사이에 위없는 도를 얻었다 함은 믿기 어렵도다. 왜냐하면 여자의 몸은 때 묻고 더러워서 법의 그릇이 아니거늘, 어떻게 능히 위없는 보리를 얻으리요. 부처님 되는 길은 멀고 멀어서 무량겁을 지내도록 애써 수행을 쌓고 모든 바라밀을 구족하게 닦고서야 이루어지는 것이며, 또 여자의 몸에는 다섯 가지 장애가 있으니, 첫째, 범천왕이 되지 못하고, 둘째, 제석천왕이 되지 못하며, 셋째, 마왕이 되지 못하고, 넷째, 전륜성왕이 되지 못하고, 다섯째, 부처가 되지 못하거늘 어떻게 여자의 몸으로 빨리 성불한다 하는가.”

이때, 용녀에게 한 보배구슬이 있으니 값이 삼천대천세계에 상당하였다. 그것을 부처님께 바치니 부처님께서 곧 이를 받으시었다. 용녀가 지적보살과 존자 사리불에게 말하되,

“내가 보배구슬 바치고 세존께서 받으시니, 이 일이 빠르나이까, 빠르지 않나이까.”

대답하되,

"매우 빠르도다."

용녀가 말하되,

"그대들 신력으로 나의 성불하는 것을 볼지니 그보다 더 빠르리라."

당시에 모인 대중이 다 용녀를 보니 잠깐 사이에 남자로 변하여 보살행을 갖추고 곧 남방 무구세계에 가서 보배연꽃에 앉아 등정각을 이루니 삼십이상이요, 팔십종호라. 널리 시방 일체중생을 위하여 묘법을 연설하였다.

이때, 사바세계의 보살·성문·천·용·팔부·인·비인이 다 멀리서 용녀가 성불하여, 그때 모인 인·천을 위해 널리 설법하는 것을 보고 마음이 크게 환희하여 모두 멀리 바라보며 예경하였다.

무량한 중생은 법을 듣고 깨달아 불퇴전을 얻으며, 무량 중생은 도의 수기를 받으며, 무구세계는 육종으로 진동하고, 사바세계 삼천 중생은 불퇴지에 머무르고, 삼천 중생은 보리심을 발하여 수기를 받으니, 지적보살과 사리불과 일체 모인 대중은 잠자코 믿어 받아들였다.

13

권지품
勸 持 品

그때, 약왕 보살마하살과 대요설 보살마하살이
이만 보살 권속과 함께 부처님 앞에서 이러한 맹
세의 말을 하였다.

"오직 바라옵건대, 세존이시여. 염려하지 마
시옵소서. 저희가 부처님 멸도하신 후에 마땅히
이 경전을 받들어 지니고 독송하고 설하리다. 후
에 악한 세상의 중생은 선근이 점점 적어지고 증
상만이 많으며 이익이 있는 공양만을 탐하여 착

하지 못한 뿌리 점점 늘어 해탈을 외면하여 비록 교화하기 어렵사오나, 저희가 마땅히 큰 인욕의 힘 일으켜서 이 경을 독송하여 지니고 설하며 베껴 쓰고 갖가지로 공양하되 신명을 아끼지 아니하리다."

그때, 대중 가운데에 오백 아라한으로 수기를 받은 이들이 부처님께 사뢰었다.

"세존이시여, 저희도 또한 스스로 서원하오니 다른 국토에서 이 경을 널리 설하리다."

다시 학·무학 팔천 인으로 수기받은 이들이 있어 자리에서 일어나 합장하고 부처님 향하여 이 같은 맹세의 말을 하였다.

"세존이시여, 저희도 또한 마땅히 다른 국토에서 이 경전을 설하오리다. 왜냐하면 이 사바세계에는 폐악한 이들이 많아 증상만을 품어서 공덕이 옅고 박하여 성 잘 내고 탁하고 아첨 잘해 마음이 성실하지 못한 까닭입니다."

이때, 부처님의 이모 마하파사파제 비구니는 학·무학 비구니 육천 인과 함께 자리에서 일어나 일심으로 합장하고 존안을 우러러 눈을 잠깐도 떼지 않거늘 이때, 세존께서 교담미에게 말씀하시었다.

"무슨 까닭에 근심스러운 빛으로 여래를 보는고. 그대의 마음속으로 생각하기를 내가 그대 이름을 불러 아뇩다라삼먁삼보리의 수기를 주지 않는다고 함이 아닌가. 교담미여, 내가 먼저 통틀어서 모든 성문에게 다 수기를 설하였나니, 지금 그대의 수기를 알고자 한다면 장차 오는 세상에 마땅히 육만팔천억 모든 부처님 법 가운데 대법사가 될 것이며, 육천 학·무학 비구니도 함께 법사가 되리라. 그대가 이와 같이 점점 보살도를 구족하여 마땅히 성불하리니, 명호는 일체중생희견여래·응공·정변지·명행족·선서·세간해·무상사·조어장부·천인사·불세존이라 하리라. 교담미여, 이 일체중생희견불과 육천 보살은 차례로 수기하여 아뇩다라삼먁삼보리를 얻게 되리라.”

그때, 라후라의 어머니인 야수다라 비구니는 이렇게 생각하되, ‘세존께서 수기하시는 중에 유독 내 이름만을 말씀하시지 않으시는고’ 하니, 부처님께서 야수다라에게 이르시었다.

“그대는 내세에 백천만억 모든 불법 중에 보살행을 닦아서 대법사가 되어 점점 불도를 갖추고 좋은 국토에서 마땅히 성불하리니, 명호를 구족천만광상여래·응공·정변지·명행족·선서·세간해·무상사·조어장부·천인사·불세존이라 하리니 부처님 수명은 무량아승지겁이니라.”

이때, 마하파사파제 비구니와 야수다라 비구니

와 아울러 그 권속이 다 크게 기뻐하고 미증유를 얻은지라 곧 부처님 앞에서 게송으로 사뢰었다.

"세존이신 도사께서 천·인을 편안케 하시니 저희가 수기를 듣사옵고 마음이 편안하고 구족하나이다."

모든 비구니는 이 게송을 설해 마치고 부처님께 사뢰었다.

"세존이시여, 저희도 또한 다른 국토에서 널리 이 경전을 선포하오리다."

이때, 세존께서 팔십만억 나유타 모든 보살마하살을 보시니, 이 모든 보살은 다 불퇴전 보살로서 불퇴의 법륜을 굴리며 모든 다라니를 얻은 이들이니, 곧 자리에서 일어나 부처님 앞에 이르러서 일심으로 합장하고 이렇게 생각하였다.

'만일 세존께서 우리에게 분부하사 이 경을 지니고 설하라 하시면 마땅히 부처님의 가르침과 같이 이 경을 널리 선포하리라.'

다시 생각하기를 '부처님께서는 이제 침묵하시고 분부가 없으시니 우리는 장차 어찌해야 하는가' 하였다.

이때, 모든 보살이 부처님 뜻을 공경하고 순종하며 아울러 스스로 본래의 원을 이루고자 곧 부처님 앞에서 사자후로써 서원을 세워 사뢰었다.

"세존이시여, 저희도 여래께서 멸도하신 후에 시방세계를 두루 다니면서 중생들로 하여금 이 경을 옮겨 쓰고 받아 지니고 독송하며 그 뜻을 해설하고 법과 같이 수행하여 바르게 생각하며 기억하게 하오리니, 이것은 다 부처님의 위력이옵니다. 오직 바라옵건대, 세존께서는 타방에 계실지라도 멀리서 보시고 수호해주소서."

바로 모든 보살이 다 함께 소리 내어 게송으로 사뢰었다.

"오직 원컨대, 염려하지 마소서. 부처님 멸도하신 후에 공포의 악세 중에 저희가 마땅히 널리 설하리다. 지혜 없는 사람들이 욕설하고 꾸짖거나 칼과 몽둥이로 치더라도 저희 모두 참으오리다. 악세의 비구들이 삿된 지혜와 굽은 마음으로 얻지 못한 것 얻었다 하며 아만심이 가득해서 혹은 사원에 있거나 누더기 입고 외딴곳에 있으면서 스스로 참된 도를 닦는다 하고 사람을 멸시하는 자가, 이양을 탐착하여 신도들에게 설법하되 세상 사람의 공경받기를 육신통 얻은 나한처럼 하리다. 이런 사람 악심 품고 항상 세속 일 생각하면서 사원의 이름 빌려 우리 허물 들춰내기 좋아하며 또 이러한 말을 하되, '이 여러 비구들은 이양을 탐내어 외도의 논의를 설하며 스스로 이 경전을 조작하여 세상 사람 현혹케 하며 명성을 구하기 위해 이 경을 해설한다' 하오리다. 항상 대중 가운데서 저희를 헐뜯고자 하여 국왕이나 대신·바라문·거사와 다른 비구들에게 우리를 나쁘게 비방하되 '사견을 가진 사람이 외도의 논의를 설한다' 할지라도 저희는 부처님을 공경하므로 이런 모든 욕설 다 참으오리다.

또 그들이 함부로 말하되 '그대들이 다 부처다' 하리니 이같이 가벼이 여기고 빈정대는 말도 다 마땅히 참고 받으리다. 탁한 겁, 악한 세상에는 여러 가지 두려운 일이 많을 것이며 악귀가 그 몸에 씌어 우리를 꾸짖고 헐뜯고 욕할지라도 저희는 부처님을 공경하고 믿어 마땅히 인욕의 갑옷을 입으리다. 이 경을 설하기 위해 이 모든 어려운 일을 참으며 저희 신명 돌보지 아니하고 다만 위없는 도를 소중히 하며 저희 내세에 부처님의 부촉을 받들어 지니리다.

세존께서는 아시니 탁한 세상의 악한 비구는 부처님이 방편으로 근기 따라 설법하심 알지 못하고 욕설하고 빈축하며 자주 저희를 추방하여 사원에서 멀리 떠나게 하더라도, 이러한 모든 악을 부처님의 분부하심 생각하여 마땅히 다 참으리다.

여러 마을과 성읍에 법을 구하는 이가 있으면 저희가 다 그곳에 가서 부처님 부촉하신 법 설하리다. 저희는 곧 세존의 사자(使者)라 대중 속에서도 두려울 바가 없어 마땅히 잘 설법하오리니 원컨대 부처님께서는 안심하소서. 저희가 세존과 시방에서 오신 부처님 앞에 이 같은 맹세를 하옵나니 부처님께서는 저희 마음 아시리다.”

14

안락행품
安 樂 行 品

그때, 문수사리 법왕자 보살마하살이 부처님께
말씀하였다.

"세존이시여, 이 모든 보살은 매우 있기 어려
운 바입니다. 부처님을 공경하고 순종하는 까닭
에 큰 서원을 일으켜 훗날 악세에서 이 법화경을
보호하여 지니며 읽고 해설하려 하나이다. 세존
이시여, 보살마하살이 훗날 악세에서 어떻게 이
경을 설해야 하오리까."

부처님께서 문수사리에게 이르시었다.

"만일 보살마하살이 훗날 악세에서 이 경을 설하고자 한다면 마땅히 네 가지 법에 안주해야 하리니, 첫째는 보살의 행처와 친근처에 안주하여 능히 중생 위하여 이 경을 연설할지니라.

문수사리여, 무엇을 보살마하살의 행처라 하는가. 만약 보살마하살이 인욕의 경지에 능히 머물러 부드럽고 화평하고 착하고 순하여 조급하지 아니하며, 마음 또한 공포 없으며 다시 대상에 집착하지 않으며, 온갖 사물의 여실한 상을 관찰하되 또한 집착하지 않고 분별하지 않으면 이것이 보살마하살의 행처이니라.

무엇을 보살마하살의 친근처라 하는가. 보살마하살은 국왕·왕자·대신·관장을 친근하지 말며, 모든 외도·범지·니건자들과 세속의 글을 짓고 외서를 읊조리는 이와 로가야타·역로가

야타를 친근하지 말며 또 모든 흉측한 놀이, 서로 치고 씨름하는 것과 나라연의 갖가지 유희 등을 친근하지 말며 또 전다라와 돼지·양·닭·개를 기르는 이와 사냥하고 고기 잡는 나쁜 짓 하는 이들을 친근하지 말지니라. 이러한 사람들이 혹 때로 찾아오거든, 곧 그들 위해 법을 설하되 바라는 바가 없어야 하며 또 성문을 구하는 비구·비구니·우바새·우바이를 친근하지 말며 또한 방문하지도 말며, 만약 방 안에서나 경행(經行)하는 곳에서나 강당에 있을 때나 함께 머물지 말 것이니, 혹 때로 찾아오거든 적당하게 법을 설하여 줄 뿐 구하는 바 없어야 할 것이니라.

문수사리여, 또 보살마하살은 여인의 몸에 애욕을 일으키는 생각을 내어 설법하지 말며 또 즐겨 보지 말며, 만약 남의 집에 들어가더라도 소녀·처녀·과부와는 더불어 말하지 말며 또 다섯 종류의 불완전한 남자를 가까이하거나 깊이 친하지 말며, 혼자서 남의 집에 들어가지 말지니 만일 인연이 있어 홀로 들어가야 할 경우에는 다만 일심으로 염불해야 하느니라. 만약 여인을 위하여 설법하게 되거든 치아를 드러내 웃지 말고 가슴을 나타내 보이지 말라. 법을 위해서라도 깊이 친하지 말아야 하겠거늘 하물며 다른 일에 있어서랴.

나이 어린 제자와 사미와 어린아이 기르기를 좋아하지 말며 또한 같은 스승 섬기기를 즐겨하지 말며, 항상 좌선을 좋아해 한적한 곳에 있어 그 마음을 닦아 거두어 흩어지지 않게 할지니라. 문수사리여, 이를 일러 첫째 친근처라 하느니라.

다시 보살마하살은 일체법을 관하되 공이요, 여실한 상이요, 전도되지 않으며, 동요되지 않으며, 물러서지 않으며, 옮아가지 않으며, 허공과 같아서 존재성이 없으며, 일체 말할 길이 끊어져 생기지 않고 나오지도 않고 일어나지도 않으며, 이름도 없고 모양도 없어서 실로 있음이 없고, 한량없고 그지없고 걸림도 없고 막힘도 없느니라. 다만 인연으로 해서 있게 되며 전도된 생각에서 생기므로 그래서 설함이니 항상 이 같은 법상을 즐겨 관할지니라. 이것이 보살마하살의 둘째 친근처이니라."

그때 세존께서 이 뜻을 거듭 펴시려고 게송으로 말씀하시었다.

"만약 어떤 보살이 훗날 악한 세상에서 두려움이 없는 마음으로 이 경을 설하고자 한다면 마땅히 행처와 친근처에 들어가야 할지니 항상 국왕·왕자·대신·관장과 흉한 놀이 하는 자와 전다라와 외도·범지들을 친근하지 말며 증상만의 무리들과 소승에 탐착하는 삼장 학자를 친근하지 말며 파계한 비구와 이름뿐인 나한과 비구니로서 희롱해 웃기를 좋아하는 자와 오욕에 깊이 집착하면서 현세 열반 얻으려는 모든 우바이를 친근하지 말지니라. 만일 이 사람들이 좋은 마음으로 와서 보살 처소에 이르러 불도를 들으려 하거든 보살은 곧 두려움이 없는 마음으로 바라는 마음 없이 그를 위해 법을 설할지니라.

과부이거나 처녀이거나 불완전한 남자를 가까이하거나 깊이 친하지 말지니라. 또는 백정이나 망나니, 사냥하고 고기 잡고 이익 위해 살해하는 그런 사람들 가까이하지 말며, 고기 팔아 생활하고 여색을 파는 이러한 사람들을 다 가까이하지 말며, 흉험하게 치고받는 경기와 갖가지 놀이와 음란한 여인들을 다 친근하지 말지니라.

홀로 으슥한 곳에서 여인 위해 설법하지 말지

니 만일 법을 설할 때는 희롱해 웃지 말며 마을에 가서 걸식할 때에는 다른 비구와 동행할지니 만일 비구가 없을 때엔 일심으로 염불하라. 이것을 곧 행처와 친근처라 하느니라. 이 두 가지 곳이라야 능히 편히 법을 설하리라.

또다시 상·중·하의 법과 유위·무위와 진실·진실 아닌 법을 행하지 말며 또는 남자다 여자다 분별하지 말며 모든 법을 얻었다 하지 말고 안다 하지 말고 보았다 하지 말지니, 이를 일러 보살의 행처라 하느니라. 일체의 모든 법 공하여 있는 바가 없으며 항상 머물러 있음도 없고 또한 일어나고 멸함도 없느니라. 이것을 지혜 있는 이의 친근처라 하느니라.

전도된 생각으로 모든 법이 있다·없다, 실상이다·실상 아니다, 난다·나지 않는다고 분별하나니 고요한 곳에 있으면서 그 마음 닦아 거두어 편안히 머물러 동하지 않기를 수미산같이 하라. 일체의 법을 관하되 다 있는 바가 없음이라. 마치 허공과 같아서 견고함이 없으며 생긴 것도 아니고 나온 것도 아니고 움직이는 것도 아니요, 물러나는 것도 아니어서 항상 일상(一相)에 머문다고 관할지니 이를 일러 친근처라 하느니라.

만일 어떤 비구가 내가 멸도한 후에 이 행처와 친근처에 들면 이 경 설할 때에 두려운 일 없으리라. 보살이 때로 고요한 방에 들어 바른 생각으로 뜻에 따라 법을 관하고 선정으로부터 일어나 모든 국왕·왕자·신민·바라문 등을 위하여 교화하고 선양하여 이 경전을 설한다면 그 마음이 안온하고 두려운 일 없으리라. 문수사리여, 이를 일러 보살의 첫 번째 법에 안주하여 능히 후세에 법화경을 설함이라 하느니라."

"또 문수사리어, 여래가 멸도한 후 말법 시대에 이 경을 설하려면 응당 안락행에 머물러야 하느니라. 혹은 입으로 설하거나 경을 읽을 때에 남의 허물과 경전의 허물을 즐겨 말하지 말라. 또한 다른 모든 법사들을 가벼이 하여 업신여기지 말며, 남의 좋고 나쁜 장단점을 말하지 말며, 성문들에 대해서도 또한 이름을 들먹여 그 허물을 말하지 말며 또한 이름을 들어 그 좋은 점 찬탄도 하지 말며 또 원망하고 싫어하는 마음도 내지 말지니, 이 같은 안락심을 잘 닦음으로써 듣는 모든 이가 그 뜻을 거스르지 않을 것이며, 어려운 물음이 있거든 소승법으로 답하지 말고 다만 대승법으로 해설하여 그들로 하여금 일체종지를 얻게 할지니라."

이때, 세존께서 이 뜻을 거듭 펴시려고 게송으로 말씀하시었다.

"보살은 항상 즐겨 안온의 법을 설하되, 청정한 땅에 법상(法床)을 차려놓고 기름을 몸에 발라 더러움 씻어버리고 깨끗한 새 옷 입어 안팎을 모두 깨끗이 하고 법좌에 조용히 앉아 물음에 따라 설할지니라. 만약 비구·비구니와 모든 우바새·우바이와 국왕·왕자·군신·사민(士民)이 있거든 미묘한 뜻을 화평한 얼굴로 설할지니라.

만약 어려운 질문이 있거든 뜻에 따라 대답하되 인연과 비유로써 자세히 분별하여 설할지니라. 이러한 방편으로 다 발심하게 하여 점점 자라 불도에 들어가게 할지니, 나태한 마음과 게으름 피울 생각 버리고 온갖 근심 걱정 다 여의고 자비로운 마음으로 법을 설하라.

밤낮으로 항상 위없는 도의 가르침을 설할지니 모든 인연과 한량없는 비유로써 중생에게 열어 보여 다 환희케 하라. 의복·침구·음식·의약들 그중에 아무것도 바라지 않고 다만 일심으로 생각하되 '설법하는 인연으로 불도를 이루고 청중 또한 그리되기를 바랄지어다' 할지니 이것이 곧 큰 이익 있는 안락의 공양이니라.

내가 멸도한 후에 만약 비구가 있어 능히 이 법화경을 연설하면 마음에 질투·성냄 모든 번거로운 장애가 없으며 또한 근심·걱정과 꾸짖는 자 없으리라. 또 공포와 칼과 몽둥이로 박해하는 자도 없을 것이며 또한 쫓겨남도 없으리니 인욕에 안주한 까닭이니라.

지혜 있는 사람 이같이 그 마음 잘 닦으면 능히 안락에 머무름이 내가 위에 말한 것과 같으리니 그 사람의 공덕은 천만억 겁 지내면서 산수로도 비유로도 능히 다 말할 수 없느니라."

"또 문수사리여, 보살마하살이 훗날 말세에

법이 멸하려 할 때에, 이 경전을 받아 지니고 독송하는 이는 질투하고 아첨하고 속이려는 생각 품지 말고 또한 불도 배우는 이를 가벼이 여기고 꾸짖어서 그의 장단점을 캐내려고 하지 말며, 비구·비구니·우바새·우바이로 성문 구하는 이와 벽지불 구하는 이와 보살도 구하는 이를 괴롭혀서 그로 하여금 의혹케 하지 말고 그 사람에게 말하되, '그대들은 도에서 심히 멀어 끝내 일체종지를 능히 얻지 못하리니 왜냐하면 그대는 방일한 사람이라, 도에 게으르기 때문이니라' 하지 말라. 또 모든 법을 희론하여 다투는 일 없게 하라.

마땅히 일체중생에게 대비상(大悲想)을 일으키고 모든 여래에게는 자부상(慈父想)을 일으키며 모든 보살에게는 큰 스승이라는 생각을 일으켜야 하느니라. 시방의 모든 대보살에게는 항상 깊은 마음으로 공경하고 예경할지니라. 일체중생에게 평등하게 법을 설하되, 법에 순응하기 위하여 많게도 말고 적게도 말며 깊이 법을 사랑하는 사람에게라도 또한 많이 설하지 말아야 하느니라.

문수사리여, 이 보살마하살이 훗날 말세에 법이 멸하려 할 때, 이 셋째 안락행을 성취하는 이는 이 법 설할 때에 괴롭고 어지러움이 없으며, 좋은 도반을 얻어 함께 이 경을 독송하며 또한 대중이 와서 들으리라. 들은 뒤에 능히 지니고, 지닌 뒤에 능히 외우며, 외운 뒤에 능히 설하며, 설한 뒤에 능히 쓰며 또 남을 시켜 쓰게 하여 경전에 공양·공경하고 존중·찬탄하리라."

이때, 세존께서 이 뜻을 거듭 펴시려고 게송으로 말씀하시었다.

"만일 이 경전 설하려거든 마땅히 질투·성냄·교만·아첨·간사함·거짓의 마음 버리고 항상 정직한 행을 닦을지니라. 남을 경멸하지 말며, 법을 희론하지 말며 남을 의혹케 하여 '그대는 성불하지 못한다'고 하지 말라. 이 불자가 법을 설하려거든 항상 부드럽고 잘 참아서 모두에게 자비하여 게으른 마음 내지 말지니라.

시방의 대보살이 중생을 연민하므로 도를 닦나니 마땅히 공경하는 마음 내어 이는 나의 큰 스승이라 여기며 모든 부처님에게는 으뜸가는 아버지란 생각 내어서 교만한 마음 깨뜨리고 설법에 장애가 없게 하라. 셋째 법, 이와 같으니 지혜 있는 이 마땅히 수호하여 일심으로 안락하게 행하면 한량없는 중생이 공경하리라."

"또 문수사리여, 보살마하살이 훗날 말세에 법

이 멸하려 할 때에 이 법화경을 수지하는 이는 재가이거나 출가한 사람에게는 대자심을 내고 보살이 아닌 사람에게는 대비심을 내어서 마땅히 이렇게 생각하라.

'이런 사람들은 크게 잃음이로다. 여래께서 방편으로 근기 따라 설법하심을 듣지도 못하고 알지도 못하며, 깨닫지도 못하고 묻지도 못하며, 믿지도 못하고 이해하지도 못하나니, 그 사람이 비록 이 경전을 묻고 믿고 이해하지 못할지라도 내가 아뇩다라삼먁삼보리를 얻게 될 때에 어디에 있더라도 신통력과 지혜력으로써 이끌어 이 법 가운데 머물게 하리라.'

문수사리여, 이 보살마하살이 여래가 멸도한 후에 이 넷째 법을 성취하는 이는 이 법을 설할 때에 허물이 없을 것이니라. 항상 비구·비구니·우바새·우바이와 국왕·왕자·대신·인민과 바라문·거사 등이 공양·공경하고 존중·찬탄하며 허공의 모든 하늘이 법을 듣기 위해 항상 따라 모시리라. 만일 마을이나 성읍과 한적한 숲속에 있을 적에 어떤 사람이 찾아와 어려운 질문을 하더라도 천인(天人)들이 주야로 항상 법을 위하므로 이를 호위하여 듣는 이를 능히 기쁘게 해주리라. 왜냐하면 이 경은 곧 일체 과거·미래·현재의 모든 부처님 신력으로 수호하는 까닭이니라.

문수사리여, 이 법화경은 한량없는 나라에서 그 이름조차 듣지 못하거늘, 하물며 보고 받아 지니며 독송함이란 얼마나 어려운 일이냐.

문수사리여, 비유컨대 강력한 전륜성왕이 위세로 여러 나라를 항복받고자 하되 작은 나라 왕들이 그 명을 순종하지 아니하니 전륜왕이 갖가지 군사를 일으켜 토벌함과 같으니라. 왕이 군사들 중에 전쟁에 공이 있는 이를 보고 곧 크게 환희하여 공에 따라 상을 주되 혹은 전답·집·마을·고을을 주기도 하고, 의복·장신구를 주기도 하며, 혹은 갖가지 진귀한 보물인 금·은·유리·자거·마노·산호·호박과 코끼리·말·수레·노비·인민을 주기도 하지만 오직 상투 속에 있는 밝은 구슬만은 주지 않으니 왜냐하면 오직 왕의 정수리에만 이 구슬이 하나 있을 뿐이라, 만일 이것을 주면 왕의 모든 권속이 반드시 크게 놀라고 괴이하게 여길 것이기 때문이니라.

문수사리여, 여래도 또한 이와 같아서 선정과 지혜력으로써 진리의 국토를 얻어 삼계의 왕이 되었으나 모든 마왕이 항복하지 않으니 여래의 모든 현성 장수가 이들과 함께 싸우느니라. 공이 있는 이를 보고 마음이 환희하여 사부대중 가운데서 여러 경전을 설하여 마음을 기쁘게 하고,

선정·해탈과 무루의 근·력 등 온갖 법의 재물
을 주고 또 열반의 성을 주기도 하여 멸도를 얻
었다 일러 그 마음을 인도하여 그들로 하여금 다
환희케 하되 이 법화경은 설하지 않았느니라.

　문수사리여, 전륜왕이 군사들 중에 큰 공이
있는 자를 보고는 마음이 매우 기뻐서 그 믿기
어려운 구슬을 오랫동안 상투 속에 간직해 두고
다른 이에게 함부로 주지 않던 것을 이제 내어
주는 것과 같으니, 여래도 또한 이와 같아서 삼
계 중의 대법왕이 되어 법으로써 온갖 중생 교화
하되 현성의 군사들이 오음마·번뇌마·사마와
싸워서 큰 공훈이 있어 삼독을 멸하고 삼계에서
벗어나 마의 그물 깨뜨림을 보고, 그때에 여래
또한 크게 기뻐하여 이 법화경이 능히 중생으로
하여금 일체지에 이르게 하거늘, 일체 세간에서
는 원망이 많아 믿기 어려워 일찍이 설하지 않았

던 것을 이제 설하는 것이니라.

문수사리여, 이 법화경은 이 모든 여래의 으뜸가는 설법이라, 여러 설법 중에 가장 깊은 것이어서 맨 끝으로 설해주나니 저 강력한 왕이 오래 간직했던 명주를 이제야 주는 것과 같으니라.

문수사리여, 이 법화경은 모든 부처님의 비밀한 법장이라. 모든 경전 중에 가장 위에 있나니 오랜 세월 수호하여 함부로 설하지 않다가 비로소 오늘에야 그대들에게 이를 설하느니라."

이때, 세존께서 이 뜻을 거듭 펴시려고 게송으로 말씀하시었다.

"항상 인욕을 행하고 온갖 중생 연민하여 부처님이 찬탄하신 이 경을 연설하라. 훗날 말세에서 이 경을 지니는 이는 재가이거나 출가이거나 또 보살이 아니거나 모두에게 마땅히 자비심을 내어 '이들은 이 경전을 듣지도 못하고 믿지도 않으니 곧 크게 잃어버림이라. 내가 불도를 얻어 모든 방편으로 이 법을 설하여 그 가운데 머물게 하리라' 할지니라.

비유컨대 전륜성왕이 공이 있는 병사에게 여러 물건으로 상을 주되, 코끼리·말·수레·장신구와 모든 전답·집·마을·성읍과 의복과 갖가지 보배와 노비·재물을 기쁘게 주다가, 용감하여 능히 어려운 일 해내는 이 있으면 왕이 상투 속의 명주를 꺼내주는 것과 같으니라.

여래도 또한 그러하여 모든 법의 왕이 되어 인욕의 큰 힘과 지혜의 보장 있어 대자대비로 여법하게 세상을 교화하느니라. 모든 사람이 온갖 고뇌 받으면서 해탈을 구하려고 온갖 마와 싸우는 것을 보고 이런 중생을 위하여 갖가지 법을 설하되, 큰 방편으로 여러 경 설하다가 이미 중생들이 그 힘 얻었음을 알고 나중에야 이 법화경을 설하나니, 왕이 상투를 풀어 명주를 줌과 같으니라. 이 경은 존귀하여 여러 경전 가운데서 으뜸이라. 내가 항상 수호하여 함부로 열어 보이지 않았으나 지금이 바로 그때라, 그대들 위해 설하노라.

내가 멸도한 후에 불도를 구하는 이가 안온하게 이 경을 연설하고자 하거든 응당 이 같은 네 가지 법에 친근할지니라. 이 경을 읽는 이는 항상 근심·걱정 없고 또 병이 없어 얼굴빛이 맑고 희리라. 빈궁하고 빈천하고 누추한 데 태어나지 아니하며 중생들이 보고 싶어 하기를 성현을 흠모하듯 하며 천상의 동자들이 시자가 되리라. 칼과 몽둥이로 범하지 못하고 독약도 능히 해치지 못하며 만일 사람이 욕설을 하면 입이 곧 막히리라. 나다닐 때 두려움 없기 사자왕과 같으며 지혜의 광명은 해가 비치는 것 같으리라.

만일 꿈을 꾸면 묘한 일만 볼 것이니 모든 여래께서 사자좌에 앉으시고 여러 비구들에게 에워싸여 설법하심을 뵈오며 또 용신·아수라 등이 항하의 모래같이 많이 모여 공경하고 합장하며 자신이 그들 위해 설법하는 모습 보게 되리라.

또 모든 부처님은 신상이 금빛이라, 무량한 광명 놓으사 일체를 비추시며 범음으로 모든 법 설하심을 보며, 부처님이 사부대중 위하사 무상법을 설하실 때 자신도 그 속에 끼어 합장하고 찬탄하며 법을 듣고 환희하여 공양하고 다라니를 얻어 불퇴지를 증득하리라. 그 마음 불도에 깊이 든 줄 부처님이 아시고 '최정각을 이루리라' 수기하시되 '선남자여, 그대는 마땅히 내세에 부처님의 무량한 지혜의 대도를 얻으리니 국토가 아름답고 더없이 광대하며 또한 사부대중 있어 합장하고 법을 들으리라' 하심을 보며 또 자신의 산림 속에 거처하여 선법을 닦아 익혀 모든 실상 증득하며 깊이 선정에 들어 시방 부처님 친견함을 보며 모든 부처님 몸이 금빛이요, 백 가지 상서로운 복으로 장엄되며 법을 듣고 남을 위해 설법하는 좋은 꿈을 항상 꾸게 되리라.

또 꿈에 국왕 되어 궁전과 권속이며 최상의 오욕락 버리고 도량에 나아가서 보리수 아래 사자좌 위에 앉아 도 구하기 칠일 지나, 모든 부처님 지혜 얻어 위없는 도 성취한 후 일어나 법륜을 굴려 사부대중 위해 법 설하되, 천만억 겁을 지나도록 무루의 묘법 설하여 무량 중생 제도하고 그런 뒤에 열반에 들되 연기 사라지고 등불 꺼지듯 하리라. 만일 훗날 악세에서 이 제일가는 법 설한다면 이 사람 큰 이익 얻음이 위의 모든 공덕과 같으리라."

15

종지용출품
從 地 涌 出 品

그때, 타방 국토에서 온 모든 보살마하살이 팔
항하사 수효보다 더 많은지라, 대중 가운데서 일
어나 합장 예배하고 부처님께 사뢰었다.

"세존이시여, 만약에 저희가 부처님 멸도하신
후에 이 사바세계에 있으면서 부지런히 더욱 정
진하고 이 경전을 수호하여 지니고 독송하고 베
껴 쓰며 공양할 것을 허락하신다면, 마땅히 이
국토에서 이를 널리 설하오리다."

이때, 부처님이 모든 보살마하살에게 이르시
었다.

　"그만두어라, 선남자여. 그대들은 이 경을 수
호해 지닐 필요가 없나니, 왜냐하면 이 사바세계
에 본디 육만 항하사의 수효와 같은 보살마하살
이 있어 보살마다 각기 육만 항하사의 권속이 있
으니, 이 모든 사람들이 내가 멸도한 후에 능히
이 경전을 수호하여 지니며 독송하고 널리 설할
것이기 때문이니라."

　부처님께서 이 말씀을 하실 때에 사바세계 삼
천대천국토는 땅이 다 진동하며 열리고, 그 속에
서 무량 천만억 보살마하살이 동시에 솟아올라
왔다. 이 모든 보살은 몸이 다 금빛인데 모두 삼
십이상을 갖추고 무량광명 지녔으니, 모두 이 사
바세계 아래의 허공중에 머물러 있던 중, 석가모
니불께서 말씀하시는 음성을 듣고 아래로부터

올라온 것이었다.

이 한 분 한 분의 보살은 대중을 인도하는 지도자로서 각각 육만 항하사 권속을 거느렸고, 오만·사만·삼만·이만·일만 항하사 등의 권속을 거느리고 있었다. 또 한 항하의 모래 수 같거나 반 항하의 모래 수 같거나 사분의 일 내지는 천만억 나유타 분의 일 같은 권속을 거느린 보살도 있었다. 또 억만 권속과 천만·백만에서 일만에 이르는 권속을 거느린 보살과 또 일천·일백에서 열 명에 이르는 보살과 다섯·넷·셋·둘·하나의 제자를 거느린 보살도 있었다. 또 단신으로 멀리 떨어져서 수행을 즐기는 이런 이들이 무량 무변하여 숫자와 비유로는 알 수가 없었다.

이 모든 보살이 땅으로부터 나와, 각기 허공에 솟은 칠보묘탑의 다보여래와 석가모니불 계신 곳에 나아가서는 두 분 세존을 향하여 머리 조아려 발에 예하고 또한 모든 보배나무 아래 사자좌 위 부처님들 계신 곳에 이르러서 또 예경 드린 후, 오른쪽으로 세 번 돌고 합장·공경하며 모든 보살이 갖가지 찬탄하는 법식대로 찬탄하고 한쪽에 머물러 두 분 세존을 기쁜 마음으로 우러러보았다.

이 모든 보살마하살이 처음 땅에서 솟아올라 모든 보살이 갖가지 찬탄하는 법식 따라 부처님을 찬탄하기까지 오십 소겁이 걸렸다. 이때, 석가모니불이 잠잠히 앉아 계셨고 모든 사부대중도 다 잠잠히 있더니 오십 소겁을 부처님 신력으로써 모든 대중에게 반나절같이 여기게 하시었다.

이때, 사부대중이 또한 부처님의 신력으로써 여러 보살이 무량 백천만억 국토의 허공중에 가득찼음을 보게 되었다. 이 보살 대중 가운데 네 분의 도사가 있었으니, 첫째는 이름이 상행이요, 둘째는 이름이 무변행이요, 셋째는 이름이 정행이요, 넷째는 이름이 안립행이었다. 이 네 명의 보살들이 그 대중 가운데 가장 으뜸가는 지도자로서 대중 앞에서 다 같이 합장하고 석가모니불을 우러르며 문안 여쭈었다.

"세존이시여, 병환 없으시고 고뇌 없으사 안락하게 지내시나이까. 제도를 받아야 할 자들은 가르침을 잘 받습니까. 세존을 피로하게 하지는 않습니까."

이때, 사대보살이 게송으로 여쭈었다.

"세존께서 안락하사 병 없으시고 고뇌 없으시며 중생을 교화하심에 피곤하지 않으시나이까. 또 모든 중생들이 가르침을 잘 받습니까. 세존을 피로하게 하지는 않습니까."

이때, 세존께서 보살 대중 가운데서 이 같은 말씀을 하시었다.

"그러하고 그러하니라. 모든 선남자들이여, 여래는 안락하여 병과 고뇌 없으며, 모든 중생들도 제도하기 쉬운지라 피로함이 없느니라. 왜냐하면 이 모든 중생은 세세생생 항상 나의 교화를 받았으며 또한 과거 모든 부처님을 공경하고 존중하며 모든 선근을 심었기에, 이 모든 중생이 처음 내 몸을 보고 내 설법을 듣고 곧바로 모두 믿고 받아서 여래 지혜에 들어갔나니 먼저 수행하여 소승 배운 이는 제외되나 이런 사람들도 내가 이제 이 경을 듣고 부처님 지혜에 들어가게 하느니라."

이때, 모든 큰 보살이 게송으로 말하였다.

"거룩하고 거룩하십니다, 대웅 세존이시여. 모

든 중생들을 제도하기 쉽다 하시고 능히 모든 부처님의 심히 깊은 지혜를 묻고 듣기를 마치고 믿고 행한다 하니, 저희도 따라서 기뻐하나이다."

이때, 세존께서 지도자인 모든 큰 보살들을 찬탄하시었다.

"착하고 착하도다, 선남자여. 그대들이 능히 여래를 따라서 기뻐하는 마음 일으키는구나."

이때, 미륵보살과 팔천 항하사 모든 보살들이 다 이런 생각을 하였다.

'우리가 예로부터 지금까지 이와 같은 대보살 마하살들이 땅에서 솟아나 세존 앞에 머물러 합장하고 공양하며 여래께 문안 인사 여쭘을 보지도 못하였고, 듣지도 못하였도다.'

이때, 미륵 보살마하살이 팔천 항하사의 모든 보살들의 마음에 생각하는 바를 아시고, 아울러 스스로도 의심하는 바를 풀고자 하여 합장하고 부처님을 향하여 게송으로 여쭈었다.

"무량한 천만억 대중 모든 보살은 예전에는 보지 못한 바이니, 원컨대 부처님께서는 말씀해 주소서. 이들은 어디로부터 왔으며 무슨 인연으로 모였나이까. 큰 몸에 큰 신통이 있고 지혜도 헤아릴 수 없으며 그 뜻과 생각이 견고하고 인욕하는 힘이 커서 중생들이 즐겨 보니 어느 곳으로부터 왔나이까.

보살마다 거느린 권속들은 그 수가 한량없어 항하사와 같나이다. 어떤 대보살은 육만 항하사의 권속 거느리되 이 육만 항하사의 모든 대사들이 함께 와 부처님께 공양하며 이 경을 수호하여 지니니, 오만 항하사 거느린 보살은 그 수가 이보다도 많으며 사만 항하사나 삼만·이만·일만

이나 일천·일백 내지는 일 항하사나 그 절반·
삼사 분·억만 분의 일이거나 천만 나유타·만억
의 제자이거나 내지는 오천만 제자 거느린 이는
그보다 더 많으며, 백만에서 일만·일천과 일백
·오십·열 내지는 셋·둘·하나를 거느리며, 단
신으로 권속 없이 홀로 수행하는 이 다 함께 부
처님 처소에 이르니, 그 수는 더더욱 많사옵니
다. 이 같은 모든 대중을 어떤 사람이 수를 헤아
리고자 한다면 항하사겁을 지난다 해도 오히려
다 알지 못하오리다.

　이 모든 대위덕의 정진 보살들을 위해 누가
법을 설해 교화하여 성취시켰으며, 누구에게서
처음 발심하였고 어느 부처님 법을 찬탄하였으
며 무슨 경전을 받아 지니며 어느 불도 닦았나
이까.

　이러한 모든 보살의 신통과 큰 지혜의 힘으로

사방의 땅이 진동하며 열려 그 속에서 솟아나니 세존이시여, 제가 예로부터 이런 일 본 적 없나이다. 원컨대, 그들이 떠나온 국토 이름 설해주옵소서. 제가 항상 여러 국토 다녔으나 이런 대중 아직 보지 못했으며 저는 이들 중에 한 사람도 알지 못하나이다. 홀연히 땅에서 솟아나니, 원컨대 그 인연을 설하소서.

지금 이 큰 회중의 무량 백천억 모든 보살들이 다 이 일을 알고자 하나이다. 이 여러 보살들의 본말(本末) 인연을 무량한 덕 갖추신 세존이시여, 원컨대 대중의 그 의심을 풀어 주소서."

이때, 석가모니불의 분신인 모든 부처님께서 무량 천만억 타방 국토에서 오셔서 팔방의 여러 보배나무 아래의 사자좌 위에 가부좌하고 계시니, 그 부처님의 시자도 각기 이 보살 대중이 삼천대천세계 사방에서 땅으로부터 솟아나 허공에 머무름을 보고 각자 그의 부처님께 사뢰었다.

"세존이시여, 이 모든 무량무변한 아승지 보살 대중은 어느 곳에서 왔나이까."

그때, 모든 부처님께서 시자에게 이르시었다.

"선남자들이여, 잠시만 기다려라. 여기 보살 마하살이 있으니 이름은 미륵이라. 석가모니불께서 수기를 하셨으니 다음에 부처님이 될 분이거니와, 그가 이미 이를 여쭈었으니 부처님께서 이제 곧 답하시리니 그대들도 이로 인하여 저절로 듣게 되리라."

이때, 석가모니불께서 미륵보살에게 이르시었다.

"착하고 착하다, 아일다여. 그대가 능히 나에게 이러한 큰일을 묻는구나. 그대들은 마땅히 함께 일심으로 정진의 갑옷을 입고 견고한 뜻을 일으켜라. 여래가 이제 모든 부처님의 지혜와 모든 부처님의 자재한 신통의 힘과 모든 부처님의 사자분신의 힘과 모든 부처님의 위엄 있고 용맹한 큰 세력의 힘을 나타내 보이려 하노라."

그때, 세존께서 이 뜻을 거듭 펴시려고 게송으로 말씀하시었다.

"마땅히 일심으로 정진하라. 내가 이 일을 설하려 하노니 의혹을 두지 말지니라. 부처님 지혜 불가사의하니 그대들 이제 믿는 힘 내어 인욕하여 선법 중에 머무르면 옛적에 듣지 못했던 법을 이제 모두 듣게 되리라. 내가 이제 그대들을 안위하리니 의구심을 품지 말라. 부처님은 말에 거짓이 없으며 지혜는 헤아리지 못하느니라. 얻은 바 제일가는 법은 심히 깊어 분별하지 못하느니라. 이러한 것을 이제 마땅히 설하리니 그대들은 일심으로 들을지니라."

이때, 세존께서 이 게송을 설하시고 미륵보살에게 이르시었다.

"내 이제 대중 가운데서 그대들에게 이르노라. 아일다여, 이 모든 대보살마하살 무량무수 아승지의 수가 땅에서 솟아남을 그대들 옛적에 보지 못한 바이나 내가 이 사바세계에서 아뇩다라삼막삼보리를 얻고 나서 이 모든 보살을 인도하여 교화하고 그 마음을 조복하여 도의 뜻을 일으키게 하였느니라.

이 모든 보살은 다 이 사바세계 아래의 허공 중에 머물러 모든 경전을 독송하고 통달하여 사유하고 분별하여 바르게 기억하였느니라. 아일다여, 이 모든 선남자들은 대중 속에 있으면서 말 많은 것을 좋아하지 아니하고 항상 조용한 곳을 즐기며, 부지런히 정진하되 쉰 적이 없으며, 또 인·천에 의지하여 머물지 않고 항상 깊은 지혜 좋아하여 걸림이 없으며, 또 항상 모든 불법 좋아하여 일심으로 정진하여 위없는 지혜 구하였느니라."

이때, 세존께서 이 뜻을 거듭 펴시려고 게송으로 말씀하시었다.

"아일다여, 마땅히 알라. 이 모든 큰 보살은 무수겁 이래로 부처님 지혜를 닦아 익혔느니라. 모두 내가 교화하여 큰 도심 일으키게 하였느니라. 이들은 나의 아들이니, 이 세계 의지하여 항상 두타의 행을 하고 고요한 곳을 좋아하여 시끄러운 대중처소 버리고 말 많은 것을 좋아하지 아니하나니, 이러한 모든 아들이 나의 도법을 배워 익혀 밤낮으로 정진하여 불도를 구하기 위해 사바세계 아래의 허공중에 머물러 있었느니라. 뜻과 생각이 견고하여 항상 부지런히 지혜를 구하며 갖가지 묘한 법을 설하되, 그 마음에 두려움 없느니라.

내가 가야성 보리수 아래 앉아 최정각을 이루고 위없는 법륜 굴리어 이들을 교화하여 처음으로 도심 일으키게 했느니라. 이제 모두 불퇴에 머물러 다 마땅히 성불하리라. 내 이제 진실한 말 하노니 그대들은 일심으로 믿으라. 내가 오랜 옛적부터 이들 대중을 교화했느니라."

이때, 미륵 보살마하살과 무수한 모든 보살들이 마음에 의혹이 생기고 일찍이 없던 일이라 괴이하게 여겨 이런 생각을 하였다.

'어떻게 세존께서 이 짧은 시간에 이와 같은 무량무변한 아승지 모든 대보살을 교화하사 아

눅다라삼먁삼보리에 머무르게 하셨을까' 하고
곧 부처님께 사뢰었다.

"세존이시여, 여래께서 태자로 계실 때 석가
족 궁성을 나오시어 가야성에서 멀지 않은 도량
에 앉으사 아눅다라삼먁삼보리를 이루시었나이
다. 이로부터 지금까지 사십여 년 되었거늘 세존
이시여, 어찌 이런 짧은 시간에 큰 불사를 지으
사 부처님의 세력과 부처님의 공덕으로써 이 같
은 무량 대보살을 교화하사 마땅히 아눅다라삼
먁삼보리에 이르게 하시었나이까.

세존이시여, 이 대보살들을 가령 어떤 사람이
천만억 겁 동안 헤아린다 해도 다하지는 못하여
그 끝을 알 수 없으리다. 이들은 아득한 옛적부
터 무량무변한 모든 부처님 처소에서 온갖 선근
을 심어 보살도를 성취하고 항상 범행을 닦았으
리다. 세존이시여, 이 같은 일은 세상에서 믿기

어렵나이다.

비유컨대 어떤 사람이 얼굴빛 아름답고 머리는 검어 나이 이십오 세 되어 보이는데 백 세 노인을 가리키며 '이는 내 아들이라' 하고 백 세 노인 또한 젊은이를 가리켜 '이는 나의 아버지라, 우리를 낳아 길렀다' 하면, 이 일은 믿기가 어렵습니다. 부처님도 또한 이와 같아서 도를 얻으신 지 오래지 않으시고, 이 대중 보살들은 이미 무량 백천만억 겁 동안 불도를 위하므로 부지런히 정진하여 무량 백천만억 삼매에 잘 들고 나고 머물러서 큰 신통을 얻었나이다. 오래 범행을 닦아 능히 차례로 온갖 선법을 잘 익혀 문답에 능하며 사람 중의 보배이니 온 세상에서 매우 희유하옵거늘, 오늘 세존께서 방금 말씀하시되 '불도를 얻고 나서 처음으로 그들을 발심케 하고 교화 인도하여 아뇩다라삼먁삼보리로 향하게 하였노라' 하시니 세존께서 성불하심이 오래지 않은데 어떻게 이 큰 공덕을 지으셨나이까.

저희는 비록 부처님께서 근기 따라 설하시고 그 말씀에 거짓이 없으시며, 아실 바를 다 통달하셨음을 믿고 있으나, 새로 발심한 여러 보살들이 부처님 멸도한 후에 만일 이 말씀을 들으면 믿지 않거나 받아들이지 않아서 법을 파하는 죄업의 인연 저지르게 되리다. 그러하오니 세존이시여, 원컨대 풀어 설하여 저희 의심을 제거하시고 미래세에 여러 선남자가 이 일을 듣고 또한 의심하지 않게 하옵소서."

이때, 미륵보살이 이 뜻을 거듭 펴려고 게송으로 말씀하였다.

"부처님께서 옛적에 석가족에서 출가하여 가야성 가까이 있는 보리수 아래 앉으신 지 얼마

되지 않으셨는데 이 모든 불자들 그 수 헤아릴 수 없고 오래도록 불도를 행하여 신통력을 지녔으며, 보살도를 잘 배워서 세간법에 물들지 않음이 연꽃이 물에 있는 것 같음이라. 땅에서 솟아나와 모두 공경하는 마음 내어 세존 앞에 있나이다. 이 일은 불가사의한데 어찌 믿을 수 있겠습니까. 부처님 득도하심 최근이온데 성취하신 바는 심히 많으시니 원컨대, 대중 의심 덜어주시고 여실히 분별해 설하소서.

비유컨대, 젊은 사람 스물다섯밖에 안 된 이가 흰머리에 주름 잡힌 백 세 노인 가리키며 '이는 나의 소생이라' 하고, 아들 또한 '이는 아버지라'고 한다면 아버지는 젊고 아들은 늙었으니 온 세상은 믿지 않을 것입니다.

세존도 또한 이 같아서 도를 얻은 지 오래지 않았고, 이 여러 보살들은 뜻이 굳고 겁냄 없으며 무량한 겁으로부터 보살의 도를 닦아 어려운 문답에 능하며 그 마음 두려움 없으며, 인욕심이 결정되어 단정하고 위덕이 있어 시방 부처님이 찬탄하시는 바라, 능히 잘 분별하여 설하며 여러 사람과 함께 있기를 좋아하지 아니하고 항상 선정에 들기 좋아하여 불도 구하기 위해 저 아래 허공중에 있나이다.

저희는 부처님께 듣사와 이 일 의심 없으나 원컨대, 부처님께서는 미래 중생 위하여 설하시어 이해하게 하소서. 만일 이 경을 의심하여 믿지 아니하는 자는 곧 마땅히 악도에 떨어지리니 원컨대 이제 해설하소서. 이 무량 보살을 어떻게 그 짧은 시간에 교화하여 발심하게 하고 퇴전 없게 하셨나이까."

16

여래수량품
如 來 壽 量 品

그때, 부처님께서 모든 보살과 일체 대중에게 이르시었다.

"여러 선남자여, 그대들은 마땅히 여래의 참다운 진리의 말을 믿고 이해할지니라."

다시 모든 대중에게 이르시었다.

"그대들은 마땅히 여래의 참다운 진리의 말을 믿고 이해할지니라."

또다시 모든 대중에게 이르시었다.

"그대들은 여래의 참다운 진리의 말을 믿고 이해할지니라."

이때, 보살 대중 가운데 미륵보살이 상수(上首)가 되어 합장하고 부처님께 아뢰되,

"세존이시여, 오직 원하옵나니, 이를 설하소서. 저희가 마땅히 부처님 말씀을 믿어 받들겠습니다".

이렇게 세 번 아뢰고 다시 말하였다.

"오직 원하옵나니, 이를 설하소서. 저희가 마땅히 부처님 말씀을 믿어 받들겠습니다."

그때, 세존께서 모든 보살이 세 번이나 청하며 그치지 않을 것을 아시고 이르시되,

"그대들은 여래의 비밀·신통의 힘에 대해 자세히 들으라. 일체 세간·천인·아수라는 모두 '지금의 석가모니불은 석가족의 궁전에서 나와 가야성 멀지 않은 도량에 앉으사, 아뇩다라삼먁

삼보리를 얻었다' 하나니 그러나 선남자여, 내가 실로 성불한 지는 무량무변 백천만억 나유타 겁 이니라.

비유컨대, 오백천만억 나유타 아승지 삼천대 천세계를 가령 어떤 사람이 부수어 작은 티끌로 만들어 동방 오백천만억 나유타 아승지의 세계 를 지나서 티끌 하나 떨어뜨리고, 이와 같이 하 며 동쪽으로 가면서 떨어뜨려 이 티끌이 다한다 면, 모든 선남자여, 어떻게 생각하는가. 이 모든 세계를 생각하고 헤아려서 그 수를 알 수 있겠는 가, 없겠는가".

미륵보살 등이 함께 부처님께 사뢰었다.

"이 모든 세계는 무량무변하여 산수로 알 바 가 아니며 또 마음의 힘으로 미칠 바가 아니오 니, 온갖 성문 벽지불이 무루의 지혜로 능히 생 각해도 그 한계를 모를 것이며 저희가 불퇴전의 자리에 있다 해도 이 일에 대해서는 또한 통달하지 못하니, 세존이시여, 이 같은 모든 세계는 무량무변할 뿐이옵니다."

이때, 부처님이 대보살들에게 이르시었다.

"선남자들이여, 이제 분명하게 그대들에게 말하리라. 이 모든 세계에 작은 티끌 떨어진 곳과 떨어지지 아니한 곳을 모두 티끌로 만들어 티끌 하나를 한 겁으로 친다 해도 내가 성불한 지는 이보다 백천만억 나유타 아승지겁이 더 지났느니라.

이로부터 나는 항상 이 사바세계에 있으면서 법을 설해 교화했으며 또 다른 곳 백천만억 나유타 아승지 국토에서 중생을 인도하여 이롭게 하였느니라. 모든 선남자여, 이 중간에 내가 연등불의 일들을 설하였으며 또 그를 열반에 들었다고 말하였으나, 이와 같은 것은 다 방편으로 분별한 것이니라.

　모든 선남자여, 만일 어떤 중생이 내 처소에 오면 내가 부처의 안목으로 그의 믿음 등 오근의 예리하고 우둔함을 보아 응당 제도할 바를 따라 곳곳에서 설했는데 이름도 같지 않고, 수명도 각기 다르며 또다시 열반에 든다 하고, 드러내어 말하며 또 갖가지 방편으로 미묘한 법을 설하여 능히 중생으로 하여금 환희심을 일으키게 하였느니라.

　모든 선남자여, 여래는 모든 중생이 소승법을 좋아하여 덕이 박하고 업이 무거움을 볼 때 이 사람을 위해 설하되 '내가 젊어서 출가하여 아뇩다라삼먁삼보리를 얻었다' 하였느니라. 그러나 내가 실로 성불한 지는 이렇게 오래되었건만, 다만 방편으로 중생을 교화하여 불도에 들게 하기 위하여 이와 같이 설하였느니라.

모든 선남자여, 여래가 설한 경전들은 다 중생 제도하기 위함이니 혹은 자기의 불신(佛身)을 설하며 혹은 다른 이의 불신을 설하며 혹은 자기의 불신을 보이며 혹은 다른 이의 불신을 보이며 혹은 자기 일을 보이며 혹은 다른 이의 일을 보이지만, 여러 가지로 말한 것은 다 진실하여 거짓이 없느니라. 왜냐하면 여래는 여실히 삼계의 상을 알고 보나니, 생사에 물러가고 나옴이 없고 또한 세상에 사는 것도 멸도하는 것도 없어서 진실하지도 않고 허망하지도 않으며, 같지도 않고 다르지도 않나니, 중생이 삼계를 보는 것과는 다르기 때문이니라.

　　이 같은 일을 여래는 밝게 보아 착오가 없건만 모든 중생이 갖가지 성품과 갖가지 욕망과 갖가지 행과 갖가지의 생각과 분별이 있으므로 모든 선근을 내게 하고자 하여 약간의 인연과 비유와 언사로써 여러 가지로 설법하여 불사를 하되 잠깐도 쉰 일이 없었느니라.

이와 같이 내가 성불한 지는 심히 오래되어 수명이 무량아승지겁이라, 항상 머물러 멸하지 않느니라. 모든 선남자여, 내가 본래 보살의 도를 행하여 이룬 수명이 지금도 아직 다하지 아니하여, 다시 위에 말한 수명의 곱이나 되느니라. 그러나 이제 참으로 멸도함이 아니로되 곧 일러 말하기를 '마땅히 멸도를 취하리라' 하노니, 여래는 이런 방편으로써 중생을 교화함이니라. 왜냐하면 만약 부처님이 세상에 오래 머문다면 박덕한 사람들은 선근을 심지 않아 빈궁하고 하천하며, 오욕에 탐착하여 기억하고 생각하는 것들이 그릇된 소견의 그물에 걸릴 것이며, 만약 여래가 항상 머물러 있어 멸도하지 않음을 보게 되면 곧 교만한 마음을 일으키고 싫증내고 권태로운 생각 품어 부처님 만나기 어렵다는 생각과 공경할 마음을 내지 아니할 것이기 때문이니라.

그러므로 여래가 방편으로 설하되 '비구여, 마땅히 알라. 모든 부처님 세상에 나오심은 만나기 어려우니라' 하느니라. 왜냐하면 박덕한 사람들은 한량없는 백천만억 겁을 지나서 혹은 부처님 친견한 이도 있고 혹은 친견하지 못한 이도 있으므로 이 말을 하는 것이니 '비구들이여, 여래는 가히 만나 뵙기 어려우니라'. 이 중생들이 이 같은 말을 들으면 반드시 만나기 어렵다는 생각을 일으켜 마음에 연모하는 생각을 품고 부처님을 간절히 우러르며 곧 선근을 심으리니, 이러하므로 여래가 실제로는 멸도하지 않건만 멸도한다고 말하는 것이니라. 또 선남자여, 모든 부처님의 법은 다 이와 같아서 중생 제도하기 위함이니 모두 진실하여 거짓이 없느니라.

비유컨대, 훌륭한 의사가 있어 지혜가 뛰어나고 의약에 통달해서 처방과 약을 잘 다루어 온갖 병을 치료하니 그에게 자식이 많아서 열, 스물 내지는 백 명이라. 일이 있어 먼 타국에 간 동안에 아들들이 잘못 알아 독약을 먹고 약 기운이 퍼져 답답하고 어지러워 땅에 뒹굴고 있었느니라. 이때, 그 아버지가 집에 돌아오니 아들들이 독약을 마셔 혹은 본심을 잃기도 하고 혹은 잃지 않은 아이도 있어, 멀리서 그 아버지를 보고 모두 크게 기뻐하며 절하고 꿇어앉아 문안을 여쭈되 '편안히 잘 다녀오셨습니까. 저희가 어리석어 잘못 알아 독약을 먹었사오니, 바라옵건대 고쳐주시고 다시 살게 해주소서' 했느니라.

아버지는 아들들의 고뇌가 이 같음을 보고 온갖 약방문에 의거하여 빛깔과 향과 좋은 맛을 다 갖춘 좋은 약초를 구해다가 찧고 체로 치고 섞어서 아들에게 먹게 하고 이런 말을 하되 '이것은 매우 좋은 약이라, 빛깔과 향과 좋은 맛을 다 고루 갖추었으니 너희가 먹으면 빨리 고통이 덜어지고 다시 온갖 병이 없으리라' 하니 그 여러 아들 중에 본심을 잃지 않은 아들들은 이 좋은 약이 빛깔과 향이 잘 갖추어져 있음을 보고 바로 먹으니 병이 다 나았으나, 본심을 잃은 다른 아들들은 아버지가 오신 것을 보고 비록 기뻐하고 문안을 드리고 병 고쳐주기를 바라기는 했으나 그 약을 주어도 먹으려고 하지 않았느니라. 왜냐하면 독기가 깊이 들어가 본심을 잃었으므로 이 좋은 빛깔과 향의 약을 좋지 않게 여겼기 때문이니라.

아버지는 이렇게 생각하되, '이 자식들은 참으로 가엾구나. 독약에 중독되어 마음이 온통 뒤집혀서 비록 나를 보고 기뻐하며 고쳐달라 하면서도 이같이 좋은 약을 먹으려 아니하니, 내가 이제 방편을 베풀어서 이 약을 먹게 하리라' 하고 곧 이런 말을 하되 '너희는 마땅히 알라. 내가 이제 노쇠해서 죽을 때가 다 된지라, 이 좋은 약을 이제 여기 남겨두니 너희가 가져다 먹되 낫지 않을까 걱정하지 말지니라' 이렇게 타이르고 다시 타국으로 가서 사람을 보내 알리되 '너희 아버지는 벌써 돌아가셨다'고 하였느니라.

이때, 아들들은 아버지의 세상 떠나심을 듣고 마음으로 크게 근심하고 괴로워하여 이같이 생각하되 '만약 아버지가 계시다면 우리를 가엾이 여겨 능히 구호해주시련만, 이제 우리를 놓아둔 채 먼 타국에서 돌아가셨으니 생각하니 외로워라, 다시는 의지할 데가 없도다' 하고 항상 슬퍼하다가 마침내 정신이 들어 드디어 이 약의 빛깔도 향도 맛도 좋은 줄 알게 되어 곧 찾아 먹으니 독한 병이 다 나은지라. 그 아버지가 아들들이 다 쾌차했다는 소식 듣고 다시 돌아와서 아들들 앞에 나타났느니라.

선남자들이여, 어떻게 생각하느냐. 만일 어떤 사람이 이 좋은 의사가 거짓말을 한 허물을 말할 수 있겠느냐, 없겠느냐."

"아니옵니다. 세존이시여."

부처님이 말씀하시었다.

"나도 또한 이와 같아서 성불한 지는 무량무변 백천만억 나유타 아승지겁이건만, 중생을 위하므로 방편력으로써 '마땅히 멸도하리라' 말한 것이니 내가 허망한 말을 했다고 말할 사람은 없느니라."

이때, 세존께서 이 뜻을 펴시려고 게송으로 말씀하시었다.

"내가 성불한 때부터 지내온 겁의 수는 한량없는 백천만억 아승지라. 항상 법을 설해 무수억 중생을 교화하여 불도에 들게 한 지 한량없는 겁 되었도다. 중생을 제도하기 위하여 방편으로 열반을 나타내지만, 실은 멸도하지 아니하고 항상 여기 있어 설법하노니, 나는 항상 여기 있되, 모든 신통력으로 전도된 중생에게는 비록 가까이 있어도 보이지 않게 함이로다.

중생들이 나의 멸도함을 보고 널리 사리에 공양하며 다 깊이 연모해서 갈앙하는 마음 내느니라. 중생들 이미 믿고 따라 마음 곧고 유연해서 일심으로 부처님 뵙고자 스스로 신명(身命)을 아끼지 아니하거늘, 이때 나와 대중이 함께 영취산에 나타나서 내가 중생들에게 말하기를 '항상 여기 있고 멸하지 않지만 방편력으로 멸과 불멸을 보이노라' 하느니라. 다른 나라 중생 가운데 공경하고 믿고 즐기는 이가 있으면 나는 또 그곳에서 위없는 법 설하건만 그대들은 이를 듣지 못하므로 내가 멸도한 줄로만 여기느니라.

내가 보니 모든 중생 고해에 빠져 있는지라, 몸 나타내지 않고 그들로 하여금 갈앙심 나게 하여 연모하는 마음 낼 때 나타나서 법을 설하거니, 신통력이 이와 같아 아승지겁에 항상 영취산과 다른 여러 곳에 머무느니라.

중생이 겁이 다하여 큰불이 타는 것을 볼 때에도 나의 이 국토는 편안하여 천·인이 항상 가득하며 동산 숲과 모든 집들은 갖가지 보배로 장엄되고 보배나무는 꽃과 열매 많아서 중생들 즐거이 노닐며 모든 하늘은 하늘북을 치고 항상 온갖 기악 연주하며 만다라 꽃비 내려 부처님과 대중 위에 뿌리리라. 나의 정토는 무너지지 않건만 중생들 눈에는 불에 타는 것으로 보여 근심과 공포와 괴로움에 가득차 있느니라.

이 모든 죄 많은 중생 악업의 인연으로 아승지겁 지내도록 삼보의 이름조차 듣지 못하느니라. 모든 공덕을 닦아서 부드럽고 정직한 사람들은 모두들 내 몸이 여기 있어 설법함을 보게 되느니라. 어느 때에는 이 중생 위하여 부처님 수명 무량함을 말하고 오랜만에야 부처님 보는 이에겐 부처님 만나기 어려움을 설해주노라.

나의 지혜력이 이와 같아서 지혜의 광명 한량 없이 비치고 수명 또한 무수한 겁이니 오래 닦은 업으로 얻은 바라. 그대들 지혜 있는 이는 여기에 의심을 내지 말라. 마땅히 의심을 끊어 길이 없앨지니 부처님 말은 진실이고 거짓이 없느니라.

마치 의원이 좋은 방편으로 실성한 아들 고치려고 살았으면서 죽었다 말한 것을 거짓이라 할 수 없듯이 나도 이 세상 아버지로서 모든 고통 근심 구제하려고 생각이 전도된 범부 위해 실은 있으면서 멸도한다 이르노니, 항상 나를 보게 되면 교만하고 방자한 생각으로 방일하고 오욕에 집착하여 악도에 떨어지나니, 내가 항상 중생의 도를 닦고 닦지 아니함을 알아서 마땅히 제도될 방편 따라 갖가지 법을 설함이니라. 항상 이 생각을 하되 '어떻게 중생들로 하여금 최상의 지혜에 들게 하여 속히 성불하게 할까' 하느니라."

17

분별공덕품
分 別 功 德 品

그때, 큰 회중에서 부처님께서 말씀하시는 수명의 겁수가 이렇게 긴 것을 듣고 무량무변한 아승지 중생이 큰 이익을 얻었다.

이때, 세존이 미륵 보살마하살에게 이르시었다.

"아일다여, 내가 이 여래의 수명이 장원함을 설할 때에 육백팔십만억 나유타 항하사 중생들이 무생법인(無生法忍)을 얻었으며, 또 그 천 배의 보살마하살이 문지(聞持)다라니문을 얻었으며, 또 한 세계 미진수 보살마하살이 말을 잘하는 무애변재를 얻었으며, 또 한 세계 미진수 보살마하살이 백천만억 무량의 선다라니를 얻었으며,

또 삼천대천세계 미진수 보살마하살은 능히 불퇴전의 법륜을 굴리며, 또 이천 중천 국토 미진수 보살마하살은 청정한 법륜을 굴리며, 또 소천국토 미진수 보살마하살은 팔 생 만에 아뇩다라삼먁삼보리를 얻게 되었으며, 또 사사천하 미진수 보살마하살은 사 생 만에 아뇩다라삼먁삼보리를 얻게 되었으며, 또 삼사천하 미진수 보살마하살은 삼 생 만에 아뇩다라삼먁삼보리를 얻게 되었으며, 또 이사천하 미진수 보살마하살은 이 생 만에 아뇩다라삼먁삼보리를 얻게 되었으며, 또 일사천하 미진수 보살마하살은 일 생 만

에 아뇩다라삼먁삼보리를 얻게 되었으며, 또 팔
세계 미진수 중생은 다 아뇩다라삼먁삼보리심을
일으켰느니라."

부처님께서 이 보살마하살들이 큰 법의 이익
얻음을 설하실 때에 허공에서는 만다라꽃·마하
만다라꽃을 비 오듯 내려 무량 백천만억 보배나
무 밑 사자좌 위에 앉으신 모든 부처님께 뿌리며
아울러 칠보탑 안의 사자좌 위에 계시는 석가모
니불과 오래전 멸도하신 다보여래께 뿌리며, 또
일체 모든 대보살과 사부대중에게 뿌리며, 또 고
운 가루로 된 전단향과 침수향을 뿌리며,

허공에서 하늘북이 저절로 우니 아름다운 소
리가 깊고도 그윽하며, 또 천 가지의 하늘옷이
비 오듯 내리며 여러 영락, 즉 진주영락·마니주
영락·여의주영락을 드리워 아홉 방위에 가득하
며, 온갖 보배향로에는 값 매길 수 없는 귀한 향

을 사르니 저절로 두루 퍼져 회중에 공양하였다.
한 분 한 분의 부처님마다 보살들이 번과 일산을
들고 차례로 이어져 올라가 범천에 이르며, 이
모든 보살은 묘한 음성으로 한량없는 게송을 읊
어 모든 부처님을 찬탄하였다.

이때, 미륵보살이 자리에서 일어나 오른쪽 어
깨를 드러내고 합장하고 부처님을 향하여 게송
으로 사뢰었다.

"부처님 설하신 희유한 법 예전에 듣지 못한
바이니 세존께서는 큰 위력 있으시고 수명 가히
헤아릴 수 없나이다. 수없는 불자들은 법의 이익
얻은 자들에 대해 세존께서 분별하여 설하심을
듣고 기쁨이 온몸에 넘치나이다.

혹은 불퇴지에 머무르고, 혹은 다라니를 얻으
며, 혹은 걸림 없는 요설변재와 만억의 선다라니

를 얻기도 하며, 혹은 대천계 미진수 보살들 있
어 각기 다 불퇴전의 법륜을 능히 굴리며, 또 중
천계 미진수 보살은 각기 청정 법륜을 능히 굴리
며, 또 소천계 미진수 보살은 남은 여덟 생에서
불도를 얻게 되며, 또 사·삼·이의 각 사천하 미
진수 보살들은 남은 생의 수에 따라 태어나 성
불하며, 또 일사천하 미진수 보살은 남은 한 생에
마땅히 일체지를 이루리다. 이러한 중생들이 부
처님 수명 장원함을 듣자옵고 한량없는 무루의
청정한 과보 얻으며 또 팔 세계 미진수 중생은
부처님 수명 설하심을 듣고 다 보리심 일으켰나
이다.

세존께서 한량없는 부사의 법을 설하사 이익
주심이 허공과 같이 가없고 하늘은 만다라꽃·
마하만다라꽃을 비 내리며, 항하사 같은 제석천
왕·범천왕이 무수한 불토로부터 와서 전단향과

침수향을 뿌려 분분하게 떨어지니 새가 허공에서 날아 내리는 듯 모든 부처님께 뿌려 공양하며 하늘북은 허공에서 저절로 묘한 소리 내며 하늘옷 천만 가지 선회하며 내려오고 온갖 보배로 된 묘한 향로에 값진 향을 피워 저절로 두루 퍼져 세존들께 공양하며 그 대보살들은 칠보의 번개, 높고 묘한 만억 가지를 들고 차례로 이어 범천까지 이르며, 한 분 한 분 부처님 앞에 보당에 승번을 달고 또한 천만 게송으로 여러 부처님을 노래불러 찬탄하나이다.

이런 갖가지 일들은 예전에 일찍 없었거늘, 부처님 수명 무량하심 듣고 모두가 다 기뻐하나이다. 부처님 이름 시방에 들리사 널리 중생 이익케 하시니 모두 선근을 갖추어 이로써 무상심(無上心) 도우셨나이다."

이때, 부처님께서 미륵 보살마하살에게 이르시었다.

　"아일다여, 어떤 중생이 부처님 수명 장원(長遠)하심이 이와 같음을 듣고 일념의 믿고 이해하는 마음 낸다면 얻는 바 공덕은 한량이 없으리라. 만약 선남자·선여인이 있어 아뇩다라삼막삼보리를 위하여 팔십만억 나유타 겁에 반야바라밀을 제외한 오바라밀, 즉 보시바라밀·지계바라밀·인욕바라밀·정진바라밀·선정바라밀을 행한다면 이 공덕은 앞의 공덕에 비하면 백분·천 분·백천만억 분의 일에도 미치지 못하며, 내지는 산수 비유로도 능히 알지 못하느니라. 만약 선남자·선여인이 이러한 공덕을 지니고도 아뇩다라삼막삼보리에서 퇴전한다면 그것은 있을 수 없느니라."

　그때, 세존께서 이 뜻을 거듭 펴시려고 게송

으로 말씀하시었다.

　"만약 어떤 사람이 부처님 지혜 구하려고 팔
십만억 나유타 겁 수에 걸쳐 오바라밀을 행하니
이 여러 겁 동안 부처님과 연각인 제자와 보살들
에게 보시해 공양하되, 진기한 음식과 좋은 옷과
침구와 전단으로 정사를 짓고 원림으로 장엄하
니라. 이 같은 보시는 갖가지 다 미묘하여 여러
겁 수 다하도록 불도에 회향하며,
　또 계를 지니되 청정하여 결함 없이 위없는
도를 구하니 여러 부처님의 찬탄하신 바 되었으
며 또 인욕을 행하여 마음이 고르고 부드러워 설
사 온갖 악을 가해도 그 마음 흔들리지 않으며
온갖 법 얻은 이들이 증상만을 품어 멸시하고 괴
롭혀도 이러한 것 다 능히 참으며 또 부지런히
정진하여 뜻과 생각 항상 견고하여 무량억겁에

한결같은 마음으로 게으르거나 쉬지 아니하며 또 무수겁을 한적한 곳에 살아 앉거나 거닐거나 졸지 않고 항상 마음을 잘 다스리느니라.

이러한 인연으로 온갖 선정 능히 생겨 팔십억 만 겁에 편안히 머물러 마음이 산란하지 아니했나니, 이 일심의 복으로 위없는 도를 구하여 '내가 일체지를 얻어 선정의 궁극을 다하리라' 하여 이 사람이 백천만억 겁 수 동안 여러 공덕 닦음이 위의 말과 같다 해도, 어떤 선남자·선여인이 나의 수명 설함을 듣고 한 생각만이라도 믿는다면 그 복은 저보다 더하리라. 어떤 사람이 온갖 의혹 없이 깊은 마음으로 잠깐만이라도 믿으면 그 복이 이와 같으리라.

그 모든 보살이 무량겁에 도를 닦아야 내가 수명 설함을 듣고 이를 곧 능히 믿어 받으리니 이러한 사람들은 이 경전을 머리에 이고 '원컨대, 나도 미래에 장수하여 중생을 제도하되, 오늘의 세존같이 석가족의 왕으로서 도량에서 사자후로 법을 설해 두려움 없게 되며 우리 미래세에 모든 사람의 존경받아 도량에 앉아서 수명 설함도 또한 이와 같게 하소서' 하리라. 만일 깊은 마음 지닌 이가 청정하고 정직하여 많이 듣고 모두 지니며 뜻을 따라 부처님 말씀 해득하면 이같은 사람들도 이에 의심이 없으리라."

"또 아일다여, 만약 어떤 이가 부처님의 수명이 장원함을 듣고 그 말뜻을 알면 이 사람이 얻은바 공덕은 한량이 없어서 능히 여래의 위없는 지혜 일으키리라. 하물며 널리 이 경을 듣거나 남에게 듣게 하거나, 만일 스스로 지니거나 남에게 지니게 하거나, 만일 스스로 쓰거나 남에게 쓰게 하거나 또는 꽃·향·영락·당번·증개·

향유·등불로 경전에 공양함이리요. 이 사람의 공덕은 무량무변하여 능히 일체종지를 낳게 되리라.

아일다여, 만일 선남자·선여인이 '나의 수명 장원하다' 설함을 듣고 깊은 마음으로 믿고 이해하면, 곧 부처님이 항상 기사굴산에 계시면서 대보살과 성문 대중들에게 에워싸여 법을 설함을 보게 될 것이며 또 이 사바세계의 땅이 유리로 되어 있고 평탄하고 반듯하며 염부단금으로 여덟 갈래 교차로를 경계 지으며, 보배나무가 늘어서 있고 모든 누대가 다 보배로 되었으며, 보살 대중들이 모두 그 가운데 있음을 볼 것이니 만일 능히 이와 같이 본다면 마땅히 알라, 이것은 깊이 믿고 이해하는 상(相)이니라. 또 여래 멸도 후에 만약 이 경을 듣고 훼방하지 아니하고 따라 기뻐하는 마음 일으키면 이 역시 깊이 믿고 이해

하는 상(相)이라 하리니, 하물며 독송하고 받아

지니는 사람이야 더 말할 것이 있겠느냐. 이 사

람은 곧 여래를 머리에 받드는 것이 되느니라.

　아일다여, 이 선남자·선여인은 나를 위하여

다시 탑과 절을 세우거나 승방을 짓거나 네 가

지 일로써 승가에 공양하지 않아도 되느니라. 왜

냐하면 이 선남자·선여인이 이 경전을 받아 지

니고 독송하는 것은 이미 탑을 일으키고 승방을

짓고 승가에 공양함이 되는 까닭이니라. 이는 곧

부처님 사리로 칠보탑을 세우되, 높고 넓게 치솟

아 점점 작아져서 범천에 이르고 온갖 번개와 보

배방울을 달고 꽃·향·영락·말향·도향·소향

과 여러 가지 북·기악·퉁소·피리·공후와 갖가

지 춤을 추며 아름다운 음성으로 노래 불러 찬탄

함이 되며 곧 한량없는 천만억 겁에 이와 같은

공양을 이미 한 것과 같느니라.

아일다여, 만일 내가 멸도한 후에 이 경전을 듣고 능히 받아 지니며 만일 스스로 쓰거나 혹은 남을 시켜 쓰게 한다면 이는 곧 승방을 일으키어 붉은 전단으로 서른두 채 전당을 짓되 높이는 팔 다라수요, 높고 넓어 장엄하고 아름다우며 백천 비구가 그 안에 살며 원림과 목욕하는 못과 산책하는 길과 참선하는 굴과 의복·음식·침구·탕약 등 온갖 생활 도구가 그 안에 충만함이라. 이와 같은 승방 전각이 수없는 백천만억이라. 그 수가 한량없거늘 이것으로 현전에서 나와 비구들을 공양함이 되느니라.

이런고로 내가 말하되 '여래가 멸도한 후에 만일 어떤 이가 이 경을 수지독송하며 남을 위해 설하거나 혹은 스스로 쓰거나 남을 시켜 쓰게 하여 경전에 공양하면 다시 탑과 절을 세우고 승방을 짓고 승가에 공양할 것 없다'고 하느니라. 하물며 다시 어떤 사람이 능히 이 경을 받아 지니면서 겸하여 보시·지계·인욕·정진·선정·지혜를 모두 행한다면 그 덕은 가장 수승하여 한량없고 가없으리라. 마치 허공이 동서남북과 네 간방과 상방·하방이 한량없고 가없음과 같이 이 사람의 공덕도 또한 이 같이 한량없고 가없어 속히 일체종지에 이르게 되느니라.

어떤 사람이 이 경을 독송하고 받아 지녀 남을 위해 설하며, 스스로 쓰거나 남을 시켜 쓰게 하며 다시 능히 탑을 세우고, 승방을 지으며 성문 대중에게 공양하고 찬탄하며, 또한 백천만억의 찬탄하는 법으로 보살의 공덕을 찬탄하며, 또 남을 위해 갖가지 인연으로 뜻을 따라 이 법화경을 해설하며, 또 능히 청정하게 계를 지켜 유화(柔和)한 이와 더불어 함께 살며, 인욕을 잘해 성냄이 없고 뜻과 생각 견고하며, 항상 좌선을 귀하게 여겨 모든 깊은 선정을 얻으며, 정진을 용맹하게 하여 여러 선법을 섭수하며, 현명한 지혜로 어려운 질문에 잘 대답한다면,

아일다여, 만일 내가 멸도한 후에 이 경전을 수지독송하는 모든 선남자·선여인이 다시 이와 같은 모든 훌륭한 공덕이 있으니 마땅히 알라. 이 사람은 이미 도량에 나아가 아뇩다라삼먁삼보리에 가까워서 보리수 아래에 앉음이니라. 아일다여, 이 선남자·선여인이 앉거나 혹은 서거나 거니는 곳이면 그곳에 응당 탑을 세울 것이니 일체 천·인이 다 공양하되 부처님의 탑과 같이 할지니라."

그때, 세존께서 이 뜻을 거듭 펴시려고 게송으로 말씀하시었다.

"만일 내가 멸도한 후에 능히 이 경을 받들어

지니면 그 사람의 복이 한량없음은 위에 설한 바와 같나니 이는 곧 온갖 공양을 다 갖춤이 되느니라. 사리를 모셔 탑을 세우고 칠보로 장엄하며, 표찰(表刹)은 높고 넓어 점점 작아져 범천에 이르며 보배방울 천만억이 바람에 움직여 묘한 소리 내며 또 무량겁을 두고 이 탑에 공양하되, 꽃과 향과 모든 영락과 하늘옷과 온갖 기악으로 하며 향유나 소등을 켜서 주위를 항상 비추어 밝게 함이니, 악한 세상 말법 시대에 능히 이 경을 지니는 이는 이미 위와 같은 공양을 두루 갖춤이 되느니라.

만일 능히 이 경전을 지니면 곧 부처님이 계실 때 우두전단으로 승방을 지어 공양하되 당각은 서른두 채, 높이는 팔 다라수요, 좋은 반찬·아름다운 의복과 침구 모두 구족하며 백천 대중 머물 곳과 동산과 목욕하는 못과 산책길과 참선하는 굴을 갖가지로 다 장엄함과 같으니라.

만일 신해하는 마음 있어 받아 지니고 독송하고 쓰고 또다시 남을 시켜 쓰게 하며 경전에 공양하되, 꽃과 향과 말향을 뿌리고 수만나꽃과 첨복화와 아제목다가로 기름을 짜 항상 불을 켜서 이 같이 공양하는 이는 한량없는 공덕을 얻으리니, 허공이 끝 간 데 없는 것과 같이 그 복도 또한 이와 같으리라.

하물며 이 경전 받아 지니며 겸하여 보시하고 계행 지키며 인욕하고 선정을 즐기고 성내지 않고 악한 말 하지 않으며 탑묘를 공경하고 비구들에게 겸손하며 교만한 마음 멀리하고 항상 지혜를 생각하여 힐난하는 질문에도 성내지 아니하고 수순하여 해설함이리요. 만일 이 같은 행을 능히 행한다면 그 공덕 가히 헤아리지 못하리라.

만일 이 법사가 이 같은 덕, 성취함을 보거든

마땅히 하늘꽃을 뿌리고 하늘옷을 그 몸에 덮어 주며 머리 조아려 발에 예배하되 부처님 생각하듯 하는 마음 낼지니라. 또 마땅히 이런 생각을 하되 '오래지 않아 도량에 이르러 무루·무위를 얻어 널리 모든 인·천 이롭게 하리라' 하여 그의 머무는 곳이나 거닐거나 앉거나 눕는 곳에서 한 게송만이라도 설하거든 거기에 마땅히 탑을 세우고 장엄하고 좋게 하여 갖가지로 공양할지니라. 불자가 머무는 곳은 곧 부처님이 수용하시니 항상 그곳에 계시면서 거닐고 앉고 누우시리라."

18

수희공덕품
隨 喜 功 德 品

그때, 미륵 보살마하살이 부처님께 사뢰었다.

"세존이시여, 만약 선남자·선여인이 이 법화
경을 듣고 따라서 기뻐한다면 얻는 복이 얼마나
되겠습니까."

다시 게송으로 사뢰었다.

"세존께서 멸도하신 후에 이 경을 듣고 만약
능히 따라서 기뻐하는 이는 얻는 복이 얼마나 되

겠습니까."

그때, 부처님께서 미륵 보살마하살에게 말씀
하시었다.

"아일다여, 여래가 멸도한 후에 만약 비구·
비구니와 우바새·우바이와 그 밖에 지혜 있는
이로서 어른이나 어린이가 이 경을 듣고 따라서
기뻐하고 법회로부터 나와 다른 곳에 이르되 승
방에서나 혹은 한적한 곳에서나 혹은 성읍에서
나 거리에서나 크고 작은 마을에서나 들은 대로
부모·친척·좋은 친구·친지를 위하여 능력 따
라 설해주어 이 사람들이 듣고 나서 또한 따라
기뻐하여 또 다른 사람에게 전하여 이와 같이
전하고 또 전하여 오십 번째 사람에게 이르면
아일다여, 그 오십 번째의 선남자·선여인이 따
라 기뻐하는 공덕을 내가 이제 말하리니 그대는

잘 들으라.

만약 사백만억 아승지 세계 안의 육취 사생의 중생으로 난생·태생·습생·화생과 혹은 유형·무형과 유상·무상과 비유상·비무상과 무족·이족·사족·다족, 이러한 중생 수에 들어 있는 자들을, 어떤 사람이 복을 구하려고 그들의 욕구대로 즐길 물건을 다 나누어주되 하나하나의 중생들마다 염부제에 가득한 금·은·유리·자거·마노·산호·호박 등 묘하고 진귀한 온갖 보배와 코끼리·말·수레와 칠보로 된 궁전·누각 등을 주었느니라.

이 큰 시주가 이같이 보시하기를 팔십 년을 채우고 나서 이런 생각을 하되 '내가 이미 중생들에게 즐길 물건을 보시하되 바라는 대로 해주었으나, 이 중생들이 다 이미 늙어서 나이 팔십이 지나고 백발에 주름져서 죽을 날이 멀지 않으

리니 내가 마땅히 불법으로 가르쳐 인도하리라'

하고, 곧 이 중생들 모아놓고 선포하여 불법으로

교화하여 보이고 가르쳐서 이익 얻고 기쁘게 하

여 일시에 다 수다원도·사다함도·아나함도·아

라한도를 얻어 온갖 번뇌를 다하여 깊은 선정에

서 다 자재함을 얻어서 팔해탈을 갖추게 하였다

면, 그대는 어떻게 생각하는가. 이 큰 시주의 얻

는 바 공덕이 많겠느냐, 많지 않겠느냐."

　미륵이 부처님께 사뢰었다.

　"세존이시여, 이 사람의 공덕은 아주 많아서

한량없고 끝이 없겠나이다. 만약 이 시주가 다만

중생에게 온갖 좋은 물질만 보시하였을지라도

공덕이 한량이 없을진데 아라한과를 얻게 한 공

덕은 말할 것이 있겠습니까."

　부처님께서 미륵에게 이르시었다.

　"내 이제 분명히 그대에게 말하노니, 이 사람

이 온갖 좋은 물질로 사백만억 아승지 세계의 육취 중생에게 보시하고 또 아라한과를 얻게 한다 해도 얻은 바 공덕이 이 오십 번째의 사람이 법화경의 한 게송을 듣고 따라 기뻐하는 공덕만 못하여 백분·천분·백천만억 분의 일에도 미치지 못하나니 산수와 비유로도 능히 알지 못하느니라.

아일다여, 이와 같이 오십 번째의 사람이 법화경을 전해 듣고 따라 기뻐한 공덕도 오히려 한량없고 가없는 아승지거늘 하물며 맨 처음 법회 중에서 듣고 따라 기뻐한 사람이야 말할 것이 있겠느냐. 그 복은 더욱 많아 한량없고 가없는 아승지로도 가히 견주지 못하리라.

또 아일다여, 만일 어떤 사람이 이 경을 위하여 승방에 가서 앉거나 혹은 서서 잠깐이라도 들어 지니면 이 공덕으로 말미암아 다시 태어날 적에는 좋고 으뜸가는, 묘한 코끼리와 말과 수레와 진기한 보배로 된 가마를 얻고 천궁에 오름을 얻으리라.

또 어떤 사람이 법을 강의하는 곳에 앉아 있다가 또 사람이 오거든 권하여 앉아 듣게 하고 자리를 나누어 앉게 하면, 이 사람의 공덕은 다시 태어날 적에 제석천왕의 자리나 범천왕의 자리나 전륜성왕의 자리를 얻게 되리라.

아일다여, 또 어떤 사람이 다른 이에게 말하기를 '법화라는 경이 있으니 함께 가서 듣자' 하여 곧 그 말을 따라 잠깐이라도 듣게 되면 이 사람의 공덕은 다시 태어날 적에 다라니보살과 함께 한곳에 나게 되리니 근기가 예리하고 지혜가 있으며,

백천만 번 태어나도 벙어리가 안 되며 입에 냄새나지 않으며 혀는 늘 병이 없고 입도 또한

병이 없으며, 치아는 때 끼어 검지 아니하고 누렇지도 않고 성글지도 않으며 또는 빠지지도 않고 어긋나지도 않고 굽지도 않으며 입술은 아래로 처지지도 않고 또한 위로 말리지도 않으며 거칠지도 않고 부스럼도 나지 않으며 또한 언청이도 안 되고 비뚤어지지도 아니하며 두껍지도 아니하고 크지도 아니하고 또한 검푸르지 아니하여 미운 데가 전혀 없고 코는 납작하지도 않고 또한 굽어 비뚤어지지도 않으며 얼굴은 검지도 않고 또는 좁고 길지도 아니하며 오목하거나 비뚤어지지도 아니하여 불쾌한 상은 일체 없으리라.

입술과 혀와 치아가 모두 보기 좋고 코는 길고 높고 곧으며 얼굴은 원만하여 눈썹은 높고 길며 이마는 넓고 번듯하여 인상이 구족하며 세세에 나는 곳마다 부처님 친히 뵙고 법을 들어서 가르침을 믿어 지니리라.

아일다여, 그대는 잠시 이를 생각해보라. 한 사람을 권고하여 가서 법을 듣게 할지라도 공덕이 이와 같거늘 하물며 일심으로 듣고 설하고 독송하고 대중 가운데서 남을 위해 분별해 설하며 설한 대로 수행하는 사람은 어떠하겠느냐.”

이때, 세존께서 이 뜻을 거듭 펴시려고 게송으로 말씀하시었다.

“어떤 사람이 법회에서 이 경전을 듣고 한 게송만이라도 따라 기뻐하여 남에게 설해주어 이와 같이 전하여져 오십 번째 사람에 이르면, 마지막 사람이 얻는 복을 이제 마땅히 분별하여 설하리라.

어떤 큰 시주가 있어 한량없는 중생에게 공급하되 팔십 년 동안을 그들의 욕구대로 채워주고 저들이 늙어서 백발 되고 주름지며 치아 빠지고 몸이 여윈 것을 보고는 오래지 않아 죽으리라 생각되어 '내가 이제 마땅히 가르쳐서 도과를 얻게 하리라' 하고 곧 방편으로 열반의 진실한 법을 설하되 '이 세상 견고하지 못하여 물거품 같고 불꽃 같으니 그대들은 다 마땅히 빨리 싫어하고 멀리하는 생각 낼지니라' 하여 모든 사람이 이 법문 듣고 다 아라한과를 얻어 육신통과 삼명과 팔해탈을 구족하더라도, 마지막 오십 번째 사람이 한 게송 듣고 따라 기뻐하면 이 사람의 복덕이 저보다 많아서 가히 비유할 수 없느니라. 이같이 전하고 전해 들은 것도 그 복이 한량없거늘 하물며 법회에서 처음 듣고 기뻐하는 사람이야 어떠하겠느냐.

만일 한 사람이라도 권하여 데리고 가서 법화경을 듣게 하되 '이 경은 깊고 묘하여 천만 겁에 만나기 어렵다' 하여 곧 그 말 듣고 따라가 잠깐이라도 듣는다면 이 사람이 받을 복을 이제 분별하여 설하리라.

세세생생 입병 없고 치아 성글거나 누렇고 검지 않으며 입술은 두껍고 위로 젖혀지고 찢어지지 않아 나쁜 상이 없으며 혀는 마르거나 검고 짧지도 않고 코는 높고 길고 곧으며 이마는 넓고 번듯하고 얼굴과 눈이 다 단엄하여 사람들이 기쁘게 보는 바이며 입에는 냄새가 나지 않고 우담발화 향기가 항상 그 입에서 나리라.

만약 승방에 나아가서 법화경을 듣고자 하여 잠시나마 듣고 기뻐하면 이제 그의 복을 설하리라. 후생에는 천·인 중에 태어나서 좋은 코끼리와 말과 수레와 진귀한 보배로 된 가마를 얻어서 하늘궁전에 오르리라.

만일 법을 강의하는 처소에서 사람을 권하여

앉아 경을 듣게 하면 이 복의 인연으로 제석천왕 · 범천왕 · 전륜왕의 자리를 얻으리니 하물며 일심으로 듣고 그 뜻 해설하며 설한 대로 수행하면 그 복이 한량없으리라."

19

법사공덕품
法 師 功 德 品

그때, 부처님께서 상정진 보살마하살에게 이르
시었다.

"만일 선남자·선여인이 이 법화경을 받아 지
니고 읽거나 외우거나 또 해설하거나 베껴 쓰면
이 사람은 마땅히 팔백의 눈의 공덕과 천이백의
귀의 공덕과 팔백의 코의 공덕과 천이백의 혀의
공덕과 팔백의 몸의 공덕과 천이백의 뜻의 공덕
을 얻으리라. 이 공덕으로 육근을 장엄하여 다

청정하게 되리라.

　이 선남자·선여인은 부모로부터 받은 청정한 육안으로 삼천대천세계의 안팎에 있는 산과 숲과 강과 바다를 보게 되며 아래로는 아비지옥에서 위로는 유정천에 이르기까지 다 보게 되리라. 또한 그 가운데 있는 일체중생을 보며 또 업의 인연과 과보로 태어나는 곳을 다 보고 다 알리라.”

　이때, 세존께서 이 뜻을 거듭 펴시려고 게송으로 말씀하시었다.

　“만일 대중 가운데서 두려움 없는 마음으로 이 법화경을 설하면 그 공덕을 그대는 들어보라. 이 사람은 팔백의 공덕 있는 수승한 눈을 얻으리니 이로써 장엄하였으므로 그 눈이 매우 청정하리라. 부모에게 받은 눈으로 삼천세계 안팎의 미루산과 수미산과 철위산과 그 밖의 모든 산과 물과 대해와 강하의 물이며 아래로는 아비지옥에서 위로는 유정천에 이르기까지 그 가운데 중생들을 모두 다 보리라. 비록 천안을 얻지 못했으나 육안의 힘이 이러하리라."

"또 상정진이여, 만일 선남자·선여인이 이 경을 받아 지녀 읽거나 외우며 또는 해설하고 베껴 쓰면 천이백의 귀의 공덕 얻으리라. 이 청정한 귀로 삼천대천세계의 아래로 아비지옥, 위로는 유정천에 이르기까지 그 가운데 안팎의 갖가지 말과 소리를 들으리니 코끼리 소리·말의 소리·소의 소리·수레 소리와 우는 소리·탄식 소리와 소라 소리·북소리·종소리·방울 소리와 웃음소리·말소리·남자 소리·여자 소리·동자 소리·동녀 소리와 법의 소리·법 아닌 소리와 괴로

운 소리·즐거운 소리와 범부의 소리·성인의 소
리와 기쁜 소리·기쁘지 않은 소리와 하늘 소리
·용의 소리·야차의 소리·건달바의 소리·아수
라의 소리·가루라의 소리·긴나라의 소리·마후
라가의 소리와 불 소리·물소리·바람 소리와 지
옥 소리·축생 소리·아귀 소리와 비구 소리·비
구니 소리·성문의 소리·벽지불 소리와 보살 소
리·부처님 소리를 들으리라. 요약하여 말하자
면 삼천대천세계 중의 온갖 안팎의 모든 소리를
비록 천이(天耳)를 얻지 못하였으나 부모에게서
받은 청정한 보통의 귀를 가지고 모두 다 듣고
알 것이니 이같이 갖가지의 소리를 분별해 알되
이근이 손상되지 않느니라."

　이때, 세존께서 이 뜻을 거듭 펴시려고 게송
으로 말씀하시었다.

"부모에게 받은 귀가 청정하여 더럽지 않아 이 보통의 귀로 삼천세계의 소리를 들으리라. 코끼리·말·수레·소의 소리와 종·방울·고동· 북의 소리와 거문고·비파·공후·퉁소·피리 소리와 맑고 좋은 노랫소리를 듣고도 집착하지 않으며 무수한 종류의 사람 소리를 들어 다 능히 알며 또 모든 천상의 미묘한 노랫소리 들으며 남녀의 소리와 동남·동녀의 소리를 들으며 산천 험한 골짜기의 가릉빈가 소리와 온갖 새들의 소리 다 들으며 지옥 중생 고통받는 소리, 갖가지 독한 형벌 받는 소리, 아귀가 기갈에 시달려 음식을 찾는 소리와 모든 아수라들이 큰 해변에 살면서 서로 말할 때에 큰 소리 질러도 이와 같이 설법하는 이는 이 사이에 안주하여 멀리 이런 온갖 소리 들어도 이근이 손상되지 않느니라.

시방세계 중에 금수가 울며 서로 부르는 것을

그 설법하는 사람은 여기에 있으면서 다 들으며, 모든 범천 위의 광음천과 변정천과 유정천에 이르기까지 말하는 음성을 법사는 여기에 있으면서 다 들으며, 일체의 비구 대중과 모든 비구니가 경전을 독송하며 남을 위해 설하는 것을 법사는 여기에 있으면서 다 듣느니라.

또 모든 보살이 경법을 독송하며 혹 남을 위해 설해주고 찬술하여 그 뜻을 해석하는 이 같은 모든 음성을 모두 다 들으며, 모든 부처님 대성존, 중생 교화하시는 분들이 모든 대중 가운데서 미묘한 법 설하심을 이 법화경 받아 지니는 이는 모두 다 들으리라.

삼천대천세계의 안팎의 모든 소리를 아래로 아비지옥, 위로는 유정천에 이르기까지 그 모든 소리를 듣되 이근에 장애가 없느니라. 그 귀가 매우 밝으므로 다 능히 분별해 아느니라. 이 법

화경 받아 지니는 이는 비록 천이를 얻지 못했
으나 다만 타고난 그 귀의 공덕이 이미 이러하
니라."

"다시 또 상정진이여, 만일 선남자·선여인이
이 경을 받아 지녀 혹은 읽고 외우고 혹은 해설
하고 베껴 쓰면 팔백의 코의 공덕 얻으리라. 이
청정한 비근으로 삼천대천세계 안팎의 갖가지
향을 맡으리니 수만나화 향기·사제화 향기·말
리화 향기·첨복화 향기·바라라화 향기와 붉은
연꽃 향기·푸른 연꽃 향기·흰 연꽃 향기와 꽃
나무 향기·과일나무 향기와 전단향·침수향·
다마라발향·다가라향과 천만 가지로 조화한 향
혹은 가루향과 환으로 된 향과 바르는 향을 이
경 수지하는 이는 여기에 있으면서 다 능히 분별
하리라. 또다시 중생의 냄새를 분별해 알 것이니

코끼리 냄새·말 냄새·소 냄새·양 등의 온갖 냄새와 남자 냄새·여자 냄새·동자 냄새·동녀 냄새와 초목과 숲의 냄새들을 가깝거나 멀거나 있는 바 모든 냄새를 다 맡아 식별하여 착오가 없느니라.

이 경을 수지하는 이는 비록 여기 있으면서도 또한 천상의 온갖 하늘 향을 맡으리니, 파리질다라수 향기·구비다라수 향기 그리고 만다라화 향기·마하만다라화 향기와 만수사화 향기·마하만수사화 향기와 전단향·침수향·갖가지 말향과 온갖 꽃향기 등 이와 같은 하늘향기 뒤섞여 나는 향기를 맡아서 식별하지 못함이 없으며, 또 모든 천인의 몸 향기 맡으리니 석제환인이 훌륭한 궁전에서 오욕락을 즐기면서 희롱할 때의 향기, 묘법 단상에서 도리제천을 위하여 설법할 때의 향기 혹은 모든 동산에서 노닐 때의 향기와 다른 천계의 남녀의 몸에서 나는 향기를 다 멀리서 맡아서 이같이 차츰 범천에 이르고 위로는 유정천에 이르기까지 모든 천인의 몸 향기를 또한 다 맡으며, 아울러 모든 하늘에서 사르는 향기를 맡느니라. 또 성문의 향기·벽지불의 향기·보살의 향기·모든 부처님 몸의 향기를 또한 다 멀리서 맡아 그 있는 곳을 아느니라. 비록 이런 향기를 맡으나 비근은 손상되지 않으며 착오가 없느니라. 이를 분별하여 다른 이에게 말해주려 해도 기억이 분명하여 그릇됨이 없느니라."

이때, 세존께서 이 뜻을 거듭 펴시려고 게송으로 말씀하시었다.

"이 사람은 비근이 청정하여 이 세계 가운데 혹은 향기이거나 혹은 나쁜 냄새이거나 갖가지를 다 맡아서 알리라. 수만나화 향기·사제화 향기·다마라발향과 전단향·침수향·계수향과 갖가지 꽃향기·과일 향기와 중생의 향기, 남자·여인의 향기를 식별하되 설법하는 이가 멀리 있어도 향기를 맡고 그 있는 곳을 알며,

세력이 큰 전륜왕과 작은 전륜왕과 그의 아들과 군신과 모든 궁인들 향기를 맡고, 그 있는 곳을 알며 몸에 지닌 진보와 땅속에 감춘 보배와 전륜왕의 보녀를 향기 맡고, 그 있는 곳을 알리라. 모든 사람의 장신구와 의복과 또는 영락과 갖가지 바르는 향을 냄새 맡고 그 몸을 알며, 모든 천인들 다니고 앉고 노닐고 신통변화하는 일을 이 법화경 수지하는 이는 냄새 맡고 다 능히 알리라.

온갖 나무의 꽃과 과실 및 소유(蘇油)의 향기를 여기 있으면서 그 있는 곳을 다 알며, 모든 깊은 산 험준한 곳에 전단나무 꽃이 피고 중생이

거기에 있는 것을 향기 맡고 다 능히 알며, 철위산과 큰 바다와 땅속의 모든 중생의 향기 맡고 그 소재 모두 알며,

아수라의 남녀와 그 모든 권속들이 싸우고 희롱할 때를 냄새 맡고 다 능히 알며, 넓은 들 험한 곳의 사자·코끼리·호랑이와 이리·들소·물소 등을 냄새 맡고 그 있는 곳을 알며,

만일 임신한 이가 있어 남자인지 여자인지 중성인지 사람이 아닌지 모르는 것을 냄새 맡고 다 능히 알며, 냄새를 맡아서 첫 회임에 성취할 것과 성취하지 못할 것과 복된 아들 순산할지를 알며, 향기를 맡음으로써 남녀의 생각하는 바탐·진·치의 마음과 또한 착한 행 닦는 사람을 알리라.

땅속에 묻혀 있는 금·은 등 온갖 보배와 구리그릇에 담겨 있는 것을 향기 맡고 다 능히 알며,

갖가지 모든 영락 그 가치 알 수 없는 것을 향기 맡고 귀하고 흔한 것과 출처와 있는 곳을 알리라.

천상의 온갖 꽃들 만다라꽃·만수사꽃과 파리질다라 나무를 향기 맡고 모두 알며, 천상의 모든 궁전 상·중·하의 차이와 온갖 보배꽃으로 장엄한 것을 향기 맡고 다 능히 알고 하늘의 원림과 좋은 궁전과 누각과 묘법당과 그 가운데서 즐거움을 향기 맡고 모두 알며, 모든 천신들이 법을 듣거나 오욕을 누릴 때 오고 가고 다니고 앉고 누움을 향기 맡고 모두 알며, 천녀가 입은 옷에 좋은 꽃과 향기로 꾸미고 두루 돌며 유희할 때를 향기 맡고 모두 다 알며, 이같이 점차로 올라가 범천에 이르기까지 선정에 들고 나는 이를 향기 맡고 다 능히 알며, 광음천과 변정천과 유정천에 이르기까지 처음 생기거나 사라짐도 향기 맡고 모두 다 알리라.

모든 비구 대중들이 법에 항상 정진하되, 앉기도 하고 걷기도 하며 경전을 독송하기도 하며, 혹은 나무 아래서 오직 좌선에 전념하면 이 경을 수지하는 이는 향기 맡고 그 있는 곳을 모두 다 알며, 보살이 뜻이 견고하여 좌선하거나 혹은 독송하거나 남을 위해 설법하는 것을 향기 맡고 다 능히 알며, 곳곳마다 세존께서 모든 이의 공경받으며 중생 불쌍히 여겨 설법하심을 향기 맡고 다 알며, 중생이 부처님 앞에서 경을 듣고 환희하여 여법하게 수행함을 향기 맡고 모두 다 아나니, 비록 보살의 무루법으로 생긴 코를 얻지는 못했으나 이 경을 가지는 이는 먼저 이러한 코를 얻으리라.”

　　“또다시 상정진이여, 만약 선남자·선여인이 이 경을 수지하여 읽거나 외우거나 또는 해설하거나 베껴 쓰면 천이백 혀의 공덕을 얻으리라. 좋거나 나쁘거나 맛있거나 맛없거나 온갖 쓰고 떫은 것도 그 혀에 닿으면 모두 더없이 좋은 맛으로 변하여 하늘의 감로수 같아서 맛없는 것이 없게 되며,

만약 이 혀로 대중 가운데서 법을 연설하면 깊고 묘한 음성이 나서 능히 그 마음을 사로잡아다 환희하고 쾌락하게 하느니라. 또 모든 천자·천녀와 제석천왕·대범천왕들은 이 깊고 묘한 음성으로 연설하는 언론의 차례를 듣고서는 모두 다 와서 들으며, 또 모든 용·용녀와 야차·야차녀와 건달바·건달바녀와 아수라·아수라녀와 가루라·가루라녀와 긴나라·긴나라녀와 마후라가·마후라가녀들이 법을 듣기 위해 다 와서 친근하고 공경하며 공양하느니라. 또 비구·비구니·우바새·우바이와 국왕·왕자·군신 권속이며

작은 전륜왕·큰 전륜왕·칠보·천자 안팎 권속들이 그 궁전을 타고 함께 와서 법을 들을 것이며,

이 보살이 법을 잘 설하므로 바라문과 거사와 국내 백성이 그 목숨 다하도록 따라 모시며 공양하리라. 또 모든 성문·벽지불·보살과 모든 부처님이 항상 이 사람 보기 바라며 이 사람 있는 쪽에 모든 부처님이 다 그곳을 향해 법을 설하시니 다 능히 일체의 불법 수지하며 또한 능히 깊고 묘한 법음 내리라."

이때, 세존께서 이 뜻을 거듭 펴시려고 게송으로 말씀하시었다.

"이 사람의 혀는 청정하여 결코 나쁜 맛을 보지 아니하며 그 먹는 바는 모두 다 감로 맛이 되리라. 깊고 맑은 묘한 음성으로 대중에게 법을 설하되 모든 인연과 비유로써 중생의 마음 인도

하며 듣는 이는 다 기뻐하여 으뜸가는 온갖 공양 베풀리라. 모든 천·용·야차·아수라 등이 다 공경하는 마음으로 함께 와서 법을 들으며 이 설법하는 사람이 만약 묘한 음성으로 삼천세계 두루 채우고자 하면 뜻대로 곧 이루게 되며,

대전륜왕과 소전륜왕 그리고 일천 아들 권속들은 합장하고 공경하는 마음으로 항상 와서 법 들으며 모든 천·용·야차·나찰·비사사도 또한 기쁜 마음으로 항상 즐겨 와서 공양하며, 범천왕·마왕·자재천왕·대자재천왕 등 이와 같은 천중(天衆)들도 항상 그곳에 찾아오리라. 모든 부처님과 제자들도 그 설법하는 소리 듣고 항상 호념하고 수호하며 때로는 그 몸을 나투리라."

"또 상정진이여, 만약 선남자·선여인이 이 경을 수지하여 읽거나 외우거나 해설하고 베껴 쓰

면 팔백의 몸의 공덕 얻으리라. 청정한 몸을 얻
되 맑은 유리와 같아서 중생이 보기를 좋아하며,

그 몸이 청정하므로 삼천대천세계 중생의 날
때와 죽을 때와 성질의 상·하와 모양의 좋고 나
쁨과 좋은 곳에 나고 나쁜 곳에 나는 것이 다 그
가운데 나타나느니라. 또 철위산·대철위산과
미루산·대미루산 등 여러 산과 그 가운데 있는
중생이 다 그 몸에 나타나며 아래로 아비지옥,
위로는 유정천에 이르기까지 있는 모든 것과 중
생들이 다 그 가운데 나타나며 또 성문·벽지불
·보살과 모든 부처님의 설법이 다 그 몸 가운데
형상으로 나타나느니라."

이때, 세존께서 이 뜻을 거듭 펴시려고 게송
으로 말씀하시었다.

"만일 법화경을 받아 지니는 이는 그 몸이 매

우 청정하여 저 맑은 유리와 같은지라 중생들 모두 보기를 좋아하리라. 또 맑고 밝은 거울에 온갖 색상 다 보이듯이 보살의 맑은 몸에서 세상의 모든 것 다 보며 오직 혼자서만 밝게 알 뿐 다른 사람은 보지 못하리라.

삼천세계 가운데 일체의 모든 생물들과 천·인·아수라·지옥·아귀·축생의 모든 형상이 다 그 몸 가운데 나타나며, 모든 하늘 등의 궁전과 유정천과 철위산·미루산·마하미루산과 모든 대해수 등이 다 그 몸에 나타나며, 모든 부처님과 성문·불자·보살들이 홀로 있거나 혹 대중에 있어 설법함이 모두 다 나타나니, 무루 법성의 미묘한 몸을 얻지 못했어도 청정한 보통 몸으로 온갖 것이 그 가운데 나타나리라.”

“다시 또 상정진이여, 만약 선남자·선여인이

여래가 멸도한 후에 이 경을 받아 지녀 만약 읽거나 외우거나 해설하고 베껴 쓰면 천이백의 뜻의 공덕을 얻으리라. 이 청정한 의근으로 한 게송이나 한 구절만 들어도 한량없고 가없는 뜻을 통달하리니, 이 뜻을 알고 나서 능히 한 구절 한 게송을 설하되, 한 달·넉 달에서 일 년이 되어도 설하는 모든 법이 그 뜻을 따라서 실상과 서로 어긋나지 아니하며, 만일 세간의 경서나 세상을 다스리는 말과 생업을 말하더라도 다 정법에 따르며,

삼천대천세계 육취 중생의 마음이 행하는 바와 마음이 동작하는 바와 마음으로 희론하는 바를 모두 다 아니, 비록 무루 지혜 얻지 못했어도 그 의근이 청정하기가 이와 같아서 이 사람이 사유하고 헤아리고 말하는 바는 다 이 불법이라 진실하지 않음이 없으며 또한 이는 과거 부처님께

서 경전 중에 설하신 바이니라."

이때, 세존께서 이 뜻을 거듭 펴시려고 게송으로 말씀하시었다.

"이 사람의 뜻은 청정하며 밝고 예리하여 혼탁함이 없으리니, 이 묘한 의근으로 상·중·하의 법을 알고 한 게송만 들어도 무량한 뜻 통달하여 차례로 법과 같이 설하되, 한 달·넉 달·일년에 이르리라.

이 세계 안팎의 일체 모든 중생들인 천·용·사람과 야차·귀신 등이 그 여섯 갈래에 있으면서 생각하는 갖가지를 법화경 지닌 공덕으로 일시에 모두 다 알리라.

시방의 수없는 부처님께서 백복으로 장엄하신 모습으로 중생 위해 설법하심을 다 듣고 능히 받아 지니며 한량없는 뜻을 생각하고 설법 또한 한량없되 시종 잊음도 착오도 없으리니 법화경을 수지한 때문이니라.

온갖 법의 모양 다 알고 뜻에 따라 차례를 알며 명자(名字)와 언어에 통달하여 아는 바와 같이 연설하리라. 이 사람이 설하는 바는 다 이 과거불의 법이리니 이런 법 설하므로 대중 속에서도 두려울 바 없으리라.

법화경 지니는 이는 뜻이 이와 같이 맑아서 아직 무루지는 얻지 못했으나 먼저 이 같은 모습을 갖추리라. 이 사람 이 경 지니고 희유한 경지에 머무르며 모든 중생이 기뻐하여 애경하는 바가 되며, 능히 천만 가지 좋은 말로 분별하여 설법하리니 법화경을 지닌 연고니라."

20

상불경보살품
常 不 輕 菩 薩 品

그때, 부처님께서 득대세 보살마하살에게 이르
시었다.

"그대는 이제 마땅히 알라. 만약 비구·비구니
와 우바새·우바이로서 법화경 지니는 이를 어
떤 이가 악한 말로 꾸짖고 비방하면 큰 죄보를
받는 것이 앞에 말한 바와 같고, 그 얻는 공덕도
먼저 말한 바와 같아서, 눈·귀·코·혀·몸·뜻이
청정하리라.

득대세여, 지나간 옛적에 한량없고 가없는 불가사의한 아승지겁을 지나서 부처님이 계셨으니, 명호는 위음왕여래·응공·정변지·명행족·선서·세간해·무상사·조어장부·천인사·불세존이시라. 겁의 이름은 이쇠요, 나라 이름은 대성이라.

위음왕불이 저 세상에서 천·인·아수라를 위하여 법을 설하시되 성문을 구하는 이를 위해서는 사제법을 설하사 생·노·병·사에서 벗어나 마침내 열반에 이르게 하시며, 벽지불 구하는 이를 위해서는 십이인연법을 설하시며, 모든 보살을 위해서는 아뇩다라삼먁삼보리를 인하여 육바라밀법을 설하사, 부처님 지혜를 성취케 하시느니라.

득대세여, 이 위음왕불의 수명은 사십만억 나유타 항하사겁이요, 정법이 세상에 머무는 겁의 수는 한 염부제의 미진과 같고 상법이 세상에 머무는 겁 수는 사천하의 미진과 같더니라.

그 부처님께서 중생을 요익케 하신 연후에 멸도하시고 정법과 상법이 다하고 난 후에, 이 국토에 다시 부처님께서 출현하시니 또한 명호가 위음왕여래·응공·정변지·명행족·선서·세간해·무상사·조어장부·천인사·불세존이시라. 이와 같이 차례로 이만억 부처님께서 나타나시니 다 같은 명호였느니라.

최초의 위음왕여래가 이미 멸도하시고 정법이 멸한 후 상법 중에 증상만 비구들의 큰 세력이 있었느니라. 그때, 한 보살비구가 있었으니 이름이 상불경이라. 득대세여, 무슨 인연으로 이름을 상불경이라 하는가. 이 비구는 만나는 이가 비구·비구니이거나 우바새·우바이이거나 다 그들을 예배하고 찬탄하며 이런 말을 하되 '내

가 그대들을 깊이 존경하며 감히 업신여기지 않
나니 왜냐하면 그대들은 다 보살도를 행하여 마
땅히 성불할 것이기 때문이니라' 하며 이 비구는
경전 독송하는 것에는 전념하지 아니하고, 다만
예배만을 행하여 사부대중이 멀리서 보이면 또
한 가서 예배 찬탄하고 이런 말을 하였느니라.

'내 그대들을 감히 가벼이 여기지 않나니 그
대들은 다 마땅히 성불하리라.'

사부대중 가운데 화를 잘 내는, 마음이 부정
한 자가 있어 악한 말로 꾸짖어 말하되 '이 무지
한 비구야, 어디서 와서 스스로 말하기를 나는
그대들을 가벼이 여기지 않노라고 하면서 우리
에게 수기 주되 마땅히 성불하리라고 하느냐.
우리는 이러한 거짓된 수기는 필요 없노라' 하
였느니라.

이같이 여러 해를 두고 항상 욕설을 당하여

도 화내지 않고 항상 이런 말을 하되 '그대들은 마땅히 성불하리라' 하였느니라. 이 말을 할 때, 여러 사람이 몽둥이와 혹은 기와나 돌로 때리고 던지면, 피해 달아나 멀리 가서 오히려 큰 소리로 외쳐 이르되 '내 감히 그대들을 가벼이 여기지 아니하노니 그대들은 다 마땅히 부처가 될 것이기 때문이니라' 하니라. 그가 항상 이런 말을 하는 고로 증상만의 비구·비구니와 우바새·우바이는 이름을 상불경이라 하였느니라.

이 비구가 임종하려 할 때, 허공에서 위음왕불이 앞서 설하신 법화경 이십천만억 게송이 들려와 모두 듣고 다 능히 받아 지녀, 곧 위에 설한 바와 같이 안근의 청정과 이·비·설·신·의근의 청정함을 얻었느니라. 이 육근의 청정함을 얻고 다시 수명이 늘어나 이백만억 나유타의 세월 동안 널리 남을 위하여 법화경을 설했느니라.

이때, 증상만의 사부대중인 비구·비구니·우바새·우바이가 이 사람을 경멸하여 상불경이라 별명을 지었는데, 그 대신통력·요설변력·대선적력(大善寂力) 얻음을 보고 그 설하는 법을 듣고는 다 믿고 따라 순종하였으며 따르니, 이 보살은 다시 천만억 중생을 교화하여 그들로 하여금 아뇩다라삼먁삼보리에 머무르게 하였느니라.

명을 마친 후에 이천억 부처님을 만나 뵈니 다 명호가 일월등명이시라. 그 법 가운데서 이 법화경을 설했으며 이 인연으로 다시 이천억 부처님을 만나 뵈니 명호가 다 같이 운자재등왕이시라. 이 모든 부처님 법 중에서 이 경전을 받아 지녀 독송하고 모든 사부대중 위하여 이 경전을 설하므로 육안이 청정해지며 귀·코·혀·몸·뜻 모든 기관이 청정함을 얻어서 사부대중 속에서 법을 설하되 마음에 두려운 바가 없었느니라.

득대세여, 이 상불경 보살마하살은 이와 같이 모든 부처님을 공양·공경하고 존중·찬탄하여 온갖 선근을 심고 그 후에 다시 천만억 부처님을 만나 또한 그 모든 부처님 법 가운데서 이 경전을 설하여 공덕을 성취하고 성불하게 되었느니라.

득대세여, 그대의 생각은 어떠한가. 그때 상불경보살이 어찌 다른 사람이랴. 바로 내 몸이었느니라. 만약 내가 과거세에 이 경을 받아 지니고 독송하여 남을 위해 설하지 아니하였더라면 아뇩다라삼먁삼보리를 빨리 얻지 못하였으리라. 내가 옛 부처님 처소에서 이 경을 받아 지녀 독송하여 남을 위해 설한 고로 빨리 아뇩다라삼먁삼보리를 얻었느니라.

득대세여, 그때 비구·비구니·우바새·우바

이는 화를 내어 나를 경멸한 까닭으로 이백억 겁 동안이나 부처님을 만나보지 못하고 법을 듣지 못하고 스님을 보지 못하였으며 천 겁 동안을 아비지옥에서 큰 고통을 받았느니라. 이 죄보를 다 마치고 다시 상불경보살의 아뇩다라삼먁삼보리로 교화함을 만났느니라.

득대세여, 그대의 생각은 어떠한가. 그때 사부대중으로 항상 이 보살을 경멸한 자가 어찌 다른 사람이겠느냐. 이제 이 회중에 발타바라 등 오백 보살과 사자월 등 오백 비구와 니사불 등 오백 우바새로서 다 아뇩다라삼먁삼보리에서 퇴전하지 않은 이가 이들이니라.

득대세여, 마땅히 알라. 이 법화경은 모든 보살마하살을 크게 요익케 하여 능히 아뇩다라삼먁삼보리에 이르게 하느니라. 그러므로 모든 보살마하살은 여래가 멸도하신 후에 항상 마땅히

이 경을 받아 지니고 독송하며 해설하고 베껴 쓸
지니라."

이때, 세존께서 이 뜻을 거듭 펴시려고 게송
으로 말씀하시었다.

"과거에 부처님이 계셨으니 명호가 위음왕불
이시라. 신통과 지혜가 한량없어 일체중생 거느
려 인도하시니 천·인·용·신이 함께 공양하는
바였느니라.

이 부처님 멸도하신 후 법이 다하려 할 때에
한 보살이 있었으니 이름은 상불경이니라. 그때
에 사부대중들은 법에 집착하거늘 상불경보살
이 그들 있는 곳에 찾아가서 일러 말하되 '내 그
대들을 가벼이 여기지 않나니 그대들은 도를 닦
아 다 마땅히 성불하리라' 하니,

그 사람들은 이 말 듣고 업신여겨 헐뜯고 욕

하고 비웃어도 상불경보살은 능히 참고 감수하더니, 그 숙세의 죄보를 마친 뒤 목숨이 다할 때 이 경을 듣고 육근이 청정해져서 신통력으로써 수명이 더 늘어 다시 모든 사람 위하여 널리 이 경을 설하니, 법에 집착한 여러 대중들은 다 보살의 교화를 입어 불도에 머무르게 되었느니라. 상불경보살이 목숨을 마치고 무수한 부처님 만나 뵙고 이 경을 설한 까닭으로 한량없는 복을 얻고 점점 공덕을 갖추어서 빨리 불도를 이루었느니라.

그때의 상불경보살은 바로 나요, 그때 사부대중으로 법에 집착한 이들은 '그대 마땅히 성불하리라'는 상불경보살의 말을 들은 인연으로 무수한 부처님 만났으니 이 회중에 오백 보살 대중과 사부대중 청신사 · 청신녀로서 지금 내 앞에서 법을 듣는 이가 그들이니라. 내가 전세에 이 모든 사람 권하여 이 경, 으뜸가는 법을 듣고 지니게 하였으며 열어 보이고 사람에게 가르쳐서 열반에 들게 하였나니 세세생생 이 같은 경전을 수지하게 하였느니라.

억억만 겁에서 불가사의한 겁에 이르러 때가 되어야 법화경을 듣게 되며, 억억만 겁에서 불가사의한 겁에 이르러 모든 부처님께서 때가 되어야 이 경을 설하시니라. 그러므로 수행하는 이는 부처님 멸도하신 후에 이 같은 경을 듣고 의혹을 내지 말며 마땅히 일심으로 널리 이 경을 설하여 세세생생 부처님 만나 빨리 불도를 이루리라."

21

여래신력품
如　來　神　力　品

그때, 천 세계의 미진과 같은 보살마하살이 땅으로부터 솟아나와 다 부처님 앞에서 일심으로 합장하고 존안을 우러르며 부처님께 사뢰었다.

"세존이시여, 저희가 부처님 멸도하신 후에 세존의 분신들이 계시는 국토, 멸도하신 그곳에서 마땅히 널리 이 경을 설하리다. 왜냐하면 저희가 또한 스스로 이 진실하고 청정한 큰 법을 얻어서 받아 지녀 독송하고 해설하고 베껴 써서 이를 공양하고자 하기 때문입니다."

　이때, 세존께서 문수사리 등 본래 사바세계에 머물렀던 한량없는 백천만억 보살마하살과 모든 비구·비구니와 우바새·우바이와 천·용·야차·건달바·아수라·가루라·긴나라·마후라가·인·비인 등의 모든 대중 앞에서 큰 신통력을 나투사 광장설(廣長舌)을 내시니, 위로는 범천에 이르고 일체의 모공으로 무량무수한 빛의 광명을 놓으사 시방세계를 다 두루 비추시니 여러 보리수 아래 사자좌 위에 계시는 부처님도 또한 이와 같이하여 광장설을 내시고 무량광명을 놓으셨다.

　석가모니불과 보리수 아래의 모든 부처님들께서 신통력 나투시기를 백천 년을 채우신 연후에 그 혀를 거두시고 일시에 큰 기침하시며 함께 손가락을 튕기시니, 이 두 소리가 두루 시방 모든 부처님 세계에 이르러서 땅이 육종으로 진동하였다. 그 가운데 있는 중생들 천·용·야차·건달바·아수라·가루라·긴나라·마후라가·인·비인 등이 부처님의 신력으로 인하여 다 이 사바세계의 무량무변한 백천만억의 여러 보리수 아래 사자좌 위에 앉으신 모든 부처님을 뵈오며, 또 석가모니불께서 다보여래와 함께 보탑 안에 계시사 사자좌에 앉으심을 보며, 또 무량무변한 백천만억의 보살마하살과 모든 사부중이 석가모니불을 공경하고 에워싸고 있음을 보고, 이를 보고 나서 모두 크게 기뻐하여 미증유를 얻었다.

그 즉시 모든 하늘이 허공에서 소리 높여 외쳐 말하였다.

"이 무량무변한 백천만억 아승지 세계를 지나서 국토가 있으니 이름이 사바요, 여기에 부처님이 계시니 명호가 석가모니불이시라. 지금 모든 보살마하살을 위하여 대승경을 설하시니 이름이 묘법연화라. 보살을 가르치는 법이며 부처님께서 호념하시는 바이니, 그대들은 마땅히 마음 깊이 기뻐할 것이며 또한 마땅히 석가모니불께 예배 공양할지니라."

저 모든 중생들이 허공에서 나는 소리를 듣고 합장하고 사바세계를 향하여 이렇게 말하였다.

"나무 석가모니불, 나무 석가모니불."

갖가지 꽃·향·영락·번개와 또 온갖 장신구와 진귀한 보배·묘한 물건을 다 함께 멀리 사바세계에 뿌리니 뿌린 물건들이 시방으로부터 오되, 마치 구름 모이듯 하며 변하여 보배휘장이 되어 여기에 계시는 모든 부처님 위를 덮으니 이때 시방세계는 툭 트여 걸림이 없어서 하나의 불국토와 같이 되었다.

이때, 부처님께서 상행 등 보살 대중에게 이

르시었다.

"모든 부처님의 신력은 이와 같이 무량무변하여 불가사의하니라. 만약 내가 이 신력으로 무량무변한 백천만억 아승지겁 동안을 다른 사람에게 위촉하기 위하여 이 경의 공덕을 설할지라도 오히려 능히 다 하지는 못하리라.

요약해 말하건대, 여래의 일체 지닌 바 법과 여래의 일체 자재한 신력과 여래의 일체 중요한 비밀의 법장과 여래의 일체 심히 깊은 일을 모두 이 경에서 펼쳐 보이고 드러내어 설했느니라. 그런고로 그대들은 여래가 멸도한 후에 마땅히 일심으로 받아 지녀 독송하고 해설하고 베껴 써서 설한 대로 수행할지니라.

어디서든 만일 받아 지녀 독송하고 해설하고 베껴 써서 설한 대로 수행하거나, 만일 이 경전 있는 곳이 있거든 동산이거나 숲속이거나 혹은 나무 아래이거나 승방이거나 신자의 집이거나 전당이거나 산골짜기이거나 넓은 들일지라도, 여기에 다 마땅히 탑을 일으켜 공양할지니 왜냐하면 마땅히 알라, 여기가 곧 도량이니 모든 부처님이 여기에서 아뇩다라삼먁삼보리를 얻으셨으며 모든 부처님이 여기서 법륜을 굴리셨으며 모든 부처님이 여기서 열반에 드셨기 때문이니라."

이때, 세존께서 이 뜻을 거듭 펴시려고 게송으로 말씀하시었다.

"모든 부처님은 세상을 구원하시는 분, 큰 신통에 머무르사 중생을 기쁘게 하기 위해 무량한 신력 나투시니라. 혀는 범천에 이르고 몸에서는 무수한 광명을 놓으사 불도 구하는 이를 위하여 이런 희유한 일을 나투시니라. 모든 부처님의 기침 소리와 손가락 퉁기는 소리가 시방국토에 두루 울려 땅이 모두 육종으로 진동함이라. 부처님 멸도하신 후에 능히 이 경을 받아 지니므로 모든 부처님 다 기뻐하사 무량한 신력 나투심이라.

이 경 부촉하시려고 받아 지니는 이를 찬미하시되, 무량겁을 설하더라도 오히려 능히 다하지 못하리니 이 사람의 공덕은 끝이 없고 다할 수 없어 시방 허공과 같아 가히 끝 간 데를 모르리라.

이 경을 지니는 이는 이미 나를 보는 것이며 또한 다보불과 모든 분신불을 친견하는 것이며 또는 내가 오늘날 교화한 모든 보살을 본 것이니라. 능히 이 경 지니는 이는 나와 분신불과 멸도한 다보불 등 모두를 다 기쁘게 하며 시방의 현재불과 아울러 과거불과 미래불에게도 또한 친견하고 공양하여 기쁘게 함이 되느니라.

모든 부처님 도량에 앉으사 얻으신 비밀한 법을 능히 이 경을 지니는 이는 머지않아 또한 마땅히 얻으리라. 능히 이 경 지니는 이는 모든 법의 뜻과 명자(名字)와 말씀을 즐겨 설하는 것이 다함이 없어서 바람이 공중에서 일체 걸림이 없는 것과 같으리라. 여래가 멸도한 후에 부처님 설하신 경의 인연과 차례를 알아서 뜻에 따라 실상대로 설하되, 일월광명이 어두움 몰아내듯 이 사람 세간에 다니면서 중생의 어두움 없애고 무량한 보살을 가르쳐서 필경 일승에 머무르게 하리라. 그러므로 지혜 있는 이는 이런 공덕과 이익 듣고 내가 멸도한 후에 마땅히 이 경 받아 지닐지니 이 사람은 불도에 결코 의심이 없으리라."

22

촉루품

嘱 累 品

그때, 석가모니불께서 법좌에서 일어나사 대신력을 나투시어 오른손으로 한량없는 보살마하살의 머리를 어루만지시면서 이렇게 말씀하시었다.

"내가 무량 백천만억 아승지겁에 이 얻기 어려운 아뇩다라삼먁삼보리의 법을 닦고 익혔느니라. 이제 그대들에게 부촉하노니 그대들은 마땅히 일심으로 이 법을 유포하되 널리 펴서 이로움을 더하도록 하라.”

이와 같이 세 번 모든 보살마하살의 머리를 어루만지시고 이러한 말씀을 하시었다.

“내가 무량 백천만억 아승지겁에 이 얻기 어려운 아뇩다라삼먁삼보리의 법을 닦고 익혔느니라. 이제 그대들에게 부촉하노니 그대들은 마땅히 받아 지녀 독송하여 널리 이 법을 펴서 일체중생으로 하여금 잘 듣고 알도록 할지니라. 왜냐하면 여래는 대자비가 있어 인색하고 두려운 마음이 없어서 능히 중생에게 부처님의 지혜와 여래의 지혜와 자연의 지혜를 주나니 여래는 이 일체중생의 큰 시주자이니라. 그대들도 마땅히 여래의 법을 따라 배울지니 인색한 마음을 내지 말라.

미래세에 만일 선남자·선여인이 있어 여래의 지혜를 믿는 이에게는 마땅히 이 법화경을 설하여 듣고 알게 할지니, 그 사람으로 하여금 부처님 지혜를 얻게 하기 위함이니라. 만약 믿지 아니하는 중생이 있으면 마땅히 여래의 다른 심묘한 법 중에서 보이고 가르쳐서 이롭게 하고 기쁘게 할지니라. 그대들이 만일 능히 이와 같이 하면 곧 이미 모든 부처님 은혜 보답함이 되느니라."

이때, 보살마하살이 부처님께서 이렇게 말씀하심을 듣고 모두 큰 기쁨이 그 몸에 두루 넘쳐 더욱더 공경하고 몸을 굽히고 머리를 숙여서 합장하고 부처님을 향하여 함께 소리를 내어 말씀드렸다.

"세존의 분부대로 모두 받들어 행하리다. 그러하오니 세존이시여, 원컨대 염려하지 마소서."

모든 보살마하살들이 이같이 세 번 반복하여 함께 소리 내어 말씀드렸다.

"세존의 분부대로 마땅히 모두 받들어 행하겠나이다. 그러하오니 세존께서는 염려하지 마소서."

이때, 석가모니불께서 시방에서 오신 모든 분신불로 하여금 각기 본토에 돌아가게 하려고 이렇게 말씀하시었다.

"여러 부처님들은 각각 편안하신 대로 하시고 다보불탑도 돌아가시어 예전과 같이 하소서."

이렇게 말씀하실 때, 시방의 무량한 모든 분신 부처님, 보리수 아래 사자좌 위에 앉으신 그분들과 다보불과 아울러 상행 등 끝이 없는 아승지 보살 대중과 사리불 등 성문 사부대중과 일체 세간과 천·인·아수라 등이 부처님의 설하신 바를 듣고 다 크게 기뻐하였다.

23

약왕보살본사품
藥 王 菩 薩 本 事 品

그때, 수왕화보살이 부처님께 사뢰었다.

"세존이시여, 약왕보살은 어찌하여 사바세계에 노니시나이까. 세존이시여, 이 약왕보살은 얼마만한 백천만억 나유타의 난행과 고행이 있었나이까. 거룩하신 세존이시여, 원컨대 간략히 해설해주소서. 모든 천·용·야차와 건달바·아수라와 가루라·긴나라·마후라가·인·비인들과 또 다른 국토에서 온 보살들과 여기 있는 성문들이 들으면 다 기뻐하오리다."

이때, 부처님께서 수왕화보살에게 이르시었다.

"지난 과거 한량없는 항하사겁에 부처님이 계셨으니 명호는 일월정명덕여래·응공·정변지·명행족·선서·세간해·무상사·조어장부·천인사·불세존이시라. 그 부처님에게 팔십억 대보살마하살과 칠십이 항하사 큰 성문 대중이 있었느니라.

부처님 수명은 사만이천 겁이요, 보살들의 수명도 또한 같으며 저 국토에는 여인·지옥·아귀·축생·아수라 등과 같은 온갖 고난이 없었느니라. 땅은 손바닥같이 평정하고 유리로 되었으며 보배나무로 장엄하고 보배휘장을 위에 덮었으며 보배꽃 번기를 드리우고 보배병과 향로가 나라 안에 가득하고 칠보로 대를 만들어 한 나무 아래 한 보대라. 보배나무와는 화살이 한 번 날아가 닿을 거리이고, 이 모든 보배나무 아래에는 다 보살과 성문들이 앉았으며 모든 보대 위에서는 각각 백억의 모든 하늘이 있어 하늘악기 울리고 노래 불러 부처님을 찬탄하여 공양하였느니라.

이때, 그 부처님께서 일체중생희견보살과 여러 보살과 성문들을 위하사 법화경을 설하셨느니라. 이 일체중생희견보살이 즐겨 고행을 닦고 일월정명덕불의 법 가운데서 정진하고 경행하여 일심으로 부처님 되기를 구하기를 만이천 년이 지나 현일체색신삼매를 얻었느니라.

이 삼매를 얻고서는 마음이 크게 환희하여 곧 이런 생각을 하되 '내가 현일체색신삼매를 얻게 됨은 다 이 법화경을 들은 힘이라. 내가 이제 마땅히 일월정명덕불과 법화경에 공양하리라' 하고 즉시 이 삼매에 드니 허공에서 만다라꽃·마하만다라꽃·고운 가루로 된 견흑 전단향을 비뿌리듯 하니 허공중에 가득차서 구름같이 내려오며 또 해차안 전단향을 비 내리듯 하니 이 향의 육수(六銖)는 가치가 사바세계와 같음이라, 이로써 부처님께 공양하였느니라.

이 공양을 마치고 삼매로부터 일어나 스스로 생각하여 말하기를 '내가 비록 신력으로 부처님께 공양하였으나 몸으로써 공양하는 것만 같지 못하다' 하고 곧 온갖 향인 전단향·훈육향·도루바향·필력가향·침수향·교향 등을 먹고 또 첨복화 등 모든 꽃의 향유를 마시기를 천이백 년을 채우고 향유를 몸에 바르고 일월정명덕불 앞에서 하늘의 보배옷으로 몸을 감고 모든 향유를 붓고 나서 신통력의 원으로써 스스로 몸을 태우니 그 광명이 팔십억 항하사 세계를 두루 비추었느니라.

　그 가운데 모든 부처님이 동시에 찬탄하여 말씀하시되 '장하고 장하다, 선남자여. 이것이 참정진이며 이것이 참다운 방법으로 여래께 공양하는 것이니라. 만약 꽃·향·영락·소향·말향·도향과 천상의 비단·번개와 해차안 전단향 등 이와 같은 갖가지 모든 물품으로 공양한다 해도 능히 미치지 못하며 가령 국성과 처자를 보시한다 해도 또한 미치지 못하느니라. 선남자여, 이를 일러 으뜸가는 보시라 하며 모든 보시 중에 가장 높고 가장 으뜸이니 법으로써 여래에게 공양하는 까닭이니라'. 이렇게 말씀하고는 각각 묵연히 계셨느니라.

　그의 몸이 천이백 년 동안 불타고 난 후에 그 몸이 다해 없어졌느니라. 일체중생희견보살이 이와 같이 법공양하기를 마치고 목숨이 다한 뒤,

다시 일월정명덕불 국토에 나서 정덕왕의 집에 가부좌를 하고 홀연히 화생하여 곧 그 아버지에게 게송으로 말하였느니라.

'대왕이여, 이제 마땅히 아소서. 나는 저곳에서 경행하여 곧 현일체색신삼매를 얻었고, 대정진을 부지런히 행하고 사랑하는 몸을 버려 세존께 공양하고 위없는 지혜 구하였나이다.'

이 게송을 설하고는 부왕에게 사뢰되 '일월정명덕불께서 지금도 계시나이다. 제가 앞서 이 부처님께 공양하고, 해일체중생어언다라니를 얻었으며 다시 이 법화경 팔백천만억 나유타·견가라·빈바라·아축바 등의 게송을 들었나이다. 대왕이시여, 제가 이제 마땅히 돌아가서 이 부처님께 공양하려 하나이다'.

이렇게 말하기를 마치고 나서 곧 칠보대에 앉아 허공에 올라감에 높이가 칠 다라수라. 부처님 처소에 이르러 머리를 조아려 발에 예하고 열 손가락 모으고 게송으로 부처님께 찬탄하였느니라.

'존안 매우 훌륭하시고 광명은 시방을 비추시도다. 제가 옛적에 공양 올렸는데 이제 다시 돌아와 친히 뵙게 되었나이다.'

이때, 일체중생희견보살은 이 게송을 설해 마치고 부처님께 사뢰었느니라.
'세존이시여, 세존께서 아직 세상에 계시나이까.'
이때, 일월정명덕불께서 일체중생희견보살에게 이르시었느니라.

'선남자여, 내가 열반할 때가 되었고 멸진할 때가 왔으니 그대는 자리를 편하게 펴라. 내 오늘밤에 마땅히 열반에 들리라.'

또 일체중생희견보살에게 분부하셨느니라.

'선남자여, 내가 불법으로써 그대에게 부촉하며 모든 보살 큰 제자들과 아울러 아뇩다라삼먁삼보리법과 또한 삼천대천칠보세계의 모든 보배나무와 보대와 시중드는 모든 천인들을 다 그대에게 부촉하며 내가 멸도한 후에 있을 사리도 또한 그대에게 부촉하노니, 마땅히 유포하여 널리 공양을 베풀도록 하고 응당 수천의 탑을 세울지니라.'

이와 같이 일월정명덕불께서 일체중생희견보살에게 분부하기를 마치시고 그날 밤이 깊어서 열반에 드셨느니라.

이때, 일체중생희견보살이 부처님께서 멸도

하심을 보고 슬퍼하고 괴로워하며 부처님을 연모하여 곧 해차안 전단나무로 섶을 쌓아 부처님 몸을 모시고 다비하느니라. 불이 다 꺼진 뒤에 사리를 거두어서 팔만사천의 보배병을 만들어 팔만사천의 탑을 세우니 높이는 삼 세계요, 표찰을 장엄히 하고 온갖 번개를 드리우고 온갖 보배 방울을 달았느니라.

이때, 일체중생희견보살이 다시 스스로 생각하되 '내가 비록 이같이 공양을 했으나 마음에 아직 흡족하지 못하니 내 이제 마땅히 다시 사리에 공양하리라' 하고, 곧 모든 보살과 큰 제자와 천·용·야차 등 모든 대중에게 말하되 '그대들은 마땅히 일심으로 생각하라. 내가 이제 일월정명덕불의 사리에 공양하리라'.

이 말을 하고 나서 곧 팔만사천 탑 앞에서 백복(百福)으로 장엄한 팔을 칠만이천 년 동안 태워서 공양하여 성문을 구하는 무수한 대중과 한량없는 아승지 사람들로 하여금 아뇩다라삼먁삼보리심을 발하여 모두 다 현일체색신삼매에 머무르도록 하였느니라.

이때, 모든 보살과 천·인·아수라 등이 그의 팔이 없음을 보고 근심하고 슬퍼하며 '이 일체중생희견보살은 우리의 스승이니 우리를 교화하신 분이거늘 이제 팔을 태우사 몸이 구족치 않으시도다' 하느니라.

이때, 일체중생희견보살이 대중 가운데서 이렇게 서원을 하였느니라.

'내가 두 팔을 버렸으니 반드시 부처님의 금빛 몸을 얻을지라. 만일 진실하여 헛되지 않다면 나의 두 팔이 다시 예전같이 되리라.'

이 서원을 마치자 저절로 예전과 같아졌나니 이 보살의 복덕과 지혜가 순하고 두터웠기 때문이니라. 이때, 삼천대천세계는 육종으로 진동하고 하늘에서는 보배꽃을 비 내리니 모든 천·인이 미증유를 얻었느니라."

부처님께서 수왕화보살에게 이르시었다.

"그대의 생각은 어떠한가. 일체중생희견보살이 어찌 다른 사람이겠는가. 지금의 이 약왕보살이 바로 그이니, 그 몸을 버려서 보시하기를 이와 같이 무량한 백천만억 나유타 수였느니라.

수왕화여, 만약 발심하여 아뇩다라삼먁삼보리를 얻고자 하는 이는 손가락이나 발가락 하나라도 태워서 불탑에 공양하면 국성이나 처자나 삼천대천국토의 산이나 숲이나 강이나 연못이나 모든 진귀한 보물로 공양하는 것보다 더 수승하니라.

만약 또 어떤 사람이 칠보로써 삼천대천세계에 가득 채워 부처님과 대보살과 벽지불과 아라

한에게 공양할지라도 이 사람의 얻는 바 공덕은
이 법화경의 네 구절, 한 게송을 받아 지니는 것
만 같지 못함이니 그 복이 가장 많음이니라.

수왕화여, 비유컨대 냇물·강물 모든 물 가운
데 바다가 제일이듯 이 법화경도 또한 이러하여
모든 여래가 설하신 경 중에서 가장 깊고 크니라.

또 토산·흑산·소철위산·대철위산·십보산
등 여러 산 가운데 수미산이 제일이듯 이 법화경
도 또한 이러하여 모든 경 중에 가장 으뜸이 되
느니라.

또 모든 별 중에서 달이 제일이듯 이 법화경
도 또한 이러하여 천만억 가지 온갖 경법 가운데
가장 밝게 비추느니라. 또 해가 모든 어둠 몰아
내듯 이 경도 또한 이러하여 모든 좋지 못한 어
둠을 몰아내느니라.

또 모든 소왕 중에 전륜성왕이 가장 으뜸이듯

이 경도 또한 이러하여 여러 경 중에서 가장 존귀하니라. 또 제석천왕이 삼십삼천 중의 왕이듯이 경도 또한 이러하여 모든 경 중의 왕이니라.

또 대범천왕이 일체중생의 아버지이듯 이 경 또한 이러하여 일체 현성·학·무학과 보살 마음을 낸 이들의 아버지이니라.

또 일체범부들 중에서 수다원·사다함·아나함·아라한·벽지불이 제일이듯 이 경도 또한 이러하여 일체여래가 설하신 바와 혹은 보살이 설한 바와 혹은 성문이 설한 바의 모든 경법 중 가장 으뜸이 되느니라. 이 경을 능히 받아 지니는 이도 또한 이러하여 일체중생 중에 으뜸이 되느니라.

일체 성문·벽지불 중에 보살이 제일이듯 이 경도 또한 이러하여 일체 모든 경법 중에 가장 제일이 되느니라. 부처님이 모든 법의 왕이시듯

이 경도 또한 이러하여 모든 경 중의 왕이니라.

수왕화여, 이 경은 능히 일체중생을 구원하는 경이며, 이 경은 능히 일체중생으로 하여금 온갖 고뇌 여의게 하며, 이 경은 일체중생을 크게 이익되게 하며 그 원을 충만하게 하느니라.

청량한 연못이 일체의 목마른 이를 만족시켜 주듯, 추운 이가 불을 얻은 듯, 벗은 이가 옷을 얻은 듯, 장사하는 사람이 물건의 주인을 얻은 듯, 아들이 어머니를 만난 듯, 나루에서 배를 얻은 듯, 병든 사람이 의원을 만난 듯, 어둠에서 등불을 얻은 듯, 가난한 이가 보배를 얻은 듯, 백성이 임금을 만난 듯, 장사치가 바다를 만난 듯, 횃불이 어둠을 몰아내는 듯 이 법화경도 또한 이러하여 능히 중생의 일체 괴로움과 일체의 병을 여의게 하며 능히 일체 생사의 속박을 풀어주느니라.

어떤 사람이 이 법화경을 듣고 만약 스스로

쓰거나 남에게 쓰게 하면 얻는 바 공덕은 부처님 지혜로 다소를 헤아릴지라도 그 끝을 모르리라. 만약 이 경전을 쓰고 꽃·향·영락과 소향·말향·도향과 번개와 의복과 갖가지 소등·유등과 온갖 향유등·첨복유등·수만나유등·바라라유등·바리사가유등·나바마리유등을 공양하면 얻는 바 공덕은 또한 다시 무량하리라.

수왕화여, 만약 어떤 사람이 이 약왕보살본사품을 들으면 또한 이 무량무변한 공덕을 얻으리라. 만약 여인이 있어 이 약왕보살본사품을 듣고 능히 받아 지니면 여자의 몸을 마친 뒤에는 다시 받지 아니하리라.

만약 여래가 멸도한 후, 후오백세 가운데 어떤 여인이 이 경전 듣고 설한 그대로 수행하면 여기서 명을 마치고 곧 안락세계의 아미타불께서 대보살들에게 둘러싸여 계시는 곳에 가서 연꽃 속 보좌 위에 태어나게 되리라.

다시는 탐욕의 괴로움을 받지 않으며 또한 성냄과 어리석음의 괴로움 받지 않으며 또다시 교만과 질투와 온갖 번뇌의 괴로움을 받지 않고, 보살의 신통과 무생법인을 얻으리라. 이 법인을 얻고 나면 눈이 청정하리니 이 청정한 눈으로 칠백만이천억 나유타 항하사와 같은 모든 부처님을 뵙게 되리라.

이때, 모든 부처님이 멀리서 함께 찬탄해 이르시되, '장하고 장하다, 선남자여. 그대가 능히 석가모니불의 법 중에서 이 경을 받아 지녀 독송하고 사유하여 남을 위해 설하면, 얻는 복덕이 무량무변하여 불로도 능히 태우지 못하고 물로도 능히 빠뜨리지 못할 것이니 그대의 공덕은 일천 부처님이 함께 설할지라도 다하지 못하리라. 그대는 이제 이미 모든 마군을 물리쳤으며, 생사의 군대를 무너뜨렸으며, 나머지 모든 원적을 다 꺾어 멸했느니라. 선남자여, 백천의 모든 부처님들이 신통력으로 함께 그대를 수호하리니, 일체 세간의 천·인 중에 그대와 같은 이는 없으리라. 오직 여래를 제외하고는 그 모든 성문·벽지불과 보살의 지혜·선정도 그대와 같은 이는 없으리라' 하시니라.

수왕화여, 이 보살은 이와 같은 공덕과 지혜의 힘을 성취하였느니라.

어떤 사람이 있어 이 약왕보살본사품을 듣고서 따라 기뻐하고 찬탄하며 좋다고 하면, 현세에 입안에서 항상 청련화의 향기가 나고, 몸의 모공에서는 항상 우두전단의 향기가 나며, 얻는 공덕은 위에 말한 것과 같으리라.

그러므로 수왕화여, 이 약왕보살본사품을 그대에게 부촉하노니 내가 멸도한 후, 후오백세 가운데 널리 펴서 유포할 것이며 염부제에서 단절되지 않게 하여 마구니와 그 권속들과 모든 천·용·야차·구반다 등이 마음대로 할 수 없도록 하라.

수왕화여, 그대는 마땅히 신통의 힘으로 이 경을 수호하라. 왜냐하면 이 경은 바로 염부제 사람들의 병에 좋은 약이 되기 때문이니라. 만약 병이 있는 사람이 이 경을 들으면 병이 곧 없어지고 늙지도 않고 죽지도 않으리라.

수왕화여, 그대가 만일 이 경을 수지하는 이를 보거든 마땅히 청련화와 말향을 가득 담아 공양하고 그 위에 뿌릴지니라. 뿌리고 이와 같이 생각하고 말하되 '이 사람은 오래지 않아서 반드시 풀을 깔고 도량에 앉아서 모든 마군을 파하고 마땅히 법라를 불며 큰 법고를 쳐서 널리 일체중생으로 하여금 생·노·병·사의 고해를 건너 해탈케 하리라' 할지니라.

　그러므로 불도를 구하는 이는 이 경전 수지하는 사람을 보거든 응당 이와 같이 공경하는 마음을 내야 하느니라."

　이 약왕보살본사품을 설할 때에 팔만사천 보살이 해일체중생어언다라니를 얻었다. 다보여래는 보탑 안에서 수왕화보살을 찬탄해 말씀하시었다.

　"장하고 장하다, 수왕화여. 그대가 불가사의한 공덕을 성취하고 지금 석가모니불께 이와 같은 일을 물어서 한량없는 모든 중생을 이익케 하였느니라."

24

묘음보살품
妙音菩薩品

그때, 석가모니불께서 대인상(大人相)인 육계에서 광명을 놓으시고 또 미간 백호상에서도 광명을 놓으사 동방 백팔만억 나유타 항하사 등 모든 부처님 세계를 두루 비추시었다.

　이 많은 수의 세계를 지나서 또 세계가 있으니 이름이 정광장엄이요, 그 나라에 부처님께서 계시니 명호를 정화수왕지여래·응공·정변지·명행족·선서·세간해·무상사·조어장부·천인사·불세존이시라. 무량무변한 보살 대중에게 공경 받으며 둘러싸여 그들을 위하여 법을 설하시니 석가모니불의 백호 광명이 그 국토에 두루 비추었다.

이때, 일체 정광장엄국 중에 한 보살이 있으니 이름이 묘음이라. 오래전부터 온갖 덕의 근본을 심어서 무량한 백천만억 모든 부처님께 공양하고 친근하여 심히 깊은 지혜를 다 성취하고, 묘당상삼매·법화삼매·정덕삼매·수왕희삼매·무연삼매·지인삼매·해일체중생어언삼매·집일체공덕삼매·청정삼매·신통유희삼매·혜거삼매·장엄왕삼매·정광명삼매·정장삼매·불공삼매·일선삼매 등 백천만억 항하사 같은 모든 큰 삼매를 얻었다.

석가모니불의 광명이 그 몸을 비추시니 곧 정화수왕지불께 사뢰었다.

"세존이시여, 제가 마땅히 사바세계에 나아가서 석가모니불께 예배·친근·공양하옵고 또 문수사리 법왕자보살·약왕보살·용시보살·수왕화보살·상행의보살·장엄왕보살·약상보살을 만나보려 하나이다."

이때, 정화수왕지불께서 묘음보살에게 이르시었다.

"그대는 저 나라를 가벼이 여겨 하열하다는 생각을 내지 말라. 선남자여, 저 사바세계는 높고 낮고 하여 평탄하지 못하며 흙과 돌과 여러 산이 있고 더러운 것이 가득찼으며 부처님 몸은 작으며 모든 보살들도 그 형상이 또한 작으니라. 그대의 몸은 사만이천 유순이요, 나의 몸은 육백팔십만 유순이라. 그대의 몸은 제일 단정하여 백천만의 복이 있어 광명이 특수하고 묘하니라. 그러므로 그대가 가서 저 나라를 가벼이 여겨 저

부처님과 보살과 국토에 하열하다는 생각을 내
지 말지니라."

묘음보살이 그 부처님께 사뢰었다.

"세존이시여, 제가 이제 사바세계에 가는 것
은 다 이 여래의 힘이며 여래의 신통력의 유희이
며 여래의 공덕과 지혜와 장엄이옵니다."

이에 묘음보살은 자리에서 일어나지 않고 몸
을 움직이지 않은 채 삼매에 들어, 삼매의 힘으
로써 기사굴산 부처님 법좌에서 멀지 않은 곳에
팔만사천의 온갖 보배로 된 연꽃을 신통으로 만
들었으니, 염부단금으로 줄기가 되고 백은으로
꽃잎이 되고 금강으로 꽃술이 되고 견숙가보로
그 대가 되었다.

이때, 문수사리 법왕자는 이 연꽃을 보고 부
처님께 사뢰었다.

"세존이시여, 이 무슨 인연으로 이런 상서로

움 먼저 나타납니까. 수천만의 연꽃이 나타나 염부단금으로 줄기 되고 백은으로 꽃잎 되며 금강으로 꽃술 되고 견숙가보로 대가 되었나이까.”

이때, 석가모니불께서 문수사리에게 이르시었다.

“이 묘음 보살마하살이 정화수왕지불의 나라로부터 팔만사천 보살에게 둘러싸여 함께 와서 이 사바세계에 이르러 나에게 공양하고 친근·예배하고자 함이며 또한 법화경을 공양하고 듣고자 함이니라.”

문수사리가 부처님께 사뢰었다.

“세존이시여, 이 보살은 무슨 선본(善本)을 심었으며 무슨 공덕을 닦았기에 능히 이런 큰 신통력이 있나이까. 무슨 삼매를 행하였나이까. 원컨대 저희에게 이 삼매의 이름을 말씀해주소서. 저희도 또한 이를 부지런히 수행하고자 하옵나이다. 이 삼매를 행해야만 이 보살의 모습의 크고 작음과 위의와 움직임을 볼 수 있게 되오리다. 오직 원하옵건대, 세존이시여, 신통력으로 저 보살이 오는 것을 저희가 볼 수 있게 하소서."

이때, 석가모니불께서 문수사리에게 이르시었다.

"여기 오래전에 멸도하신 다보여래께서 마땅히 그대들을 위하여 그 모습을 나타나게 하시리라."

이때, 다보불께서 저 보살에게 이르시었다.

"선남자여, 오너라. 문수사리 법왕자가 그대의 몸을 보고자 하노라."

이때, 묘음보살이 저 국토를 떠나 팔만사천 보살과 함께 오니, 지나오는 국토들이 육종으로 진동하고 칠보로 된 연꽃이 비 오듯 내리며 백천 가지 하늘악기는 치지 않아도 저절로 울렸다.

이 보살의 눈은 넓고 커서 푸른 연꽃잎과 같으며 백천만의 달을 모아놓는다 해도 그 면모의 단정함보다 더할 수 없으며 몸은 진금색이라. 무량한 백천의 공덕으로 장엄되어 위덕이 훌륭하여 광명이 밝게 비치며, 모든 상을 구족하여 나라연의 견고한 몸과 같았다.

칠보대에 들어가 허공에 오르니 땅에서 거리가 칠 다라수라. 모든 보살들에게 공경히 둘러싸여 이 사바세계 기사굴산에 이르러 칠보대에서 내려와서 가치가 백천이나 되는 영락을 가지고 석가모니불 처소에 이르러 머리 조아려 발에 예하고 영락을 받들어 올리고 부처님께 사뢰었다.

"세존이시여, 정화수왕지불께서 세존께 문안하십니다. 병도 없으시고 고뇌도 없으시어 기거가 편안하사 안락하게 지내시나이까. 사대는 잘 조화되나이까. 세상일은 견딜만하십니까. 중생은 제도하기 쉽나이까. 탐욕과 성냄과 어리석음과 질투와 인색함과 오만함이 많지 않나이까. 부모에게 불효하며 사문께 불경하는 삿된 소견 없나이까. 마음은 착하나이까. 오정(五情)은 거두어들이나이까.

세존이시여, 중생들이 모든 마군과 원적을 능히 항복시키나이까. 오래전에 멸도하신 다보여래께서 칠보탑 중에 계시면서 법을 들으러 오시나이까.

또 다보여래께 안부하시되 '안온하시고 고뇌 없어 오래 머무실만 하나이까' 하셨습니다. 세존이시여, 제가 이제 다보불의 불신을 뵙고자 하오니 오직 원컨대 세존께서는 저로 하여금 친견케 하소서."

이때, 석가모니불께서 다보불께 말씀하시었다.

"이 묘음보살이 만나 뵙고자 하나이다."

이때, 다보불께서 묘음보살에게 말씀하시었다.

"장하고 장하다. 그대가 능히 석가모니불께 공양하고 또 법화경을 듣고 아울러 문수보살을 보기 위하여 여기에 왔는가."

이때, 화덕보살이 부처님께 사뢰었다.

"세존이시여, 이 묘음보살이 무슨 선근을 심었으며 무슨 공덕을 닦았기에 이런 신력이 있나이까."

부처님께서 화덕보살에게 이르시었다.

"과거에 부처님이 계셨으니 이름이 운뢰음왕 다타아가도·아라하·삼먁삼불타이셨느니라. 나라 이름은 현일체세간이요, 겁의 이름은 희견이라. 묘음보살이 만이천 년을 십만 가지 기악으로 운뢰음왕께 공양하고 아울러 팔만사천 칠보로 된 발우를 바쳤느니라. 이 인연의 과보로써 지금 정화수왕지불 국토에 나서 이런 신력이 있느니라.

화덕이여, 그대는 어떻게 생각하는가. 그때, 운뢰음왕 처소에서 묘음보살로서 기악으로 공양하고 보배발우를 받들어 올린 이가 어찌 다른 사람이랴. 지금의 이 묘음 보살마하살이 그였느니라.

화덕이여, 이 묘음보살이 이미 일찍이 한량없는 모든 부처님을 친근하여 오래 덕본을 심었으며 또 항하의 모래 수 같은 백천만억 나유타 부처님을 만나 뵈었느니라.

화덕이여, 그대가 다만 묘음보살의 몸이 여기에만 있다고 보지만 이 보살은 갖가지 몸을 나투어 곳곳에서 모든 중생 위하여 이 경전을 설하느니라.

혹은 범천왕의 몸을 나투고, 혹은 제석천왕의

몸을 나투며, 혹은 자재천왕의 몸을 나투고, 혹은 대자재천왕의 몸을 나투며, 혹은 천대장군의 몸을 나투고, 혹은 비사문천왕의 몸을 나투며, 혹은 전륜성왕의 몸을 나투고, 혹은 모든 소왕의 몸을 나투며, 혹은 장자의 몸을 나투고, 혹은 거사의 몸을 나투며, 혹은 재관의 몸을 나투고, 혹은 바라문의 몸을 나투며, 혹은 비구·비구니·우바새·우바이의 몸을 나투고, 혹은 장자·거사의 부인의 몸을 나투며, 혹은 재관의 부인의 몸을 나투고, 혹은 바라문의 부인의 몸을 나투며, 혹은 동남·동녀의 몸을 나투고, 혹은 천·용·야차·건달바·아수라·가루라·긴나라·마후라가·인·비인 등의 몸을 나투어 이 경을 설하느니라. 지옥·아귀·축생과 온갖 어려운 곳에 있는 모든 것을 다 능히 구제하며, 왕의 후궁에서는 여인의 몸으로 변하여 이 경을 설하느니라.

화덕이여, 이 묘음보살은 능히 사바세계의 모든 중생을 구호하는 보살이니라. 이 묘음보살이 이와 같이 갖가지로 변화해 몸을 나투어서 이 사바국토에서 모든 중생을 위하여 이 경전을 설하되, 그 신통변화·지혜는 줄어들지 않느니라. 이 보살이 큰 지혜로써 사바세계를 밝게 비추어 일체중생으로 하여금 각각 알 바를 알게 하며 시방 항하사 세계에서도 또한 이와 같으니라.

만일 성문의 몸으로 제도할 이에게는 성문의 몸을 나투어 법을 설하며, 벽지불의 몸으로 제도할 이에게는 벽지불의 몸을 나투어 법을 설하며, 보살의 몸으로 제도할 이에게는 보살의 몸을 나투어 법을 설하며, 부처님 몸으로 제도할 이에게는 부처님의 몸을 나투어 법을 설하느니라. 이와 같이 갖가지로 제도할 바를 따라서 형상을 나타내며 멸도로 구제할 이에게는 멸도를 나타내 보이느니

라. 화덕이여, 묘음 보살마하살은 큰 신통과 지혜의 힘을 성취했나니, 그 일이 이와 같으니라."

이때, 화덕보살이 부처님께 사뢰었다.

"세존이시여, 이 묘음보살은 선근을 깊이 심었나이다. 세존이시여, 이 보살이 무슨 삼매에 머물러서 능히 이와 같이 온갖 곳에서 몸을 바꾸어 중생을 제도하나이까."

부처님께서 화덕보살에게 이르시었다.

"선남자여, 그 삼매의 이름은 현일체색신삼매이니라. 묘음보살이 이 삼매에 주하여 능히 이와 같이 한량없는 중생을 이익되게 하느니라."

이 묘음보살품을 설할 때에, 묘음보살과 함께 온 팔만사천 보살이 다 현일체색신삼매를 얻고 이 사바세계 무량한 보살도 또한 이 삼매와 다라니를 얻었다.

그때, 묘음 보살마하살이 석가모니불과 다보

불의 보배탑에 공양함을 마치고 본토로 돌아가니, 지나가는 모든 나라가 육종으로 진동하고 보배연꽃 비 뿌리고 백천만억 갖가지의 기악이 울렸다. 본국에 돌아가서는 팔만사천 보살에게 둘러싸여 함께 정화수왕지불 처소에 이르러 부처님께 사뢰었다.

"세존이시여, 제가 사바세계에 가서 중생을 이익케 하였사오며 석가모니불을 친견하옵고 또 다보불탑을 친견하고 예배·공양하였사오며 또 문수사리 법왕자보살도 보고 약왕보살과 득근정진력보살과 용시보살을 보았사오며 또 이 팔만사천 보살로 하여금 현일체색신삼매를 얻게 했나이다."

이 묘음보살래왕품을 설할 때, 사만이천 천자는 무생법인을 얻고, 화덕보살은 법화삼매를 얻었다.

25

관세음보살보문품
觀 世 音 菩 薩 普 門 品

그때, 무진의보살이 곧 자리에서 일어나 오른쪽 어깨를 드러내고 합장하고 부처님을 향하여 이렇게 사뢰었다.

"세존이시여, 관세음보살은 무슨 인연으로 이름을 관세음보살이라고 하나이까."

부처님께서 무진의보살에게 이르시었다.

"선남자여, 만약 한량없는 백천만억 중생이 있어 온갖 고뇌를 받는다 해도 이 관세음보살의 공덕을 듣고 일심으로 이름을 부르면 관세음보살이 즉시 그 음성을 관하고 모두 해탈을 얻게 하느니라.

만약 이 관세음보살의 이름을 지니는 이가 큰 불 속에 들어가더라도 불이 태우지 못하리니 이 보살의 위신력 때문이니라. 만약 큰물에 표류하는 바가 되더라도 그 이름을 부르면 곧 얕은 곳에 닿게 되리라. 만약 백천만억 중생이 있어서 금·은·유리·자거·마노·산호·호박·진주 등의 보배를 구하기 위하여 큰 바다에 들어갔을 때, 만약 폭풍이 그 배에 불어닥쳐 나찰귀국에 표류해 닿게 되더라도 그 가운데 만일 한 사람이라도 관세음보살의 이름을 부르면 모든 사람들이 다 나찰의 난을 벗어나게 되리니 이러한 인연으로 이름을 관세음이라 하느니라.

만약 또 어떤 사람이 해를 입게 되었을 때 관

세음보살 이름을 부르면 그들이 가진 칼과 몽둥이가 곧 산산조각 부서져서 벗어날 수 있게 되며, 만약 삼천대천국토에 가득한 야차와 나찰이 와서 사람을 괴롭히려 해도 관세음보살의 이름 부르는 소리를 들으면 이 모든 악귀가 오히려 악한 눈으로 보지도 못하거든 하물며 다시 해치려 하겠느냐.

가령 또 어떤 사람이 죄가 있거나 죄가 없거나 고랑을 채우고 칼을 씌우고 그 몸을 결박하였을지라도 관세음보살의 이름을 부르면 다 끊어지고 부서져서 곧 벗어나게 되리라.

만일 삼천대천국토에 원적이 가득한데 한 인솔자가 모든 상인들을 데리고 값진 보배를 가지고 험한 길을 지나갈 때 그중에 한 사람이 이렇게 외쳐 말하되 '선남자들이여, 두려워하지 말라. 그대들은 마땅히 일심으로 관세음보살의 명호를 부르라. 이 보살은 능히 중생들의 두려움을 없애주나니 그대들이 만약 명호를 부르면 이 원적에서 마땅히 벗어나게 되리라' 하여 상인들이 듣고 함께 소리를 내어 '나무 관세음보살' 하면 그 이름을 부른 연고로 곧 벗어나게 되리라. 무진의여, 이 관세음 보살마하살의 위신력은 높고 높아 이와 같으니라.

만약 어떤 중생이 음욕이 많을지라도 항상 관세음보살을 생각하고 공경하면 곧 음욕을 여의게 되며, 만약 진에가 많을지라도 항상 관세음보살을 생각하고 공경하면 곧 진에를 여의게 되며, 만약 우치가 많을지라도 항상 관세음보살을 생각하고 공경하면 곧 우치를 여의게 되느니라. 무진의여, 관세음보살은 이와 같은 큰 위신력이 있어서 이익 되게 하는 바가 많으니 그러므로 중생은 항상 마땅히 마음에 생각할지니라.

만약 어떤 여인이 아들을 얻기 위해 관세음보살께 예배 공양하면, 곧 복덕·지혜를 갖춘 아들을 낳으며, 딸을 얻고자 하면 곧 단정하고 예쁜 딸을 낳으리니 숙세에 덕본을 심었으므로 모든 사람이 사랑하고 공경하리라. 무진의여, 관세음보살은 이와 같은 힘이 있느니라. 만약 중생이 관세음보살을 공경·예배하면 복이 헛되지 아니하리니 그러므로 중생은 다 마땅히 관세음보살의 이름을 받아 지닐지니라.

무진의여, 만약 어떤 사람이 육십이억 항하사 보살의 이름을 수지하고 다시 목숨 다하도록 음식과 의복과 침구와 의약을 공양한다면 그대는 어떻게 생각하느냐. 이 선남자·선여인의 공덕이 많겠느냐, 많지 않겠느냐."

무진의보살이 사뢰었다.

"매우 많겠나이다, 세존이시여."

부처님께서 말씀하시었다.

"만일 또 어떤 사람이 있어 관세음보살의 이름을 수지하고 한때라도 예경·공양하면, 이 두 사람의 복이 똑같아서 차이가 없어 백천만억 겁에도 다하지 않느니라. 무진의여, 관세음보살의 명호를 수지하면 이 같은 무량무변한 복덕의 이익을 얻느니라."

무진의보살이 부처님께 사뢰었다.

"세존이시여, 관세음보살은 어떻게 이 사바세계에 다니시며 어떻게 중생을 위해 설법하며 방편의 힘은 어떠하나이까."

부처님께서 무진의보살에게 말씀하시었다.

"선남자여, 만약 어떤 국토에 중생이 있어 부처님 몸으로 제도할 이에게는 관세음보살이 곧 부처님의 몸을 나투어 법을 설하며, 벽지불의 몸으로 제도할 이에게는 곧 벽지불의 몸을 나투어

법을 설하며, 성문의 몸으로 제도할 이에게는 곧 성문의 몸을 나투어 법을 설하며,

범천왕의 몸으로 제도할 이에게는 곧 범천왕의 몸을 나투어 법을 설하며, 제석천왕의 몸으로 제도할 이에게는 곧 제석천왕의 몸을 나투어 법을 설하며, 자재천왕의 몸으로 제도할 이에게는 곧 자재천왕의 몸을 나투어 법을 설하며, 대자재천왕의 몸으로 제도할 이에게는 곧 대자재천왕의 몸을 나투어 법을 설하며, 천대장군의 몸으로 제도할 이에게는 천대장군의 몸을 나투어 법을 설하며, 비사문천왕의 몸으로 제도할 이에게는 비사문천왕의 몸을 나투어 법을 설하며,

소왕의 몸으로 제도할 이에게는 소왕의 몸을 나투어 법을 설하며, 장자의 몸으로 제도할 이에게는 장자의 몸을 나투어 법을 설하며, 거사의 몸으로 제도할 이에게는 곧 거사의 몸을 나투어

법을 설하며, 재관의 몸으로 제도할 이에게는 곧 재관의 몸을 나투어 법을 설하며, 바라문의 몸으로 제도할 이에게는 곧 바라문의 몸을 나투어 법을 설하며,

비구·비구니·우바새·우바이의 몸으로 제도할 이에게는 비구·비구니·우바새·우바이의 몸을 나투어 법을 설하며, 장자·거사·재관·바라문의 부인의 몸으로 제도할 이에게는 곧 부인의 몸을 나투어 법을 설하며, 동남·동녀의 몸으로 제도할 이에게는 동남·동녀의 몸을 나투어 법을 설하며 천·용·야차·건달바·아수라·가루라·긴나라·마후라가·인·비인 등의 몸으로 제도할 이에게는 곧 다 나투어서 법을 설하며, 집금강신의 몸으로 제도할 이에게는 집금강신의 몸을 나투어 법을 설하느니라.

무진의여, 이 관세음보살은 이와 같은 공덕을

성취하고 갖가지 형상으로 모든 국토에 다니면서 중생을 제도하여 해탈케 하나니 그러므로 그대들은 마땅히 일심으로 관세음보살에게 공양할지니라. 이 관세음 보살마하살은 두렵고 위급한 환난 중에도 능히 두려움을 없애주느니라. 그러므로 이 사바세계에서 다 그를 두려움을 없애주는 이라고 하느니라."

무진의보살이 부처님께 아뢰되 "세존이시여, 제가 이제 마땅히 관세음보살에게 공양하겠나이다" 하고 곧 온갖 보배구슬 영락 가치가 백천 냥이나 되는 목걸이를 풀어 드리며 이렇게 말을 하되 "인자여, 이 법의 보시의 진보영락을 받으소서" 하니 이때, 관세음보살이 받지 않으시려 하니 무진의가 다시 관세음보살에게 말하였다.

"인자시여, 우리를 어여삐 여기시어 이 영락을 받으소서."

이때, 부처님이 관세음보살에게 이르시었다.

"마땅히 이 무진의보살과 사부대중과 천·용·야차·건달바·아수라·가루라·긴나라·마후라가·인·비인 등을 어여삐 여겨 이 영락을 받을지니라."

즉시 관세음보살이 모든 사부대중과 천·용·인·비인 등을 어여삐 여겨 그 영락을 받아서 둘로 나누어, 하나는 석가모니불께 받들어 올리고 하나는 다보불탑에 받들어 올리었다.

"무진의여, 관세음보살은 이와 같은 자재한 신력이 있어 사바세계에 다니느니라."

이때, 무진의보살이 게송으로 여쭈었다.

"묘상을 갖추신 세존이시여, 제가 이제 거듭 그의 일을 여쭙나니 불자는 무슨 인연으로 이름을 관세음이라 하나이까."

묘상이 구족하신 세존께서 게송으로 무진의에게 대답하셨다.

"그대는 관세음의 행을 들으라. 모든 곳에 알맞게 응하느니라. 큰 서원은 깊기가 바다 같아 헤아릴 수 없는 겁을 지나오면서 여러 천억 불을 모시고 청정한 대원을 발했느니라. 내 그대를 위하여 간략히 설하리라.

명호를 듣고 몸을 친견하고 마음으로 생각해서 헛되이 지내지 않으면 능히 모든 세상 괴로움이 소멸하리라. 가령 해칠 뜻을 내어 큰 불구덩이에 밀어 떨어뜨려도 저 관세음의 힘을 생각하면 불구덩이 변하여 연못이 되며, 혹 큰 바다에 표류하여 용과 고기와 온갖 귀신의 난을 당할지라도 저 관음의 힘을 생각하면 파도에도 능히 빠지지 아니하며,

혹은 수미산 봉우리에서 누구에게 밀려 떨어질지라도 관음의 힘을 생각하면 해와 같이 허공에 머무르며, 혹은 악인에게 쫓겨 금강산에서 떨어질지라도 관음의 힘을 생각하면 털끝 하나도 다치지 아니하며, 혹은 원적에게 포위돼 각기 칼을 들고 해치려 해도 관음의 힘을 생각하면 모두 다 자비심을 일으키게 되며, 혹은 국법에 걸려 형장에서 죽게 됐을 때라도 관음의 힘을 생각하면 칼이 곧 조각조각 부러지며,

혹은 구속되어 큰 칼 쓰고 손발에 고랑을 채웠더라도 관음의 힘을 생각하면 저절로 풀리어 벗어나게 되며 저주나 온갖 독약으로 몸을 해치려 하는 자가 있을지라도 관음의 힘을 생각하면 도리어 본인에게로 돌아가며,

혹은 악한 나찰과 독룡과 모든 귀신을 만날지라도 관음의 힘을 생각하면 바로 감히 해치지 못

하며, 만약 악한 짐승들에게 둘러싸여 날카로운 이빨과 발톱이 무섭더라도 관음의 힘을 생각하면 먼 곳으로 달아날 것이며, 독사와 살무사와 전갈이 그 독기를 불꽃처럼 내뿜더라도 관음의 힘을 생각하면 소리 듣고 스스로 물러가며, 구름에서 뇌성 일고 번개 치면서 우박과 큰 비가 쏟아질지라도 관음의 힘을 생각하면 즉시 흩어져 없어지며, 중생이 고액을 받아 한량없는 고통이 몸을 핍박하더라도 관음의 묘한 지혜의 힘이 능히 세간의 고통 구제하느니라. 신통력이 구족하고 지혜 방편을 널리 닦아 시방 모든 국토에 몸을 나투지 아니하는 곳 없으며 갖가지 모든 악취 지옥·아귀·축생의 생·노·병·사의 고통을 점차로 다 없애주느니라.

진실한 관찰·청정한 관찰·넓고 큰 지혜의 관찰·가없이 보는 관찰·사랑으로 보는 관찰을 항상 원하고 항상 우러러볼지니라. 때 묻지 않은 청정한 광명으로 지혜의 해는 모든 어둠 몰아내고 풍재·화재 능히 없애 널리 세상 밝게 비추느니라. 자비는 체(體)가 되고 계행은 우레가 되고 인자한 마음은 아름다운 큰 구름이 되어 감로의 법비를 내려 번뇌의 불꽃을 꺼서 없애느니라. 소송하고 다투는 관청에서나 무섭고 두려운 군진 속에서도 관음의 힘을 생각하면 모든 원적이 모두 물러가리라.

미묘한 소리·세상을 관하는 소리·범음과 해조음은 세간에서 수승한 소리이니 그러므로 항상 생각하라. 생각 생각마다 의심내지 말지니 관세음은 청정한 성인, 고뇌와 사액에서 의지가 되리라. 일체의 공덕을 갖추고 자비하신 눈으로 중생을 보며 복덕의 바다는 한량없나니 그러므로 마땅히 정례할지니라."

그때, 지지보살이 곧 자리에서 일어나 부처님께 사뢰었다.

"세존이시여, 만일 어떤 중생이 이 관세음보살품의 자재한 행동과 넓은 문으로 나투시는 신통력을 듣는다면 이 사람의 공덕이 적지 않을 것입니다."

부처님께서 이 관세음보살보문품을 설하실 때에 대중 속에 팔만사천 중생이 다 비할 바 없는 아뇩다라삼먁삼보리심을 발하였다.

26

다라니품
陀 羅 尼 品

그때, 약왕보살이 곧 자리에서 일어나 오른쪽 어깨를 드러내어 합장하고 부처님을 향하여 사뢰었다.

"세존이시여, 만약 선남자·선여인이 능히 법화경을 받아 지녀서 독송하여 통달하거나 만약 경을 베껴 쓰면 얼마나 큰 복을 받겠습니까."

부처님께서 약왕에게 이르시었다.

"만약 선남자·선여인이 팔백만억 나유타 항

하사 수와 같은 모든 부처님께 공양한다면 그대
는 이를 어떻게 생각하는가. 그가 얻는 복이 많
겠는가, 많지 않겠는가."

"매우 많겠나이다, 세존이시여."

부처님께서 말씀하시었다.

"만약 선남자·선여인이 능히 이 경의 한 사구
게만이라도 받아 지니고 독송하여 뜻을 알고 설
한 대로 수행한다면 공덕이 심히 많으리라."

이때, 약왕보살이 부처님께 사뢰었다.

"세존이시여, 저는 지금 마땅히 설법하는 이
에게 다라니주를 주어 수호하겠습니다."

하고 곧 주문을 설하였다.

"안니 만니 마네 마마네 지례 자리졔 샤마 샤
리다위 선졔 목데 목다리 사리 아위사리 상리 사
리 사예 아사예 아기니 선졔 샤리 다라니 아로가
바사파자빅사니 네비데 아변다라네리데 아단다

파례수디 구구례 모구례 아라례 파라례 수가차 아삼마삼리 붓다비기리질데 달마바리차제 싱가 열구사네 바사바사수지 만다라 만다라샤야다 우루다 우루다교사랴 악사라 악사약사야 아바로 아마야나다야."

"세존이시여, 이 다라니주는 육십이억 항하사수와 같은 모든 부처님께서 설하신 바이니, 만일 이 법사를 침해하거나 훼방하는 자가 있다면 이는 곧 이 모든 부처님을 침해하고 훼방함이 되나이다."

이때, 석가모니불께서 약왕보살을 칭찬하여 말씀하시었다.

"장하고 장하다, 약왕이여. 그대가 이 법사를 어여삐 생각하고 옹호하는 연고로 이 다라니를 설하니 모든 중생을 이롭게 한 바가 많으리라."

이때, 용시보살이 부처님께 사뢰었다.

"세존이시여, 저도 또한 법화경을 독송하고 받아 지니는 이를 보호하기 위하여 다라니를 설하오리다. 만약 이 법사가 이 다라니를 얻으면 야차이거나 나찰이거나 부단나이거나 길자이거나 구반다이거나 아귀 등이 그의 약점을 찾아내려 하더라도 쉽지 않을 것입니다."

곧 부처님 앞에서 주문을 설하였다.

"자례 마하자례 우기 모기 아례 아라바제 네례제 네례다바제 니지니 위지니 지지니 네례제니 네례제바지."

"세존이시여, 이 다라니주는 항하사 수와 같은 모든 부처님께서 설하신 바이며 또한 모두 따라서 기뻐하는 바이오니, 이 법사를 침해하고 훼방하는 것은 곧 이 모든 부처님을 침해하고 훼방함이 되나이다."

이때, 세상을 수호하는 비사문천왕이 부처님

께 사뢰었다.

"세존이시여, 저도 또한 중생을 어여삐 여겨 이 법사를 옹호하기 위하여 이 다라니를 설하겠습니다."

곧 주문을 설하였다.

"아리 나리 노나리 아나로 나리 구나리."

"세존이시여, 이 신주로써 법사를 옹호하고 저 또한 스스로 이 경을 수지하는 이를 옹호함으로써 백 유순 안에 모든 재앙이 없게 하겠습니다."

이때, 지국천왕이 이 회중에 있어 천만억 나유타 건달바들의 공경과 위요를 받으면서 부처님 처소에 나아가서 합장하고 부처님께 사뢰었다.

"세존이시여, 저도 또한 다라니주로 법화경을 지니는 자를 옹호하겠습니다."

곧 주문을 설해 이르되,

"아가네 가네 구리 건다리 전다리 마등기 상구리 부루사리 알디".

"세존이시여, 이 다라니주는 사십이억 모든 부처님께서 설하신 바이니, 이 법사를 침해하고 훼방하는 것은 곧 이 모든 부처님을 침해함이 되나이다."

이때, 나찰녀들이 있었으니 첫째는 남바요, 둘째는 이름이 비남바요, 셋째는 이름이 곡치요, 넷째는 이름이 화치요, 다섯째는 이름이 흑치요, 여섯째는 이름이 다발이요, 일곱째는 이름이 무염족이요, 여덟째는 이름이 지영락이요, 아홉째는 이름이 고제요, 열째는 이름이 탈일체중생정기니라. 이 열 명의 나찰녀가 귀자모와 더불어 그 아들 및 권속과 함께 부처님 처소에 나아가 한 소리로 부처님께 사뢰었다.

"세존이시여, 저희도 또한 법화경을 독송하고

수지하는 이를 옹호하여 그 재앙을 없애주고자 하오니, 만약 법사의 약점을 찾으려는 자가 있으면 마음대로 하지 못하게 하겠습니다."

곧 부처님 앞에서 주문을 설하였다.

"이데리 이제민 이데리 아제리 이제리 니리 니리 니리 니리 니리 루혜 루혜 루혜 루혜 다혜 다혜 다혜 도혜 로혜."

"차라리 제 머리 위에는 오르게 할지언정 법사를 괴롭히지 못하게 하며 야차이거나 나찰이거나 아귀이거나 부단나이거나 길자이거나 비타라이거나 건타이거나 오마륵가이거나 아발마라이거나 야차길자이거나 인길자이거나 열병이 하루, 이틀, 사흘, 나흘 또는 이레에 이르는 것이든, 고질이 된 열병이든, 남자의 형상, 여자의 형상, 동남의 형상, 동녀의 형상들이 꿈속에서라도 괴롭히지 못하게 하겠나이다."

곧 부처님 앞에서 게송으로 사뢰었다.

"만일 나의 주문에 순종하지 아니하고 설법하는 이를 괴롭히면, 머리를 부수어 일곱 조각 만들어서 아리수 나뭇가지와 같이 되게 하며, 부모 죽인 죄와 같게 하고 기름 짤 때 속인 죄와 같이 하며, 두(斗)와 저울로 사람 속인 죄·조달이 승가 파한 죄와 같게 하리라. 이 법사 범한 자는 마땅히 이러한 재앙을 받으리라."

모든 나찰녀가 이 게송을 설하고 나서 부처님께 사뢰었다.

"세존이시여, 저희도 또한 마땅히 스스로 이 경을 수지독송하고 수행하는 이를 옹호하여 안온을 얻게 하고 모든 재난을 여의게 하며 온갖 독약이 소멸되게 하겠나이다."

부처님께서 모든 나찰녀에게 이르시었다.

"착하고 착하다, 너희가 다만 법화경의 이름만 수지한 사람을 옹호한다 해도 그 복을 가히 헤아리지 못하겠거늘 하물며 구족하게 받아 지니고 경전에 공양하고 꽃과 향과 영락과 말향·도향·소향과 번개와 기악 등으로 하며, 갖가지 등을 켜되 소등·유등·온갖 향유등과 소마나화유등·첨복화유등·바사가화유등·우발라화유등, 이와 같이 백천 가지로 공양하는 이를 옹호하는 것은 얼마나 그 복이 크겠느냐. 고제여, 너희와 권속은 마땅히 이와 같은 법사를 옹호할지니라."

이 다라니품을 설할 때에 육만팔천 사람이 무생법인을 얻었다.

27

묘장엄왕본사품
妙 莊 嚴 王 本 事 品

그때, 부처님께서 모든 대중에게 이르시었다.

"지나간 옛적에 무량무변한 불가사의 아승지 겁을 지나서 부처님이 계셨으니 명호가 운뢰음수왕화지 다타아가도·아라하·삼먁삼불타이시고 나라 이름은 광명장엄이요, 겁의 이름은 희견이라. 그 부처님 법 중에 왕이 있었으니, 이름이 묘장엄이라. 그 왕의 부인은 이름이 정덕이며 두 아들을 두었으니, 첫째는 이름이 정장이요, 둘째는 이름이 정안이라 하였느니라.

이 두 아들은 큰 신통력과 복덕과 지혜가 있어 오랫동안 보살의 행할 도를 닦았느니라. 즉 보시바라밀·지계바라밀·인욕바라밀·정진바라밀·선정바라밀·반야바라밀·방편바라밀과 자비희사와 삼십칠품의 조도법을 다 밝게 깨달아 통달하였느니라. 또 보살의 정삼매와 일성수삼매·정광삼매·정색삼매·정조명삼매·장장엄삼매·대위덕장삼매를 얻어 이 모든 삼매에 또한 다 통달하였느니라.

그때, 그 부처님이 묘장엄왕을 인도하시려고 또 중생을 가엾이 여겨 이 법화경을 설하시니라. 이때, 정장·정안 두 아들이 그의 어머니 처소에 가서 열 손가락 모아 합장하고 말하였느니라.

'원컨대, 어머니시여, 운뢰음수왕화지불 처소에 가시지요. 저희가 모시고 가서 친근하고 공양

·예경하오리다. 왜냐하면 이 부처님은 모든 천
·인 중에서 법화경을 설하시니 마땅히 받아 지
녀야 하기 때문입니다.'

어머니가 아들에게 일러 말하기를, '너희 아
버지는 외도를 믿어 바라문의 법에 집착하시니
너희는 마땅히 가서 아버지께 말씀드려 함께 가
시도록 할지니라' 하니, 정장·정안이 열 손가락
모아서 합장하고 어머니에게 '저희는 이 법왕의
아들이거늘 어찌해서 이 사견가에 태어났나이
까' 하니라.

어머니가 아들에게 이르기를 '너희는 마땅히
너희 아버지를 생각하여 신통변화를 나툴지니
라. 만약 보시게 되면 마음이 반드시 청정해져서
아마도 우리가 부처님 처소에 감을 허락하시리
라' 하니,

이에 두 아들이 아버지를 생각하여 허공으로

솟아올라 가니 높이가 칠 다라수라 갖가지 신통
변화를 나투니, 허공에서 가고 서고 앉고 누워
보이며, 몸 위로 물을 뿜고 몸 아래로 불을 뿜으
며, 몸 아래로 물을 뿜고 몸 위로 불을 뿜으며, 혹
은 큰 몸을 나투어 허공에 가득찼다가 다시 작아
지며, 작았다가 다시 큰 몸을 나투며, 공중에서
없어졌다가 홀연히 땅에 있으며, 땅속에 들어가
기 물속에 들어가는 것 같고, 물을 밟기를 땅에
서와 같이하여, 이와 같은 갖가지 신통변화를 나
투어서 그 부왕으로 하여금 마음이 청정해져서
믿고 이해하게 하니라.

　그때, 아버지는 두 아들의 신력이 이 같음을
보고 마음이 크게 환희하여 미증유를 얻은지라
합장하고 두 아들을 향해 말하기를 '너희의 스승
은 누구이며 누구의 제자인가' 하니, 두 아들이
'대왕이시여, 저 운뢰음수왕화지불께서 지금 칠

보로 된 보리수 아래 법좌에 앉으사 일체 세간 천·인·대중 가운데서 널리 법화경을 설하시니 이분이 저희의 스승이시며 저희는 이분의 제자이옵니다' 하니라.

아버지가 아들에게 이르기를 '내가 이제 또한 너희의 스승을 뵙고자 하니 함께 갈지니라' 하니라.

이에 두 아들이 허공에서 내려와 어머니 처소에 이르러 합장하고 어머니께 아뢰기를 '부왕께서 이제 믿고 이해하여 아뇩다라삼먁삼보리심을 발하기에 이르렀습니다. 저희가 아버지를 위하여 이미 불사를 지었사오니 원컨대, 어머니께서는 저 부처님 밑에서 출가하여 수도할 것을 허락하소서' 하니라.

이때, 두 아들은 거듭 그 뜻을 펴려고 게송으로 어머니께 아뢰었다.

'원컨대, 어머니께서는 저희를 보내주시어 출가하여 사문이 되게 하소서. 모든 부처님 만나기 매우 어렵사오니 저희는 부처님 따라 배우려 하나이다. 우담발화를 만나기 어렵듯이 부처님 만나기는 이보다 더 어렵고 모든 고난 벗어나기 또한 어렵사오니 원컨대, 저희의 출가를 허락해주소서.'

어머니가 곧 일러 말하기를 '너희의 출가를 허락하노라. 왜냐하면 부처님을 만나기 매우 어려운 연고이니라' 하니라.

이에 두 아들은 부모에게 아뢰기를 '장하십니다, 부모님이시여. 원컨대, 운뢰음수왕화지불 처소에 바로 가서 직접 뵙고 공양하십시오. 왜냐하면 부처님 만나기 어려움이 우담발화와 같으며 또 외눈 가진 거북이가 떠다니는 나무의 구멍 만나는 것과 같습니다. 저희는 숙세에 복이 깊고 두터워서 이 세상에 태어나 불법을 만났으니 부모님은 마땅히 저희를 허락하사 출가하도록 하소서. 왜냐하면 모든 부처님 만나기 어려우며 때를 만나기도 어렵기 때문입니다' 하니라.

이때, 묘장엄왕의 후궁 팔만사천 명이 모두 이 법화경을 받아 지닐 만하게 되었고, 정안보살은 법화삼매에 오래 머물러 이미 통달했으며, 정장보살은 이미 무량한 백천만억 겁에 모든 악취를 여의는 삼매를 통달했으니, 일체중생으로 하여금 모든 악취를 떠나게 하고자 했기 때문이며 그 왕의 부인은 제불집삼매를 얻어 능히 모든 부처님의 비밀 법장을 알았느니라.

두 아들이 이와 같이 방편력으로써 그 아버지를 잘 교화해서 진심으로 믿고 이해하여 불법을 좋아하게 하였느니라. 이에, 묘장엄왕은 군신 권속과 함께, 정덕부인은 후궁·채녀 권속과 함께, 그 왕의 두 아들은 사만이천 인과 함께하여 일시에 다 같이 부처님 처소에 이르러서 머리를 조아려 발에 예하고 부처님 둘레를 세 번 돌고 한쪽으로 물러나 있었느니라.

그때, 저 부처님이 왕을 위해 법을 설하사, 보여주시고 가르치고 이롭게 하고 기쁘게 하시니 왕이 크게 기뻐하니라. 이때, 묘장엄왕과 그 부인이, 가치가 백천이나 되는 진주 영락의 목걸이를 풀어서 부처님 위에 뿌리니 허공중에서 변하여 네 기둥의 보대가 되고 보대 중에는 큰 보배상이 있어 백천만의 하늘옷을 깔았고 그 위에 부처님이 가부좌를 하시고 큰 광명을 놓으시니라.

그때, 묘장엄왕이 이런 생각을 하되 '부처님 몸은 희유하사 단엄하고 수특하여 제일 미묘한 모습을 성취하셨도다' 하니라.

이때, 운뢰음수왕화지불께서 사중에게 이르시기를 '그대들은 이 묘장엄왕이 내 앞에서 합장하고 서 있는 것을 보느냐. 이 왕이 나의 법 가운데서 비구가 되어 불도를 돕는 법을 부지런히 닦아 익혀서 마땅히 성불하리니 명호는 사라수왕불이며, 나라의 이름은 대광이요, 겁의 이름은 대고왕이니라. 그 사라수왕불에게는 무량한 보살 대중과 무량한 성문 대중이 있으며, 그 국토는 평평하고 반듯하리니, 공덕이 이와 같으리라' 하니라.

　그 왕이 즉시 나라를 아우에게 넘겨주고 부인과 두 아들 및 모든 권속과 함께 불법 중에 출가하여 도를 닦았느니라.

　왕이 출가한 뒤에 팔만사천 년 동안 항상 부지런히 정진하여 법화경을 수행하고 이렇게 지난 후에 일체정공덕장엄삼매를 얻고 곧 허공 높이 칠 다라수를 올라가서 부처님께 사뢰리라.

'세존이시여, 이 저의 두 아들이 이미 불사를 지어 신통변화로 저의 삿된 마음을 전향케 하여 불법 중에 편히 머물게 하고 세존을 친견할 수 있게 하였으니 이 두 아들은 저의 선지식입니다. 숙세에 선근을 일으켜 저를 이익케 하려고 저의 집에 태어난 것입니다.'

이때, 운뢰음수왕화지불이 묘장엄왕에게 이르시니라.

'그렇고 그러하니라. 그대의 말한 바와 같으니라. 만약 선남자·선여인이 선근을 심은 까닭에 세세에 선지식을 만나게 되면, 그 선지식이 능히 불사를 지어서 보여주고 가르치고 이익케 하고 기쁘게 하여 아뇩다라삼먁삼보리에 들어가게 하느니라. 대왕이여, 마땅히 알라. 선지식이란 이렇게 큰 인연이니, 이른바 교화하고 인도

하여 부처님을 친견케 하고 아뇩다라삼먁삼보
리심을 발하게 하느니라.

대왕이여, 그대는 이 두 아들을 보는가. 이 두
아들은 이미 육십오백천만억 나유타 항하사 모
든 부처님을 공양하여 친근·공경하며 저 모든
부처님 처소에서 법화경을 받아 지니고 삿된 소
견 가진 중생을 가엾이 여겨 바른 견해에 머물도
록 하였느니라.'

묘장엄왕이 곧 허공에서 내려와 부처님께 사
뢰되 '세존이시여, 여래께서는 매우 희유하시어
공덕과 지혜가 있으시므로 정수리 육계에서 광
명이 나타나 비추며 그 눈은 길면서 크고 감청
색이며, 미간의 백호상은 옥으로 된 달과 같이
희고, 치아는 희고 고르사 항상 빛이 나며, 입술
빛은 붉고 고와 빈바 열매와 같나이다' 하니라.

그때, 묘장엄왕은 부처님의 이와 같은 무량한

백천만억 공덕을 찬탄하고는 여래 앞에서 일심으로 합장하고 다시 부처님께 사뢰되,

'세존이시여, 일찍이 없던 일이옵니다. 여래의 법은 불가사의한 미묘한 공덕을 구족하게 성취하여 그 가르침과 계율에 의한 행이 안온하고 즐겁나이다. 저는 오늘부터 다시는 마음대로 행하지 아니해서, 사견·교만·성냄의 온갖 나쁜 마음을 내지 않겠나이다'.

이렇게 말하고서 부처님께 예배하고 물러갔느니라."

부처님께서 대중에게 이르시었다.

"어떻게 생각하느냐. 묘장엄왕이 어찌 다른 사람이겠느냐. 지금의 화덕보살이 그요, 정덕부인은 지금 불전의 광조장엄상보살이니, 묘장엄왕과 모든 권속을 가엾이 여기므로 저 가운데 태어났으며, 그 두 아들은 지금의 약왕보살과 약상

보살이니라.

이 약왕·약상보살은 이 같은 온갖 큰 공덕을 성취하고 이미 무량한 백천만억 모든 부처님 처소에서 온갖 덕본을 심어 불가사의한 모든 선공덕을 성취하였느니라. 만약 어떤 사람이 이 두 보살의 이름을 안다면 일체 세간 모든 하늘과 사람이 또한 마땅히 예경해야 하리라."

부처님께서 이 묘장엄왕본사품을 설하실 때, 팔만사천 인이 번뇌의 티끌을 멀리하고 죄악의 때를 벗어나 모든 법 가운데서 법안정(法眼淨)을 얻었느니라.

28

보현보살권발품
普 賢 菩 薩 勸 發 品

그때, 보현보살이 자재한 신통력과 위덕과 명성을 지녀, 한량없고 끝이 없어 가히 헤아리지 못할 수효의 큰 보살과 함께 동방으로부터 오시니, 지나오는 모든 국토마다 널리 진동하고 보배연꽃이 비처럼 내리며 한량없는 백천만억의 갖가지 기악이 울려 퍼졌다. 또 수없는 모든 천·용·야차·건달바·아수라·가루라·긴나라·마후라가·인·비인 등의 대중으로 둘러싸여 각각 위덕과 신통의 힘을 나타내며 사바세계 기사굴산 가운데에 이르러서 머리 조아려 석가모니불께 예배하고 오른쪽으로 일곱 바퀴를 돌고 부처님께 사뢰었다.

"세존이시여, 제가 보위덕상왕불 국토에 있었는데, 멀리 이 사바세계에서 법화경 설하심을 듣고 무량무변한 백천만억 모든 보살 대중과 함께 와서 듣고자 하나이다. 오직 원컨대, 세존께서는 저희를 위해 설하여 주소서. 선남자·선여인이 여래께서 멸도하신 후에 어떻게 해야 이 법화경을 얻을 수 있습니까."

부처님께서 보현보살에게 이르시었다.

"만약 선남자·선여인이 네 가지의 법을 성취하면 여래가 멸도한 후에 마땅히 이 법화경을 얻으리라. 첫째는 모든 부처님이 호념하시는 바가 됨이요, 둘째는 모든 덕본을 심음이요, 셋째는 정정취에 드는 것이요, 넷째는 일체중생을 구제하려는 마음을 냄이니라. 선남자·선여인이 이같이 네 가지의 법을 성취하면 여래가 멸도한 후에 반드시 이 경을 얻으리라."

이때, 보현보살이 부처님께 사뢰었다.

"세존이시여, 후오백세 혼탁하고 악한 세상에서 이 경전을 받아 지니는 이가 있으면 제가 마땅히 수호하여 그의 근심을 덜어주고 안온함을 얻게 하며, 그의 약점을 찾으려는 자가 뜻대로 하지 못하게 하겠습니다. 만일 마군이거나 마의 아들이거나 마녀이거나 마민이거나 마가 붙은 자이거나 또 야차·나찰·구반다·비사사이거나 길자·부단나이거나 위타라 등 사람을 괴롭히는 온갖 무리가 모두 뜻대로 하지 못하게 하겠습니다.

그 사람이 만일 다니거나 서서 이 경을 독송하면 제가 그때 육아백상왕을 타고 큰 보살들과 함께 그곳에 가서 몸을 나투어 공양하고 수호하여 그 마음을 편안하게 하리니 또한 법화경을 공양하려 하기 때문입니다.

그 사람이 만일 앉아서 이 경을 깊이 생각하면 그때 저는 다시 백상왕을 타고 그 사람 앞에 나타나며 그 사람이 만약 법화경의 한 구절 한 게송이라도 잊어버리는 바가 있으면 제가 마땅히 가르쳐서 함께 독송하여 다시 통달하게 하겠습니다.

그때에 법화경 받아 지녀 독송하는 이가 저의 몸을 보게 되면 크게 기뻐하여 더욱 정진하여 저를 본 인연으로 곧 삼매와 다라니를 얻으리니, 이름이 선다라니·백천만억선다라니·법음방편다라니 등 이 같은 다라니를 얻을 것입니다.

세존이시여, 만약 미래세 후오백세의 혼탁하고 악한 세상에 비구·비구니와 우바새·우바이로서 찾아 구하는 이와 받아 지니는 이와 독송하는 이와 베껴 쓰는 이가 이 법화경을 닦아 익히고자 하면, 삼칠일동안 마땅히 일심으로 정진해야 하리니 삼칠일이 지나면 제가 마땅히 육아백상을 타고 한량없는 보살에게 둘러싸여 일체중생이 기쁘게 볼 몸을 그 사람 앞에 나타내어 법을 설하여 보이고 가르치고 이롭고 기쁘게 하오며 또한 다시 그에게 다라니주를 주겠나이다. 이 다라니를 얻으면 사람 아닌 것들이 감히 파괴하지 못할 것이며 또한 여인들의 유혹을 받지 아니하고 저도 또한 이 사람을 항상 수호할 것입니다. 오직 원하옵건대, 세존이시여. 제가 이 다라니주 설함을 허락하소서.”

곧 부처님 앞에서 주문을 설하였다.

“아단지 단다바지 단다바제 단다구사례 단다수다례 수다례 수다라바지 붓다바선네 살바다

라니아바다니 살바바사아바다니 수아바다니 싱
가바릭사니 싱가녈가다니 아승지 싱가바가지
제례아타싱가도략아라제바라제 살바싱가지삼
마지가란지 살바달마수바릭찰제 살바살타루다
교사락아로가지 싱아비기리지제."

"세존이시여, 만일 어떤 보살이 이 다라니를
듣게 되면 마땅히 보현의 신통력임을 알 것입니
다. 만일 법화경이 사바세계에 퍼져서 받아 지니
는 이가 있으면 이는 다 보현의 위신력이라고 응
당 생각할 것입니다.

만약 받아 지니고 독송하고 바르게 기억하며
그 뜻을 알고 설한 것 같이 수행하면 그 사람은
보현의 행을 행하여 무량무변한 모든 부처님 처
소에서 깊이 선근을 심었음을 마땅히 알리니 모
든 여래가 손으로 그의 머리를 어루만져주심이
될 것입니다.

다만 베껴 쓰기만 하여도 이 사람은 명이 다하면 마땅히 도리천에 나리니, 그때, 팔만사천 천녀가 온갖 기악을 울리며 와서 영접할 것이며 그 사람은 곧 칠보로 된 관을 쓰고 채녀들 가운데서 즐겁게 지내리니, 하물며 받아 지니고 독송하며 바르게 기억하여 그 뜻을 알고 설함과 같이 수행함은 더 말할 게 있겠습니까.

만일 어떤 사람이 이 경을 받아 지니고 독송하고 그 뜻을 알면 그 사람은 명을 마칠 때, 천불이 손을 잡아주시어 공포 없게 하시며 악취에 떨어지지 아니하고 곧 도솔천상의 미륵보살 처소에 갈 것입니다. 삼십이상을 지닌 미륵보살이 큰 보살들에게 둘러싸여 백천만억의 천녀 권속들과 함께 있는 곳에서 나게 될 것입니다.

이와 같은 공덕과 이익이 있음으로 지혜 있는 이는 마땅히 일심으로 스스로 쓰거나 남을 시켜 쓰게 하여 받아 지니고 독송하고 바르게 기억하여 설함과 같이 수행할 것입니다.

세존이시여, 제가 이제 신통력으로 이 경을 수호하여 여래께서 멸도하신 후에 사바세계에 널리 유포하여 단절되지 않도록 하겠습니다.”

이때, 석가모니불께서 찬탄해 이르시었다.

“장하고 장하다, 보현이여. 그대가 능히 이 경을 지키고 도와서 많은 중생으로 하여금 안락하고 이익 되게 하리니, 그대가 이미 불가사의한 공덕과 깊고 큰 자비를 성취했느니라. 오랜 옛적부터 아뇩다라삼먁삼보리의 뜻을 내어 능히 신통원력을 세워 이 경을 수호하니 내가 마땅히 신통력으로써 능히 보현보살의 이름을 받아 지니는 이를 수호하리라.

보현이여, 만일 이 법화경을 수지하고 독송하여 바르게 생각하고 닦고 익혀 베껴 쓰는 이가 있으면 마땅히 알라. 이 사람은 곧 석가모니불을 친견하고 부처님 입으로부터 이 경전을 듣는 것과 같으니라. 마땅히 알라. 이 사람은 석가모니불을 공양함이니라. 마땅히 알라. 이 사람은 부처님이 장하다고 칭찬함이니라. 마땅히 알라. 이 사람은 석가모니불이 손으로 그의 머리를 어루만짐이 되느니라. 마땅히 알라. 이 사람은 석가모니불의 옷으로 덮어줌이 되느니라.

이런 사람은 다시 세간락에 탐착하지 아니하며, 외도의 경서와 글을 좋아하지 아니하며 또한 그 사람을 친근하기를 좋아하지 아니하며 모든 악한 자 혹은 백정이거나 혹은 돼지·양·닭·개를 키우는 자이거나 혹은 사냥꾼이나 혹은 여색을 파는 자와 가까이하기를 좋아하지 아니하리라.

이 사람은 마음과 뜻이 정직하고 바른 생각을

지니며 복덕의 힘을 지녀 삼독의 시달림을 받지 아니하며 또한 질투와 아만·사만(邪慢)·증상만의 시달림을 받지 아니하느니라. 이 사람은 욕심이 적어 족함을 알아서 능히 보현의 행을 닦으리라.

보현이여, 만약 여래가 멸도한 후 후오백세에 어떤 사람이 법화경을 받아 지녀 독송하는 이를 보거든 마땅히 생각하라.

'이 사람은 오래지 않아 도량에 나아가서 모든 마의 무리들을 쳐부수고 아뇩다라삼먁삼보리를 얻어서 법륜을 굴리고 법고를 치며 법라를 불고 법비를 내리고 마땅히 천·인·대중 가운데 사자법좌 위에 앉으리라'고 생각하라.

보현이여, 만일 후세에 이 경전을 수지하고 독송하는 이는 다시 의복·침구·음식 등 일용의 물품을 탐내지 않고 소원이 헛되지 아니하고 또한 현세에서 그 복의 과보를 얻으리라.

　만일 어떤 사람이 가볍게 여기고 비방하여 말하되 '너는 미친 사람이라 공연히 이런 행을 행하는구나. 마침내는 소득이 없으리라' 하면 이같은 죄의 과보로 마땅히 세세에 눈이 없으리라. 만약 공양하고 찬탄하는 이가 있으면 마땅히 이 세상에서 좋은 과보를 얻으리라.

　만약 또 이 경 수지하는 이를 보고 그 허물을 들춰내면 그것이 사실이건, 사실이 아니건 이 사람은 이 세상에서 백라병(白癩病)을 얻으리라. 만약 비웃는 자는 마땅히 세세에 치아가 성글고 빠지며 입술이 추하며 코가 납작하고 손발이 굽고 틀어지고 눈이 비뚤어지며 몸에서 더러운 냄새가 나며 나쁜 부스럼에 피고름이 나며 물이 배에 차서 숨이 가쁘며 온갖 나쁜 중병에 걸릴 것이다.

그러므로 보현이여, 만약 이 경전을 수지하는 이를 보거든 일어나서 멀리 나가 영접하되 마땅히 부처님 공경하듯 할지니라.”

이 보현보살권발품을 설하실 때에 항하사 등 무량무변한 보살들은 백천만억 선다라니를 얻고 삼천대천세계 미진수 같은 모든 보살은 보현도를 구족하게 갖추었다.

부처님이 이 경을 설하실 때 보현 등 모든 보살과 사리불 등 모든 성문과 천·용·인·비인 등 일체가 다 크게 환희하며 부처님 말씀을 수지하고 예경하고 물러갔느니라.

옮긴이의 말
— 광우

재출간에 부쳐
— 정목

옮긴이의 말

부처님께서 내가 40여 년 동안 설한 법은 진실을 나타낸 것이 아니며 모두가 《법화경》을 설하기 위한 방편설이라 하시고 내가 이 사바세계에 온 것은 일대사인연에 의한 것이며 그것은 바로 일체중생으로 하여금 불지견을 열어 보여서 깨닫게 하기 위한 것이라고 하셨습니다. 모든 중생에게는 다 불성이 있고 누구나 노력하면 성불할 수 있다는 것을 가르쳐주신 경이 《법화경》입니다. 불교의 정수가 이 경 가운데 모두 담겨 있으므로 '경 중의 경'이라고 합니다.

저는 일찍이 《법화경》과 만나게 되어 17세 때 혜봉 선사 밑에서 사사하고, 그 후 부산 소림사 금광스님의 권청으로 10년 간 법화산림을 맡아 하면서 이 경의 오묘한 세계에 깊이 접할 수 있었습니다. 27년 전 정각사를 창건하고 그때부터 조석 예불 후에 이 경을 독송하면서 지금에 이르게 되었습니다. 이 경은 제 평생의 가장 소중한 의미를 지닌 경이라고 할 수 있습니다.

《법화경》은 여러 차례 한글로 번역되었습니다. 그런데 제가 다시 이 일을 하게 된 것은 지금까지 제가 가장 가까이해왔던 이 경을 제 나름대로 한번 정리를 해보고 싶었고, 좀 더 독송하기 편하게 꾸며서 많은 분이 쉽게 이 경과 인연을 맺을 수 있도록 하고 싶어서였습니다. 수학 시절에 경의 한 구의 토라도 잘못 붙이면 무간지옥에 떨어진다고 들은 말이 자꾸 귓전을 울려왔습니다. 한 구의 토만 틀려도 경의 뜻은 어긋나게 되고 마니 어찌 두려운 일이 아니겠습니까. 번역은 정말 어렵고 조심스러운 일임을 한 번 더 절감했습니다. 원문에 충실하면서도 누구나 읽기 쉽게 번역해 보려고 했습니다만, 경의 장중함을 다치지 않게 하려다 보니 마음대로 되지 않았습니다.

금년은 제가 갑년을 맞는 해입니다. 지난 2월 열반재일에 붓을 잡기 시작해서 올 한 해를 거의 이 일을 하면서 지냈습니다. 아무 장애 없이 끝마칠 수 있게 되어 지극히 기쁩니다. 어려움에 부딪힐 때마다 많은 분을 번거롭게 하면서 자문했습니다. 그때마다 귀한 시간을 내어서 쾌히 응해주신 스님들과 교수님들, 이 책이 나오도록 뒤에서 지원하고 협력해주신 정각사 신도 회장님과 여러 신도님의 고마움을 잊을 수 없습니다. 그리고 그동안 묵묵히 성의껏 뒷바라지해준 정각사 대중들의 수고도 큰 힘이 되었습니다. 이 자리를 빌려 모든 분께 심심한 감사의 뜻을 표합니다. 이 경 번역으로 인한 공덕이 있다면 그 공덕을 먼저 가신 은혜로운 분들께 회향하고자 합니다.

태허 광우 합장
불기 2529년 섣달 열하루

통합과 상생의 경전

우주탐사선 '보이저 호'를 다룬 다큐멘터리에서, 태양계를 탐사하기 위해 우주로 날아간 보이저 호가 40년 넘게 성간을 떠돌며 관측한 엄청난 양의 정보를 지구로 보내오는 장면을 놀라움과 경이로운 마음으로 시청했습니다. 태양계에 대해 우리는 보이저 호가 밝혀내기 전까지는 아는 것이 없었습니다. 보이저 호는 지구가 우주의 중심이라고 생각했던 우리의 인식을 완전히 깨고, 지구는 암석덩어리로 된 태양계 주변을 돌고 있는 여덟 개의 행성 중의 하나일 뿐이라는 사실을 밝혀냈습니다. 그 덕분에 인류는 우주를 바라보는 관점이 완전히 바뀌었으며 새로운 사실에 눈을 뜨게 되었지요.

마치 보이저 호가 밝혀낸 우주의 진실 같은, 《법화경》이 바로 그런 경전입니다.《법화경》이 탄생하기 전까지 불교의 가르침은 이런저런 갈래가 많았습니다. 초기불교를 거쳐 부파불교가 번성하다가 대승불교가 일어났으며, 초기불교 수행의 최고 단계가 아라한이라면 대승불교의 이상형은 보살입니다.《법화경》은 이런 불교 수행의 최고 단계를 갈등 없이 아우르는 일승의 진리를 담고 있습니다. 보살은 수행으로 얻은 모든 결실을 다른 사람에게 회향하여 나누며, 심지어 깨달음을 완성하더라도 모든 중생이 남김없이 해탈할 때까지 열반에 들지 않겠다며 열반을 미루는 대승의 정신을 구현하는 존재입니다.

대승불교의 사상가들은 불교의 근본 가르침에 더해 새로운 통찰과 뛰어난 해설을 추가하여, 시대의 변화와 그 시대 사람들의 정신적 바람에 응하면서 불교의 참된 가르침을 크게 확장시켜 나갔지요.《법화경》은 이런 대승불교의 정신을 굳건히 유지하면서 불교의 모든 종파와 사상을 수용하고 받아들인 통합의 경전이라고 말할 수 있습니다.《법화경》은 한 중생도 빠짐없이 부처가 될 수 있다는 어마어마한 세계를 열어 보여주며, 모든 생명이 촘촘하게 서로 연결되어 있다는 사실을 밝히는 매우 위대한 통찰력의 경전입니다.

《법화경》은 또한 그것을 받아들이는 이의 근기에 따라 적절한 가르침을 얻게 하는 좋은 교과서이기도 합니다. 광활한 우주를 탐사해보기 전에는 우주가 어떻게 펼쳐지는지 전혀 알지 못하는 것과 같이, 깨달음에 이르기 전에는 부처의 세계를 전혀 알지 못할 중생을 위해, 《법화경》은 여러 가지 학과목을 개설하여 각자의 근기에 맞춘 비유와 해설로 수업을 이끄는 탁월한 선생님과 같은 방편들을 준비해두고 있습니다.

《법화경》은 경전 중의 왕, 꽃 중의 왕 백련을 상징하는 경전으로서 과거나 미래가 아닌 지금 이 순간을 살게 하는 지침서입니다. 모든 중생이 마침내 부처가 된다는 《법화경》의 말씀은 대중으로부터 멀어졌던 불교를 현실세계로 결합시키고, 각자의 견해와 주장으로 나뉘던 승단의 제자들을 하나로 아우릅니다. 분열되어 있던 승가와 재가 또한 《법화경》에 의해 비구, 비구니, 우바새, 우바이라는 사부대중으로 결합되니, 보이저 호가 알려준 우주의 진실이 그러하듯 《법화경》은 세세생생 한량없는 정보를 전해주는 경이로운 경전이기도 합니다.

제 은사이신 광우스님께서 입적하신 뒤 스님의 유품을 정리하다가 우연치 않게 스님께서 번역하신 이 경전을 회갑이 되는 해에 내시겠다고 적어놓은 후기를 발견했습니다. 저 또한 《법화경》을 독송용으로 재출간하겠다는 생각을 일으킨 때가 회갑년입니다. 그간 제방에서 두루 만났던 여러 스님들께서 제 은사 스님의 《법화경》 번역본이 독송하기 좋다 하시던 말씀들과 실제로 기도 독송용으로 활용되는 광우스님 번역본을 보며, 이 시대에 맞게 문장을 손질하고 더욱 읽기 편하도록 다듬어 다시 세상에 내어놓습니다.

재출간을 받아주신 김영사 고세규 대표님께 고마움을 전합니다. 그리고 이 많은 분량의 경을 두 달이라는 시간 동안 컴퓨터로 옮기면서 새롭게 신심이 일어났다는 선연수에게도 고마움을 전합니다.

돌아보면 세상엔 두루두루 고마운 인연들뿐이니, 《법화경》을 수지독송하는 인연과 그 공덕은 세세생생 진리를 떠나지 않고 부처의 세계에 입성할 초대권을 발급받은 것과 같습니다. 부디 이 경전을 독송하신 공덕으로 깨달음을 완성하시길 두 손 모으며 널리 주변에 전하여 무량한 공덕을 함께 누리시길 발원합니다.

사문 정목, 엎드려 절합니다.
불기 2565년 11월 가을

묘법연화경: 한글 독송본

1판 1쇄 발행 2021. 12. 8.
1판 5쇄 발행 2025. 2. 26.

광우 옮김
정목 정리

발행인 박강휘
편집 임지숙·원소윤 **디자인** 유상현
발행처 김영사
등록 1979년 5월 17일(제406-2003-036호)
주소 경기도 파주시 문발로 197(문발동) 우편번호 10881
전화 마케팅부 031)955-3100, 편집부 031)955-3200 | 팩스 031)955-3111

저작권자 ⓒ 정목·정각사, 2021
이 책은 저작권법에 의해 보호를 받는 저작물이므로
저자와 출판사의 허락 없이 내용의 일부를 인용하거나 발췌하는 것을 금합니다.

값은 뒤표지에 있습니다.
ISBN 978-89-349-1206-4 03220

홈페이지 www.gimmyoung.com   **블로그** blog.naver.com/gybook
인스타그램 instagram.com/gimmyoung   **이메일** bestbook@gimmyoung.com

좋은 독자가 좋은 책을 만듭니다.
김영사는 독자 여러분의 의견에 항상 귀 기울이고 있습니다.